国家林业和草原局普通高等教育"十三五"规划教材

森林培育学实践教程

(第2版)

梅 莉 张卓文 主编

中国林业出版社

内 容 简 介

《森林培育学实践教程》(第2版)是按照《森林培育学》(中国林业出版社,第1~2版)教材的教学体系,根据课程教学规律和学科发展特点,并结合作者在森林培育学教学实践中积累的经验编写的。本书共分四篇57项实验实习内容,主要内容包括:第一篇林木种子质量检验,主要是林木种子的特征识别、种子千粒重、含水量、发芽率、生活力、优良度等播种品质的检验技术;第二篇林木种苗培育实习,主要包括苗圃整地、播种育苗、扦插育苗、嫁接育苗、容器育苗、压条育苗、分生繁殖育苗、组织培养育苗等苗木培育关键技术实践;第三篇森林培育实习,主要包括人工林调查、立地质量评价、造林整地、苗木栽植技术、林分密度、抚育间伐及森林更新等核心森林培育技术实践;第四篇课程设计,主要包括苗圃调查规划设计、造林调查规划设计、抚育间伐作业设计、农林复合经营方案设计及森林主伐更新规划设计及低值林分近自然改造设计。

本书可作为林学、生态学、环境科学等专业学生"森林培育学"课程的配套实践指导书,同时也可作为林学相关专业研究生及科研人员研究和调查的参考书。

图书在版编目(CIP)数据

森林培育学实践教程 / 梅莉,张卓文主编. ―2版. ―北京:中国林业出版社,2018.11
(2023.5 重印)
国家林业和草原局普通高等教育"十三五"规划教材
ISBN 978-7-5038-9844-0

Ⅰ.①森… Ⅱ.①梅… ②张… Ⅲ.①森林抚育-高等学校-教材 Ⅳ.①S753

中国版本图书馆 CIP 数据核字(2018)第 260829 号

策划编辑:	肖基浒 康红梅	责任编辑:	肖基浒 丰 帆
电 话:	(010)83143555	传 真:	(010)83143516

出版发行:中国林业出版社(100009 北京市西城区德内大街刘海胡同7号)
　　　　　E-mail:jiaocaipublic@163.com 电话:(010)83143500
　　　　　http://www.forestry.gov.cn/lycb.html
经　　销:新华书店
印　　刷:三河市祥达印刷包装有限公司
版　　次:2014 年 12 月第 1 版
　　　　　2019 年 4 月第 2 版
印　　次:2023 年 5 月第 2 次印刷
开　　本:850mm×1168mm 1/16
印　　张:17
字　　数:403 千字
定　　价:48.00 元

未经许可,不得以任何方式复制或抄袭本书之部分或全部内容。

版权所有　侵权必究

《森林培育学实践教程》（第2版）编写人员

主　　编　梅　莉　　张卓文

编写人员（按姓氏拼音排序）

　　　　　范国强（河南农业大学）
　　　　　谷加存（东北林业大学）
　　　　　韩有志（山西农业大学）
　　　　　贾忠奎（北京林业大学）
　　　　　马明东（四川农业大学）
　　　　　马祥庆（福建农林大学）
　　　　　梅　莉（华中农业大学）
　　　　　王华田（山东农业大学）
　　　　　王乃江（西北农林科技大学）
　　　　　韦小丽（贵州大学）
　　　　　薛　立（华南农业大学）
　　　　　张卓文（华中农业大学）
　　　　　周靖靖（华中农业大学）

第2版前言

森林培育在我国经济建设和生态环境保护中发挥重大作用，森林培育学是林学专业的必修课程，也是林学专业生产应用性最强的课程。因此，在重视森林培育基本理论学习过程中，必须加强对林木种子生产和经营、苗木培育、森林营造、森林抚育及改造、森林主伐更新等技术的实践，培养新时代具有扎实实践创新能力的林业专门人才，以适应我国生态文明建设对人才的迫切需求。

近年来，森林培育学新理论与新技术在不断地发展与更新，《森林培育学》教材已更新至第三版，第四版也已在规划之中。配套的实践教程是课程实践教学的重要依据，对于规范实践环节、提高教学效果具有重要作用。为此，我们在2014年编写了《森林培育学实践教程》，本次修订是在保留原教材基本框架的基础上，对该实践教材的内容进一步完善，并针对近年来学科发展的新技术进行了更新调整。

教材分四篇，共57项实验实习内容，11所高校的13名教师参加了编写和审稿工作，具体修编分工如下：王乃江（第一篇，实验1~5）；马明东（第二篇，实习12~13、15~17；第三篇，实习28~29）；马祥庆（第四篇，课程设计3~4）；王华田（第三篇，实习27、33、39）；韦小丽（第四篇，课程设计5）；谷加存（第二篇，实习19~20；第三篇，实习30~31）；张卓文（第二篇，实习18；第三篇，实习23、35~38；第四篇，课程设计2、6）；范国强（第二篇，实习7~9）；贾忠奎（第一篇，实验7~9；第四篇，课程设计1）；韩有志（第三篇，实习21~22、24~25）；梅莉（第一篇，实验10；第二篇，实习1~5；第三篇，实习27、32、34）；薛立（第一篇，实验6；第二篇，实习10~11、14）；周靖靖（第一篇，实验11；第二篇，实习6；第三篇，实习40）。全书最后由华中农业大学梅莉和张卓文统稿。

教材的修编得到华中农业大学园艺林学学院领导的支持和帮助，在此表示感谢！教材在修编过程中得到了东北林业大学王政权教授、北京林业大学贾黎明教授的指导和帮助，在此特致以诚挚谢意！

教材中对所引用的文献、资料和图片尽可能做了标注,如有遗漏和错误敬请指正。受编者经验、知识水平和时间所限,书中一定存在不足和需要完善之处,我们真诚欢迎广大师生在使用过程中及时提出宝贵的批评和建议,以便在以后改进。

编 者

2018 年 12 月

第1版 前言

"森林培育学"(silviculture)是林业专业主干课程之一,也是水土保持、森林保护等相关专业的选修课程,该课程具有很强的实践性。

国家教育中长期发展规划提出了人才培养应加强实践环节的要求。高素质的人才是林业发展的生力军,培养高素质的林业人才,特别是培养适应林业发展需求的具备实践和创新能力的林业人才是高校和教育者的职责。森林培育学作为林业行业实践应用性较强的学科之一,在教学过程中应遵循学科特点、加强实践教学环节、着力培养学生的实践技能和创新能力,以适应社会发展对人才培养的需求。

课程实验实习指导教材是课程实践教学的依据,对于规范实践环节、提高教学效果具有重要作用,但目前还没有系统通用的"森林培育学"专门实践指导教材,各高校的实践教学内容也有很大的差异。另外,森林培育学理论与技术也在不断地发展与更新,2001年和2011年,沈国舫、翟明普等专家分别组织编写了《森林培育学》第1版和第2版,更新和增加了很多学科发展的新内容,这些内容也亟待整合到课程的实践教学体系中去。因此,编写一本专门的实践指导教材对于提高和规范森林培育实践教学是非常必要的。

编者根据"森林培育学"课程的教学体系、教学规律和特点,结合多年来在森林培育学教学实践中积累的经验,编写了这本《森林培育学实践教程》。教材分四部分,共47项实验实习内容,11所高校的12名教师参加了编写和审稿工作,其具体分工如下:马明东(第二部分,实习11~12,14~16;第三部分,实习25~26);马祥庆(第四部分,课程设计3~4);王华田(第三部分,实习24、29、33);王乃江(第一部分,实验1~5);韦小丽(第四部分,课程设计5);谷加存(第二部分,实习17~18;第三部分,实习27~28);张卓文(第三部分,实习30~32;第四部分,课程设计2);范国强(第二部分,实习6~8);贾忠奎(第一部分,实验7~9;第四部分,课程设计1);韩有志(第三部分,实习19~23);梅莉(第二部分,实习1~5;第三部分,实习24);薛立(第一部分,实验6;第二部分,实习9~10、13)。全书内容由华中农业大学梅莉和张卓文统稿。

教材的编写得到中国林业出版社、华中农业大学教务处和园艺林学学院领导的支持和帮助，在此表示感谢！教材在编写过程中得到了东北林业大学王政权教授、西北农林科技大学赵忠教授、福建农林大学林思祖教授的指导和帮助，在此特致以诚挚谢意！

教材中对所引用的一些教材、专著及期刊的资料和图片尽可能做了标注，如有遗漏和错误敬请谅解。由于编者水平有限，书中不足之处在所难免，恳请批评指正！

编　者

2013 年 12 月

目　录

第 2 版前言

第 1 版前言

第一篇　林木种子质量检验 ……………………………………………………（1）
 实验 1　主要树种种子形态结构与识别 ……………………………………（3）
 实验 2　种子抽样 ……………………………………………………………（6）
 实验 3　种子净度测定 ………………………………………………………（10）
 实验 4　种子重量的测定 ……………………………………………………（15）
 实验 5　种子含水量的测定 …………………………………………………（16）
 实验 6　种子发芽实验 ………………………………………………………（19）
 实验 7　种子生活力测定 ……………………………………………………（25）
 实验 8　种子优良度测定 ……………………………………………………（28）
 实验 9　种子健康状况测定 …………………………………………………（29）
 实验 10　林木种子成熟度测定 ………………………………………………（31）
 实验 11　林木种子贮藏方法 …………………………………………………（33）

第二篇　林木种苗培育实习 ……………………………………………………（37）
 实习 1　林木种实的采集、调制与贮藏 ……………………………………（39）
 实习 2　苗圃整地、施肥与作床 ……………………………………………（43）
 实习 3　种子催芽 ……………………………………………………………（45）
 实习 4　播种育苗 ……………………………………………………………（47）
 实习 5　扦插育苗 ……………………………………………………………（50）
 实习 6　插穗处理对扦插生根的影响 ………………………………………（52）
 实习 7　移植育苗 ……………………………………………………………（58）
 实习 8　嫁接育苗——芽接 …………………………………………………（60）
 实习 9　嫁接育苗——枝接 …………………………………………………（63）
 实习 10　容器育苗 ……………………………………………………………（66）

实习 11　压条育苗 …………………………………………………………… (70)
实习 12　分生繁殖育苗 ……………………………………………………… (72)
实习 13　组织培养育苗 ……………………………………………………… (73)
实习 14　幼苗形态识别 ……………………………………………………… (78)
实习 15　苗木年生长规律调查与分析 ……………………………………… (80)
实习 16　苗圃化学除草 ……………………………………………………… (86)
实习 17　苗圃病虫害防治 …………………………………………………… (90)
实习 18　苗圃施肥 …………………………………………………………… (94)
实习 19　苗木产量和质量调查 ……………………………………………… (96)
实习 20　起苗、分级、统计、包装、假植 ………………………………… (100)

第三篇　森林培育实习

实习 21　人工林的参观学习 ………………………………………………… (105)
实习 22　不同生长阶段人工林的调查 ……………………………………… (105)
实习 23　立地条件调查与立地类型划分 …………………………………… (111)
实习 24　造林树种适地适树调查评价 ……………………………………… (115)
实习 25　立地质量评价 ……………………………………………………… (116)
实习 26　造林整地调查及施工 ……………………………………………… (120)
实习 27　树木根系的调查研究 ……………………………………………… (122)
实习 28　苗木栽植技术——小苗栽植 ……………………………………… (124)
实习 29　苗木栽植技术——大树移栽 ……………………………………… (126)
实习 30　林木分级调查 ……………………………………………………… (131)
实习 31　林分密度与林木生长关系调查 …………………………………… (133)
实习 32　树种混交效果分析与评价 ………………………………………… (137)
实习 33　森林生物量的测定 ………………………………………………… (140)
实习 34　林农复合经营模式调查与效益评价 ……………………………… (143)
实习 35　不同方法确定抚育间伐强度 ……………………………………… (145)
实习 36　不同间伐强度对立地条件的影响调查 …………………………… (147)
实习 37　人工整枝 …………………………………………………………… (149)
实习 38　近自然林经营林分的划分与林木分类 …………………………… (151)
实习 39　森林更新调查及其评定 …………………………………………… (154)
实习 40　森林质量健康度评价 ……………………………………………… (158)

第四篇　课程设计 …………………………………………………………………（163）
　　课程设计 1　苗圃调查规划设计 ………………………………………………（165）
　　课程设计 2　造林调查规划设计 ………………………………………………（178）
　　课程设计 3　抚育间伐作业设计与施工 ………………………………………（189）
　　课程设计 4　农林复合经营方案设计 …………………………………………（202）
　　课程设计 5　森林主伐更新规划设计 …………………………………………（207）
　　课程设计 6　低值林分近自然化改造设计 ……………………………………（219）

参考文献 ……………………………………………………………………………（224）
附　录 ………………………………………………………………………………（226）
附　表 ………………………………………………………………………………（243）

第一篇
林木种子质量检验

第一篇

食物与营养素

实验 1 主要树种种子形态结构与识别

一、实验目的

通过对一些常见林木种子外形特征和解剖特征的观察,全面地了解种子的外部形态特征和内部一般构造,培养学生对主要树种种子的识别能力,为林木种子质量检验和经营工作奠定基础。

二、实验原理

种子(seed)是裸子植物和被子植物特有的繁殖体,它由胚珠经过传粉受精后发育形成。种子一般由种皮、胚和胚乳3个部分组成,有的植物成熟的种子只有种皮和胚2个部分。种子的大小、形状、颜色、质地等因种类不同而异,这些特征也是识别种子的主要依据。

三、实验材料与用具

1. 材料

20~30种不同粒级的常见树种的种子。

2. 用具

玻璃板、游标卡尺、方格纸、刀片、镊子、放大镜、解剖针、绘图纸等。

四、实验内容和方法

1. 观察种子形态

观察种子的外部形态,然后从种子中部横切或纵切,从切面详细观察种子内部构造,并进一步解剖观察。林木种子的基本类型及特征见表1-1。

(1)种子的大小

取一定数量、大小有代表性的种子,用游标卡尺或方格纸直接测量记载。

(2)种子的类型

依大小可以划分为5类:

①特大粒 如核桃、板栗、油桐、椰子,千粒重>2000 g;

②大粒 如栓皮栎、银杏、油茶,千粒重为600~1999 g;

③中粒 如红松、华山松、乌桕、樟树、栾树,千粒重为60~599 g;

④小粒 如杉木、马尾松、漆树、刺槐、油松、侧柏,千粒重为1.5~59.9 g;

⑤特小粒 如桑树、桉树、泡桐、杨树等,千粒重<1.5 g。

(3)种子形状

依其外形可分为圆形、卵形、肾形、椭圆形、扁平形、三角形、梭形、扇形、针形、

表 1-1　林木种子分类及特征

类型		特征	举例
干果类 果实成熟时，果皮失水干燥而开裂	裂果：果实成熟时，果皮失水干燥而开裂 蒴果	由合生心皮形成，一室或多室，且多数种子成熟时果皮干燥开裂，开裂方式多种	油茶、桉树、油桐、香椿、泡桐、乌桕等
	荚果	单室多籽，成熟时果皮的背、腹两侧缝线同时开裂，也有不开裂的	豆科植物特有的果实，如黑荆、刺槐等
	角果	由2个心皮结合成复子房，中间具假隔膜，种子着生在假隔膜边缘的两侧，成熟时果皮开裂	梓树
	蓇葖果	单室多籽，成熟时果皮仅一侧开裂	厚朴、八角、木兰等
	瘦果	单雌蕊或2~3个心皮复雌蕊的子房发育而成，1室1籽，果皮与种皮仅一处相连，易分离	喜树
	颖果	形似瘦果，但果实成熟时果皮干燥不干裂，种皮与果皮愈合而不能分离	禾本科植物特有的果实，如竹子
	坚果	由合生心皮形成，具有1~3枚种子，成熟时果皮干燥而坚硬，但不开裂，一般多包藏于壳斗或种苞内，种皮膜质	榛子、板栗、锥栗、麻栎
	翅果	具有一个或多个翅状附属物的果实，果皮干燥不开裂	杜仲、枫杨、榆树、臭椿
球果类		由许多果鳞集成的球状体，每一个果鳞的向轴面常具2枚或更多的种子	裸子植物：松、杉类等特有的果实
肉质果类 由一个心皮发育而成，内果皮木质化形成核	核果	由一个心皮发育而成，一般内果皮木质化形成核	桃、李、梅、橄榄、棕榈、无患子、苦楝
	浆果	由复子房发育而成，外果皮薄，中果皮与内果皮肉质多汁，含1至数枚种子	柿树、葡萄、猕猴桃、番木瓜、樟树等
	梨果	由下位子房与膨大的花托、花被等合生形成	梨、苹果等
	柑果	多室多籽，外果皮较厚、革质，具油腺，内果皮呈薄囊状、多汁	柚、橙、橘、柑、柠檬
	聚合果	又称复果，由许多花的子房及其他花器官联合形成	桑、无花果、菠萝、鹅掌楸、枫香等

线形等。

（4）种子附属物

指种子表面是否有茸毛、种翅、蜡质、角质层、刺、钩等。

（5）种皮颜色和质地

种子颜色，如黑色、黑褐色、黄色、黄褐色、棕色、红棕色、紫黑色、乳白色、乳黄色等。种子质地可分为木质、革质、纸质和膜质等。

（6）其他特征

是否有明显的种脐、种阜和珠孔及其形状等。

2. 解剖观察结构

根据解剖与观察结果,在方格纸上绘制种子形态结构图。要求标注种子内部各部分的植物学名称(种皮、种脐、子叶、胚乳、胚轴、胚根等),并描述种子的类型和外部形态等。

种子粗解剖观察记载内容如下:
①种皮　层次(外、中、内、假)。
②胚乳　颜色、主要成分(淀粉、蛋白质、脂肪)。
③胚　位置(中部、侧方、全部)、形状、长度。对于双子叶种子,应注意观察子叶发育的情况,如是否肥厚等。

五、注意事项

(1)种子形态观察要由外至内,仔细观察。
(2)种粒较小的种子可以借助放大镜或解剖镜进行观察。

六、作业与思考题

(1)果实有哪几种基本类型?试举几个常见种子的例子。
(2)按适当的放大倍数,绘制种子的外形图、纵剖面图,并注明各部分的名称。
(3)填写林木种子特征识别表(表1-2)。

表1-2　林木种子特征识别表

序号	种名	拉丁名	种子类别	大小			形状	光泽	气味	附属物(表面特征)	其他特征(种皮质地等)	解剖特征		
				长	宽	厚						种皮	胚乳	胚

实验 2　种子抽样

一、实验目的

抽样（sampling）是种子质量检验的基础和关键步骤，如果抽样错误或不细致，再正确的测试和分析都得不到正确的结论。抽样就是要从被检对象中抽取具有代表性的、能满足检验需要的样品。为使种子检验获得正确结果并具有重复性，必须按照一定的方法，从种批中随机抽取具有代表性的初次样品、混合样品和送检验样品。

本实验的目的是要求学生掌握种子抽样方法，使测定样品具有最大的代表性。

二、实验原理

一批种子实质上是一个混合物，由于自然分级的作用，各种成分不可能均匀分布，任意从某一点抽取的样品，不能代表整批种子。因此，只有按照一定的程序抽样，才能保证样品能真实地代表该批种子的质量、成分及比例等，否则，无论检验工作如何精细，其结果也不能代表该批种子。抽样前必须明确以下几个概念：

1. 种批（seed lot）

一个种批的种子具备下列条件：

①采种树种相同。

②采种地点相同，如在同一个县、乡、林场范围内采集的。

③采种期相同。

④加工调制和贮藏方法相同。

⑤种子经过充分混合，使组成种批的各成分均匀一致地随机分布。

⑥一个种批的重量不能超过一定限额。特大粒种子，如核桃、板栗、麻栎、油桐等为 10 000 kg；大粒种子，如油茶、山杏、苦楝等为 5000 kg；中粒种子，如红松、华山松、杉木、刺槐等为 1000 kg；特小粒种子，如桉树、桑树、泡桐、木麻黄等为 250 kg。当种子重量超过规定数量的 5% 时要另划一个种批。

2. 初次样品

从种批的一个抽样点上取出的少量样品。

3. 混合样品

从一个种批中抽取的全部大体等量的初次样品合并混合而成的样品。混合样品的重量一般不能少于送检样品的 10 倍。

4. 送检样品

送交检验机构的样品，可以是整个混合样品，也可以是从中随机分取的一部分，但数量不得少于规定的最低量（表 1-3）；如需测定含水量，应从同一份混合样品中另行抽取样

表 1-3 送检样品最低量表

树 种	送检样品最低量(g)
柏木、落叶松、云杉、柳杉、桉树、冲天柏	35
水杉、桑树、木麻黄	15
杨属、泡桐	6
杉木	50
马尾松、黑松、黄山松、云南松、香椿、毛竹、紫穗槐	85
池杉、落羽杉、槐树	600
杜仲、枫杨、檫木、鹅掌楸、水曲柳	400
侧柏、湿地松、火炬松、喜树、刺槐、白蜡、香椿、金钱松	200
华山松、棕榈	1000
乌桕	850
银杏、油桐、油茶、锥栗、栎属、楝树	>500 粒
核桃、山核桃	>300 粒

表 1-4 供测定含水量的样品最低量表

树 种	样品最低量(g)
板栗、栎类、银杏、油桐、油茶、楝树、川楝	>120 粒
红松、华山松、白皮松、池杉、元宝枫、皂荚、乌桕	100
油松、湿地松、火炬松、金钱松、枫杨、檫木、相思树、喜树、白蜡、水曲柳、沙枣、刺槐、臭椿	50
云杉、马尾松、黄山松、黑松、杉木、柳杉、水杉、云南松、木麻黄	30

品,其最低量见表 1-4。

5. 测定样品

从送检样品中分取、供某项品质测定用的样品。

三、实验材料与用具

1. 材料

林木种子(散装、袋装各 1 批)。

2. 用具

台秤、棕刷、直尺、广口瓶、套管取样器、锥形取样器、圆锥形(或横隔)分样器等。

四、实验内容和方法

(一)抽样

1. 原则

①抽样要由受过抽样训练、具有经验的人员担任,按规定的程序和方法抽样。

②抽样前应查看采种登记表和有关包装和混合的情况。所有容器都必须具备标签并标记种批号。盛放种批的容器排列有序，便于抽样。

③抽样时，要明确该种批已经混合均匀。

④初次样品混合前，要检查每个初次样品的种子在混合程度、含水量、颜色、光泽、气味以及其他品质方面是否一致。如果初次样品间没有很大差别，可以认为该批种子均匀一致，可混合成混合样品。

⑤混合样品的大小取决于种批量大小。种批量越大，混合样品也越大。

⑥可通过四分法或分样器法将混合样品缩减到适当的大小得到送检样品；如混合样品的大小已适当，则不必缩减，直接作为送检样品。

⑦一个种批抽取1个送检样品，并填写检验申请表（附表1-1）。

2. 抽样强度

(1) 袋装（或大小一致、容量相近的其他容器盛装）的种批，下列抽样强度应视为最低要求：

①5袋以下　每袋都抽且至少抽取5个初次样品；

②6～30袋　抽5袋，或每3袋抽取1袋，两种抽样强度中以数量最大的一个为准；

③31～400袋　抽10袋，或每5袋抽取1袋，两种抽样强度中以数量最大的一个为准；

④401袋以上　抽80袋，或每7袋抽取1袋，两种抽样强度中以数量最大的一个为准。

(2) 从其他类型的容器，或者从倾卸装入容器时的流动种子中抽取样品时，下列抽样强度应视为最低要求：

①500 kg以下　至少5个初次样品；

②501～3000 kg　每300 kg抽取1个初次样品，但不少于5个初次样品；

③3001～20 000 kg　每500 kg抽取1个初次样品，但不少于10个初次样品；

④20 000 kg以上　每700 kg抽取1个初次样品，但不少于40个初次样品。

3. 送检样品的重量要求

不同树种对送检样品和测定样品的多少或重量要求各异，操作时，要参照种批和样品重量表（附录1），确定检验对象的送检样品及测定样品重量。但一般来讲，净度测定样品至少应含2500粒纯净种子，送检样品的重量应为净度测定样品的2～3倍，大粒种子重量至少应为1000 g，特大粒种子至少要有500粒。种子健康测定的送检样品重量应为净度测定送检样品的一半，用于含水量测定的送检样品，最低重量为50 g，需要切片的种类为100 g。

检验机构收到的送检样品少于规定数量时应通知送检单位补送。确因种子价格昂贵，送检样品少于规定数量时，检验机构也可以尽可能完成检验，但应在质量检验证书上注明"送检样品重量仅××克，不符合规程要求"。送检样品要按种批做好标志，防止混杂。

4. 样品的抽取方法

(1) 初次样品的抽取

初次样品的抽取方法关系着样品的代表性。遵从随机原则、采用正确的抽样技术可以减少误差，提高样品的代表性。

从每个取样的容器中，或从容器的各个部位，或从散装大堆的各个部位扦取重量大体上相等的初次样品。

装在容器（包括袋装）中的种批，应在整个种批中随机选定取样的容器。从选定容器的上、中、下各部位扦取初次样品，但不要求每袋都抽取1个以上部位。种子是散装或在大型容器里的，应随机从各个部位及深度扦取初次样品。

对于不易流动的黏滞性种子，可徒手取得初次样品。

对于装在小型或防湿容器（如铁罐或塑料袋）中的种子，如有可能，应在种子装入容器前或装入容器时扦样。如没有这样做则应把足够数量的容器打开或穿孔取得初次样品，然后将扦样后的容器封闭或将种子装入新的容器。

(2) 混合样品的取得

如果初次样品外观一致，可将其合并混合成混合样品。

(3) 送检样品的取得

用四分法或分样器法，将混合样品缩减至适当样品。

(4) 测定样品的取得

测定样品应对送检样品来说有最大的代表性，测定样品的数量应多于规定数量。取得测定样品的方法是将送检样品充分混合并反复对半分取，以下2个方法可以选用。

①四分法　将种子均匀地倒在光滑清洁的桌面上，略成正方形。两手各拿一块分样板，从两侧略微提高，把种子拨到中间，使种子堆成长方形，再将长方形两端的种子拨到中央，这样重复3~4次，使种子混拌均匀。将混拌均匀的种子铺成正方形，大粒种子厚度不超过10 cm，中粒种子厚度不超过5 cm，小粒种子厚度不超过3 cm。用分样板沿对角线把种子分成4个三角形，将对顶的2个三角形的种子装入容器中备用，取余下的2个对顶三角形的种子再次混合，按此法继续分取，直至取得略多于测定样品所需数量为止。

②分样器法　适用于种粒小、流动性大的种子。分样前，先将送检样品通过分样器，使种子分成重量大约相等的2份。2份种子重量相差不超过2份种子平均重的5%时，可以认为分样是正确的，可以使用；如超过5%，应调整分样器。

分样时先将送检样品通过分样器3次，使种子充分混合后再分取样品，取其中的1份继续用分样器分取，直到种子缩减至略多于测定样品的需要量为止。

(二) 样品保存

种子检验机构收到送检样品后，要按附表1~2登记，并立即进行检验。短时间内不能检验的样品应存放在凉爽、通风良好的室内或冰箱中，使种子品质的变化降到最低限度。检验机构对保存的样品发生的劣变不承担责任。高含水量的种子难以妥善贮藏，应尽快检验。

为了便于复验，送检样品自发证之日起要放在适宜条件下保存4个月，使种子品质的变化降至最低限度。低含水量的种子样品放入密封的塑料袋中，在3~5 ℃下可以保存很长时间不会变化。供测定含水量和测定种子健康状况的送检样品，检验后不必保存。

（三）样品发送

送检样品用木箱、布袋等容器密封包装。种翅易脱落的种子，需用木箱等硬质容器盛装，以免因种翅脱落增加其他植物种子的比例。供含水量测定的和经过干燥含水量很低的送检样品，要装在可以密封的防潮容器内，并尽量排出其中空气。种子健康状况测定用的送检样品，应装在玻璃瓶或塑料瓶内。

送检样品必须填写 2 份标签，注明树种、检验申请表（附表 1-1）编号和种批号，1 份放入袋内，1 份挂在袋外。送检样品要尽快连同检验申请表寄送种子检验机构。

五、注意事项

(1) 注意各种子样品抽样要求和量的规定。
(2) 抽样必须避免人为因素的影响，保证取样具有真正代表性。

六、作业与思考题

(1) 填写种子送检申请表和送检样品登记表（附表 1-1、附表 1-2）。
(2) 思考在抽样时如何保证样品的代表性。

实验 3　种子净度测定

一、实验目的

种子净度（seed purity）的高低可以反映种子中夹杂物和废种子的多少。夹杂物吸湿性很强并带来病原菌，往往在贮藏过程中使种子发生霉变；夹杂物往往会影响种子贮藏的稳定性。另外，夹杂物多少也决定了播种量以及出苗的均匀程度；种子净度还是其市场价格的依据。

通过实验，要求学生掌握种子净度测定的方法和技术。

二、实验原理

种子净度，又称种子纯度，是指测定样品中纯净种子重量占测定后样品各成分重量总和的百分数。测定供检验样品中纯净种子、其他植物种子和夹杂物的重量百分率，据此推断种批的组成。

三、实验材料与用具

1. 材料

供试用的种子。

2. 用具

台秤、天平（0.01、0.001）、药匙、镊子、放大镜、玻璃板、棕刷、木尺、广口瓶、烧杯。

四、实验内容和方法

1. 抽取测定样品（四分法）

将送检样品倒在清洁的玻璃板上，用一边呈斜面的直尺沿不同方向将样品反复混拌后铺成正方形，正方形的厚度要求为：大粒种子不超过 10 cm，中粒种子不超过 5 cm，小粒种子不超过 3 cm。用直尺将正方形的种子堆按对角线分成 4 个三角形，把其中任意 2 个相对角的三角形暂时去掉，把剩下的 2 个三角形的种子混合起来，继续按上述程序混拌、摊平、区分，直到达到净度分析所要求的重量。

送检样品中混有大量的夹杂物时，要在样品称重后分取测定样品前，进行必要的清理并称重。用经过初步清理后的送检样品分取测定样品进行净度测定。

2. 净度测定称量精度要求

净度分析用的测定样品的最低量见种批和样品重量表（附录 1）。除种粒大的至少为 500 粒外，其他树种通常要求至少含有纯净种子 2500 粒。

测定样品可以是按附录 1 规定重量的 1 个测定样品（1 个全样品），或者至少是这个重量一半的 2 个各自独立分取的测定样品（2 个"半样品"），必要时也可以是 2 个全样品。

为使百分数可以计算到 1 位小数，样品的总体及其各个组成成分的称量精度要求见表 1-5。

表 1-5 净度分析样品的称量精度

测定样品重（g）（全样品或"半样品"）	称量至小数位数（全样品或"半样品"及其组成）
1.000 0 以下	4
1.000 ~ 9.999	3
10.0 ~ 99.99	2
100 ~ 999.9	1
1000 及以上	0

3. 测定方法

测定样品称重后，将其中各种成分按纯净种子、其他种子和夹杂物分离，分别按表 1-5 要求的精确度称量，填入净度分析记录表（附表 1-3）。样品中所有的植物种子和各种夹杂种子，应尽可能加以鉴定。

（1）纯净种子

①送检者陈述的树种或分析中发现的主要树种（包括该种的变种和栽培品种）的种子，是完整的、没有受伤害的、发育正常的种子，发育不完全的种子和不能识别出的空粒，虽已破口或发芽，但仍具发芽能力的种子。

②带翅的种子中，凡加工时种翅容易脱落的，其纯净种子是指除去种翅的种子；凡加工时种翅不易脱落的，则不必除去，其纯净种子包括留在种子上的种翅。

③壳斗科的纯净种子是否包括壳斗，取决于壳斗是否易脱落：壳斗容易脱落的不包括壳斗；难于脱落的，则包括壳斗。

④复粒种子中至少含有1粒种子的。

(2) 其他植物种子

分类学上与纯净种子不同的其他植物种子。

(3) 夹杂物

①能明显识别的空粒、腐坏粒、已萌芽而显然丧失发芽能力的种子。

②严重损伤(超过原大小50%)的种子和无种皮的裸粒种子。

③叶片、鳞片、苞片、果皮、种翅、壳斗、种子碎片、土块和其他杂质。

④昆虫的卵块、成虫、幼虫和蛹。

4. 结果计算

如果全检验样品的原重量减去净度测定后纯净种子、其他植物种子和夹杂物的总重，其差值不得大于原重的5%，即可计算净度。

测定样品的净度计算：

$$测定样品净度(\%) = \frac{纯净种子重量 \times 100}{纯净种子重量 + 其他植物种子重量 + 夹杂物重量}$$

送检样品先行清理的净度计算：

$$送检样品净度(\%) = \frac{送检样品除去大型杂质后的重量 \times 100}{送检样品重量}$$

$$净度(\%) = 送检样品净度 \times 测定样品净度$$

其他植物种子的重量百分数和夹杂物的重量百分数的计算方法与纯净种子重量百分数(净度)的计算方法相同。

五、注意事项

(1) 全样品的原重减去净度分析后纯净种子、其他植物种子和夹杂物的重量和，其差值不得大于原重的5%，否则需重做。

(2) 用2个"半样品"时，每份"半样品"各自将所有成分的重量相加，如果同原重量的差距超过原重量的5%，需再分析2个"半样品"。

(3) 分别计算2个"半样品"或2个全样品每个成分的重量占各成分重量之和的百分率(至少保留2位小数)，并检查2份全样品、2份"半样品"每个成分分析结果之间的差异是否超过容许差异。如果各个成分均在容许范围之内，可以计算并在质量检验证书中填报每个成分重量百分数的平均数。

(4) 任何一个成分的分析结果超过了容许差距，均按以下程序处理：

①在使用"半样品"的情况下，再分析1对"半样品"(但总共不必多于4对)，直至1对"半样品"各成分的差距均在容许范围之内。

②在使用2份全样品的情况下，再分析1份样品。只要最高值和最低值的差异未超过

容许差距的 2 倍，就取这 3 次分析的平均值填报。

（5）净度分析中各个成分应计算到 2 位小数，在质量检验证书上填写时修约到 1 位小数。成分少于 0.05% 的填报为"微量"，若成分为 0 时用"-0.0-"表示。测定样品各成分总和必须为 100%。若总和是 99.9% 和 100.1%，可从百分率的最大值（通常是纯净种子部分）中加减 0.1%，如修约值超过 0.1%，应核查计算有无差错。

（6）由于结构或质地上的特点，黏滞性种子可分为以下几种：
①容易相互黏附或容易黏附在其他物体（如包装袋、分样器等）上。
②容易被其他植物种子黏附，或容易黏附其他植物种子。
③不易被清选、混合或扦样。

如果全部黏滞性结构（包括黏滞性杂质）占一个样品的 1/3 或更多，就认为该样品有黏滞性。应当使用黏滞性种子栏的容许误差（表1-6）。

（7）净度测定后的纯净种子可以保留，用于其他指标的测定。

六、作业与思考题

（1）净度测定的意义是什么？
（2）如何利用四分法从 50 g 种子中抽取约 10 g 种子？
（3）样品原重与纯净种子、其他种子、夹杂物三者重量之和有无误差？为什么？
（4）计算种子净度，填写净度分析记录表（附表1-3）。

表1-6　同实验室同送检样品净度分析容许差距（5%显著水平的两尾测定）

两次分析结果平均数		不同测定之间的容许误差			
		"半样品"		全样品	
50%~100%	<50%	非黏滞性种子	黏滞性种子	非黏滞性种子	黏滞性种子
99.95~100.00	0.00~0.04	0.20	0.23	0.1	0.2
99.90~99.94	0.05~0.09	0.33	0.34	0.2	0.2
99.85~99.89	0.10~0.14	0.40	0.42	0.3	0.3
99.80~99.84	0.15~0.19	0.47	0.49	0.3	0.4
99.75~99.79	0.20~0.24	0.51	0.55	0.4	0.4
99.70~99.74	0.25~0.29	0.55	0.59	0.4	0.4
99.65~99.69	0.30~0.34	0.61	0.65	0.4	0.5
99.60~99.64	0.35~0.39	0.65	0.69	0.5	0.5
99.55~99.59	0.40~0.44	0.68	0.74	0.5	0.5
99.50~99.54	0.45~0.49	0.72	0.76	0.5	0.5
99.40~99.49	0.50~0.59	0.76	0.82	0.5	0.6
99.30~99.39	0.60~0.69	0.83	0.89	0.6	0.6
99.20~99.29	0.70~0.79	0.89	0.95	0.6	0.7
99.10~99.19	0.80~0.89	0.95	1.00	0.7	0.7
99.00~99.09	0.90~0.99	1.00	1.06	0.7	0.8

(续)

两次分析结果平均数		不同测定之间的容许误差			
		"半样品"		全样品	
50%~100%	<50%	非黏滞性种子	黏滞性种子	非黏滞性种子	黏滞性种子
98.75~98.99	1.00~1.24	1.07	1.15	0.8	0.8
98.50~98.74	1.25~1.49	1.19	1.26	0.8	0.9
98.25~98.49	1.50~1.74	1.29	1.37	0.9	1.0
98.00~98.24	1.75~1.99	1.37	1.47	1.0	1.0
97.75~97.99	2.00~2.24	1.44	1.54	1.0	1.1
97.50~97.74	2.25~2.49	1.53	1.63	1.1	1.2
97.25~97.49	2.50~2.74	1.60	1.70	1.1	1.2
97.00~97.24	2.75~2.99	1.67	1.78	1.2	1.3
96.50~96.99	3.00~3.49	1.77	1.88	1.3	1.3
96.00~96.49	3.50~3.99	1.88	1.99	1.3	1.4
95.50~95.99	4.00~4.49	1.99	2.12	1.4	1.5
95.00~95.49	4.50~4.99	2.09	2.22	1.5	1.6
94.00~94.99	5.00~5.99	2.25	2.38	1.6	1.7
93.00~93.99	6.00~6.99	2.43	2.56	1.7	1.8
92.00~92.99	7.00~7.99	2.59	2.73	1.8	1.9
91.00~91.99	8.00~8.99	2.74	2.90	1.9	2.1
90.00~90.99	9.00~9.99	2.88	3.04	2.0	2.2
88.00~89.99	10.00~11.99	3.08	3.25	2.2	2.3
86.00~87.99	12.00~13.99	3.31	3.49	2.3	2.5
81.00~85.99	14.00~15.99	3.52	3.71	2.5	2.6
82.00~83.99	16.00~17.99	3.69	3.90	2.6	2.8
80.00~81.99	18.00~19.99	3.86	4.07	2.7	2.9
78.00~79.99	20.00~21.99	4.00	4.23	2.8	3.0
76.00~77.99	22.00~23.99	4.14	4.37	2.9	3.1
71.00~75.99	24.00~25.99	4.26	4.50	3.0	3.2
72.00~73.99	26.00~27.99	4.37	4.61	3.1	3.3
70.00~71.99	28.00~29.99	4.47	4.71	3.2	3.3
65.00~69.99	30.00~34.99	4.61	4.86	3.3	3.4
60.00~64.99	35.00~39.99	4.77	5.02	3.4	3.6
50.00~59.99	40.00~49.99	4.89	5.16	3.5	3.7

实验 4　种子重量的测定

一、实验目的

如果树种相同，不同种批的种子重量大小反映了种子的饱满程度和内含物多少；在相同条件下，种子重量不仅决定种子寿命的长短，也决定着其在播种育苗过程中成苗量的多少和市场价格的高低。

通过本实验，要求学生掌握千粒重与绝对重量测定的几种方法。

二、实验原理

种子重量又叫千粒重(1000-seeds weight)，即在气干状态下1000粒种子的重量，以克(g)表示。千粒重用以说明种子饱满程度，是衡量种子品质的重要指标之一，与树种、立地条件、采种时间、贮藏条件等因子有密切关系。

三、实验材料与用具

1. 材料

净度分析后的纯净种子。

2. 用具

天平(0.01)、牛角匙、木尺、棕刷、小烧杯、铝盒、数粒仪等。

四、实验内容和方法

1. 百粒法

多数种子应用百粒法测定种子重量。从净度测定所得的纯净种子中，用手或数粒器，从测定样品中随机数取8个重复，每个重复100粒，各重复分别称重，称量精度与净度测定相同。计算8组的平均重量，计算方差、标准差、变异系数和平均重量如下：

$$方差 = \frac{n(\sum x^2) - (\sum x)^2}{n(n-1)}$$

式中，x 为每个重复的重量(g)；n 为重复次数。

$$标准差 = \sqrt{方差}$$

$$变异系数 = \frac{标准差}{\bar{x}} \times 100$$

种粒大小悬殊的种子和黏滞性种子，变异系数不超过6.0，一般种子的变异系数不超过4.0，就可计算测定结果。如变异系数超过上述限度，则应再数取8个重复，称重，并计算16个重复的标准差。凡与平均数之差超过2倍标准差的各重复舍弃不计，将剩下的各个重复用于计算。1000 粒种子的平均重量为即 $10\bar{x}$，将计算结果填入附表 1-4。

2. 千粒法

对种粒大小、轻重极不均匀的种子，可以采用千粒法，从纯净种子中用四分法分成 4 份，每份中随机取 250 粒，组成 1000 粒为 1 组，分别取 2 组，称重后计算 2 组平均数。当 2 组种子重量之间的差异大于平均数的 5% 时，则应重做；如仍超过，则计算 4 组的平均数。计算结果填入附表 1-5。

3. 全量法

凡是纯净种子数量少于 1000 粒者，将其计数并全部称重，再换算成千粒重。

4. 种子绝对重量

气干种子千粒重的数值常因含水量的变化而变化，处于不稳定的状态，为了便于相互比较，可在测定纯净种子的含水量之后，按下式将气干千粒重换算成千粒重的绝对重量。

$$A = \frac{(100-C)a}{100}$$

式中，A 为 1000 粒纯净种子的绝对重量；a 为气干种子千粒重；C 为纯净种子相对含水量的百分数。

五、注意事项

（1）在数取种子时一定要随机，不能有主观因素干扰。

（2）气干种子千粒重的数值常因环境含水量的变化而变化，处于不稳定的状态，因此要结合含水量测定计算其绝对含水量。

六、作业与思考题

（1）计算并分别填写种子千粒重（百粒法、千粒法）测定记录表（附表 1-4、附表1-5）；

（2）分析影响种子千粒重测定结果的可能因素。

实验 5　种子含水量的测定

一、实验目的

种子的含水量（seed moisture content）是指种子所含水分的重量占种子重量的百分率。测定含水量的目的是为妥善贮存和调运种子，为控制种子适宜含水量提供依据。通过本实验，要求学生掌握种子含水量常规测定方法与操作技能。

二、实验原理

按控制加热的方法，使种子水分成为水汽排出，因而可以从重量的变化测定失去水分的量。测定应在尽可能多地除去水分的同时，减少样品的氧化、分解或其他挥发性物质的损失。

三、实验材料与用具

1. 材料

供试用纯净种子。

2. 用具

恒温烘箱、样品盒、干燥器、分析天平、筛子、牛角勺、小刷子等。

四、实验内容和方法

(一) 105 ℃ 低温恒重烘干法

1. 原理

种子在 105 ℃ 的烘箱中，能使种子水分成为水汽排出，从重量变化测定失去的水分。

2. 步骤

(1) 取样

将供测水分的送检样品倒在洁净的桌面上，用四分法抽取实验样品 2 份，测定应取 2 份独立分取的重复样品，根据所用样品盒直径的大小，每份样品重量：直径 <8 cm 的为 4~5 g；直径 ≥8 cm 的为 10 g。样品暴露在空气中时间应尽可能地缩短。

在分取测定样品以前，送检样品须按下列方法之一进行充分混合：

① 用药匙在样品罐内搅拌。

② 将原样品容器的口对准另一个同样大小的空容器口，把种子在两个容器中往返倾倒。

(2) 称重

将两份实验样品分别装入已知重量的编号的铝盒（或称量瓶）中，记下瓶号，连同带盖的称量瓶及其中的样品一起称重，称重以克为单位，保留 3 位小数。

(3) 切片

大粒种子（每千克少于 5000 粒）以及种皮坚硬的种子（如豆科），每个种粒应当切成小片。粒径 ≥15 mm 的种子应至少切成 4 片或 5 片，切片动作要快。落入容器中的切片用药匙迅速搅拌，并从中随机提取大致相当于 5 粒完整种子重量的测定样品。整个操作中暴露在空气里的时间不得超过 60 min。

(4) 烘干

将铝盒（或称量瓶）放入 105 ℃ ±1 ℃ 的烘箱中，敞开盖子烘 4 h，取出后盖上盖子立即放入干燥器中冷却至室温 20 min，取出称重，记下读数；再敞开瓶盖放回烘箱中烘 2 h，按上法称重，记下读数，直至前后两次的重量之差小于 0.01 g，即认为已经达到恒重。以最后一次的重量作为实验样品的干重，所有称重的精确度应达到 1 mg，并使用同一台天平。

(5) 结果计算

含水量以重量百分率表示，用下列公式计算到 1 位小数，精度为 0.1%：

$$相对含水量(\%) = \frac{M_2 - M_3}{M_2 - M_1} \times 100$$

$$绝对含水量(\%) = \frac{M_2 - M_3}{M_3 - M_1} \times 100$$

式中，M_1 为样品盒和盖的重量，g；M_2 为样品盒和盖及样品烘干前的重量，g；M_3 为样品盒和盖及样品烘干后的重量，g。

(二)高恒温烘干法

其程序与 105 ℃ 低温恒重法规定相同，但烘箱温度须保持 130～133 ℃。样品烘干时间为 1～4 h（具体时间应与 105 ℃ 低温恒重烘干法对照后确定）。测定时，对实验室的空气相对湿度没有特别要求。

(三)二次烘干法

此法适用于高含水量的林木种子，在按低恒温烘干法烘干前应当预先烘干。称取 2 个预备样品，每个样品至少称取 25 g ± 0.22 mg，放入已称过重量的样品盒内，在 70 ℃ 的烘箱中预烘 2～5 h，使水分降至 17% 以下，取出后置于干燥器内冷却，称重。将预烘过的种子切片，称取测定样品，用低恒温烘干法或高恒温烘干法测定含水量。对于需要切片的种子预先烘干并非强制性要求。由第一次及第二次所得的结果，计算含水量：

$$含水量(\%) = S_1 + S_2 \sqrt{\frac{S_1 \times S_2}{100}}$$

式中，S_1 为第一次失去的水分；S_2 为第二次失去的水分。

五、注意事项

(1) 供水分测定的送检样品，最低重量为 50 g，需要切片的为 100 g，必须装在防潮容器中，尽可能排除其中的空气。

(2) 测定应在样品接收以后尽快开始。测定时，样品暴露在实验室空气中的时间应减少至最低限度。对于不需要切片的种子，从接收到的容器中取出样品，直至样品密闭在准备烘干的样品盒内，所经历的时间不得超过 2 min。

(3) 干燥缸边缘应涂抹凡士林，干燥器底部应置有干燥的氯化钙或硅胶，移动称量瓶要小心，不要蘸到脏物、倾漏种子或错换瓶盖。

(4) 干燥器开合时应小心推拉，避免用力过猛打破盖子。

(5) 测定时，实验室的空气相对湿度必须低于 70%。

(6) 使用其他方法测定含水量时，需与 105 ℃ 低温恒重烘干法相对照并在质量检验证书中说明所用方法。

(7) 依据种子大小和原始水分的不同，两个重复间的容许差距为 0.3%～2.5%（表 1-7）。

表1-7　含水量测定两次重复间的容许差距

种子大小类别	平均原始水分(%)		
	<12	12~25	>25
小种子	0.3	0.5	0.5
大种子	0.4	0.8	2.5

注：小种子是指每千克超过5000粒的种子；大种子是指每千克少于5000粒的种子。

六、作业与思考题

计算结果，并填写种子含水量测定记录表(附表1-6)。

实验6　种子发芽实验

一、实验目的

在同等条件下，种子发芽率的高低决定了播种后种子成苗率的高低；种子发芽势高低则反映出播种后种子出苗整齐程度的高低；平均发芽速度说明了种子发芽所需要时间的长短。通过实验室种子发芽实验与发芽参数计算，不仅可以比较不同种批的品质并估计田间播种价值，同时还可以确定种子的市场价格。

种子发芽实验是在实验室条件下，提供种子发芽的适宜条件，测定一批种子的发芽潜力。通过本实验，要求学生掌握室内种子发芽实验原理和实验方法。

二、实验原理

1. 发芽

在实验室条件下，当一粒种子的胚根长出并达到种子短径的1/2及以上，就认为该种子发芽(germination)。种子发芽与否表明它是否能在正常的田间条件下进一步长成一株合格苗木。

2. 发芽率

发芽率(germination rate)是在规定的条件下及其规定的期限内生成正常幼苗的种子粒数占供检验种子总数的百分比。

三、实验材料与用具

1. 材料

供试用的纯净种子。

2. 用具

直尺、剪刀、纱布、棉线、烧杯、培养皿、滤纸、小镊子、牛角匙、毛刷、小簸箕、标签、记录表、高锰酸钾(或甲醛、过氧化氢)、滴瓶、蒸馏水、解剖刀、量筒、解剖针、电炉、蒸煮锅、恒温培养箱等。

四、实验内容和方法

1. 提取实验样品

测定样品从净度分析所得的、经过充分混拌的纯净种子中按照随机原则提取。可以用四分法将纯净种子分成4份,从每份中随机数取25粒组成100粒,共取4个100粒,即为4次重复。也可以用数粒器提取4次重复。种粒大的,或者怀疑种子带有病菌的,可以将100粒的每个重复以50粒或25粒为1组,以组为单位在发芽床上排放,由这样的2个组或4个组组成1次重复,使种粒之间有足够的距离。无论是人工数取还是用数粒器提取样品,都必须避免有意识或无意识地对种子作任何选择。

附录2规定采用称量发芽测定法的树种,或因种粒太小而决定采用称量发芽测定法的其他树种,用规定的程序从送检样品中提取测定样品,共取4个重复。每个重复的重量见附录2。

2. 灭菌

为了预防霉菌感染,干扰实验结果,实验所用的种子和各种物料应事先经灭菌处理。

(1) 实验用具的灭菌

培养皿、纱布、小镊子应仔细洗净,并用沸水煮5~10 min,供发芽实验用的恒温培养箱或光照发芽器应在事先用喷雾器喷洒甲醛后,密闭2~3 d,然后使用。

(2) 种子的灭菌

目前常用的灭菌剂有甲醛($HCHO$)、高锰酸钾($KMnO_4$)、升汞($HgCl_2$)、过氧化氢(H_2O_2)等,药剂种类不同,处理的方法和时间也不一样,下面介绍3种药剂的使用方法:

①过氧化氢 将实验样品连同纱布袋放在小烧杯中,注入29%的过氧化氢溶液,以浸没种子为度,立即用玻片盖住小烧杯,种皮较厚的树种2 h,一般的树种1 h,种皮较薄的树种如云杉、落叶松0.5 h后取出纱布袋,稍稍拧干置玻璃皿中,随即置床。

②甲醛 将实验样品连同纱布袋放在小烧杯中,注入0.15%的甲醛溶液,以浸没种子为度,立即用玻片盖住小烧杯,20 min后取出拧干,置玻璃皿中闷0.5 h,取出后连同纱布袋用清水冲洗数次,即可进行浸种处理。

③高锰酸钾 用0.3%浓度时消毒2 h,用3%浓度时消毒0.5 h,然后用清水冲洗干净后浸种,其余要求同上。

3. 测定样品预处理

对测定样品作预处理的目的是解除休眠。不同树种种子的预处理方法详见附录2的备注栏。也可以采用其他有效的预处理方法,但必须在质量检验证书中注明。如果不能肯定某种预处理方法是否有效,可以在规定的4个重复之外,再取4个重复作另一份测定样品,或再取8个重复作为另外2份测定样品。用不同的方法做预处理,同时作发芽测定,以其中最好的结果作为该次测定的结果填报,并注明所用的预处理方法。

附录2所列的测定时间不包括预处理时间。带翅的种子可以去翅,但不能伤及种子。

一般种子如杉木、马尾松、黑松、赤松、云南松、水杉、侧柏、柳杉、泡桐、榆树、云杉、落叶松、黄连木、胡枝子等,用45 ℃水浸种24 h,刺槐用80 ℃水浸种,自然冷却

24 h，皂荚用 100 ℃水浸种 15 s 后立即转入 70 ℃水，自然冷却 24 h，杨、柳、榆树等不必浸种。

4. 置床

置床就是将经过灭菌、浸种的种子安放在一定的发芽基质上。视树种不同，常用的发芽床有纸床、沙床、土床等，本实验在培育皿中用滤纸作床。

(1) 洗净双手后，用 75% 酒精浸泡的脱脂棉球涂抹灭菌，待手晾干后，将一张滤纸平铺于培养皿中，再用一张滤纸折成 4 等分覆盖其上，整平后，缓缓加入无菌水至完全湿润为止。

(2) 种粒的排放应有一定规律(图 1-1)，便于计数，减少错误。

(3) 每一个培养皿中安放 100 粒种子(种子较大时可为 50 粒甚至 25 粒)，种粒之间保持的距离大约相当于种粒本身的 1~4 倍，以减少霉菌蔓延感染，避免发芽的幼根相互纠缠。

(4) 将样品登记表的号数、小样品的组号、姓名、日期用铅笔简要地填写在一张小标签，分别贴在培养皿底盘的外缘，以免错乱。

(5) 将培养皿盖好后放入指定的恒温培养箱，温度保持在 23~25 ℃，如果室温在 20~30 ℃，可以利用室温。有些树种最好使用变温，每昼夜保持低温 16 h，高温 8 h，温度变换应在 3 h 内逐渐完成。

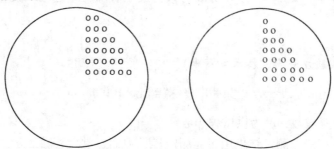

图 1-1　25 粒种子在发芽床 1/4 范围内排放图例

5. 观察记载

(1) 记载时间和次数。发芽实验的天数，自置床之日算起，每天观察记载 1 次，直到规定的结束日期(附录 2)为止，填写发芽实验记录表(附表 1-7)。

(2) 按发芽床的编号，依次记载正常发芽粒、异状发芽粒、腐烂粒、未发芽粒。

6. 发芽实验管理

① 感染处理　将感染了霉菌的种子取出，用清水冲洗数次，直到水无混浊再放回原发芽床，发霉严重时整个滤纸甚至整个培养皿都要更换，并在发芽实验记录表(附表 1-7)中记录。要想避免种粒发霉，应从改进发芽实验的整个设备装置入手，在实验室目前的条件下要注意保持室内清洁，树立无菌操作的概念。

② 温度　检查发芽环境的温度，仪器的温度变幅在 24 h 内不超过 ±1℃。

③ 水分　要保持发芽床湿润但种子周围又不出现水膜，如果排放种粒的四周出现水膜，则表示水分过多。

④ 通气　种子发芽需要足够的 O_2，并会释放出大量的 CO_2，有盖的培养皿的缺点之一

就是通气不良，应当经常揭开盖子创造通气条件。

7. 发芽终止

一般认为，种子连续 5 d 发芽率≤1% 的，第五天视为发芽结束日。对尚未发芽的种粒切开鉴定，分别归为新鲜未发芽粒、腐烂粒、空粒、涩粒，并记入附表 1-8。

①硬粒　在测定条件下未能吸水而在测定期末仍然坚硬的种子。种子处于一种休眠状态，常见于豆科。

②新鲜粒　在测定条件下能够吸水但发芽进程受阻，外形依旧良好，坚实硬朗，仍然具有生出正常幼苗潜力的种子。

③死亡粒　测定期末既非硬粒，又非新鲜粒，也未萌出幼苗任何结构的种子，通常包被物极软、变色、发霉且毫无生出幼苗的征兆。

④其他类型　根据送检单位的要求，未萌发粒还可细分为以下几类，它们在测定样品中所占的百分数可填入质量检验证书的备注栏：

空粒——完全空瘪或仅含某种残余组织的种子；

涩粒——杉木、柳杉胚珠受精后败育，内含物为紫黑色单宁类物质的种子；

无胚粒——种子内有新鲜胚乳或配子体组织，但其中既无胚腔，也没有胚；

虫害粒——内有昆虫的幼虫或虫粪或有其他迹象表明受到过昆虫侵害，影响发芽能力的种子。

8. 结果计算

(1) 发芽率（实验发芽率、技术发芽率）

$$发芽率(\%) = \frac{m}{N} \times 100$$

式中，m 为发芽粒数；N 为供试种子数。

若采用重量发芽法，测定结果用每克测定样品中的正常发芽数表示，单位为粒/g。

计算发芽率首先统计各次重复中正常发芽的百分率，先按表 1-8 检查各次重复的差异是否为随机误差，如果各重复中最大值与最小值的差距没有超过表 1-8 的容许误差范围，就用各重复的平均数作为该次测定的发芽率，平均数计算到整数。

如果超过容许误差，则认为实验结果不正确，需进行第二次实验，然后计算两次实验的平均数，并在表 1-9 中查出平均数；如两次实验的差距不超过表 1-9 的容许范围，以两次测定的平均数作为发芽率。

(2) 发芽势

一般认为，种子发芽达到高峰时的种子发芽数占供试种子数的百分比，称为发芽势，可以查找相关资料获得规定时间（表 1-10）。发芽势也是分组计算，然后求 4 个重复之间的平均值，发芽势计算到整数。计算时所容许的误差为计算发芽率所容许误差的 1.5 倍。

$$发芽势(\%) = \frac{规定天数内的发芽粒数}{供试种子数} \times 100$$

(3) 绝对发芽率

供试种子中饱满种子的发芽率称为绝对发芽率，在比较个别因子对发芽影响时，绝对发芽率有很重要的意义。

$$绝对发芽率(\%) = \frac{m}{N-a} \times 100$$

式中，m 为供试种子的发芽粒数；N 为供试种子数；a 为供试种子中的空粒种子数。

(4) 平均发芽速

平均发芽速就是供试种子发芽的平均日数。平均发芽速的计算公式如下：

$$平均发芽速 = \frac{aa_1 + bb_1 + cc_1 + \cdots}{a_1 + b_1 + c_1 + \cdots}$$

式中，a，b，c，…为发芽实验开始以后的天数；a_1，b_1，c_1，…为发芽实验开始以后相应各日的发芽粒数。

表 1-8　发芽百分率的最大容许差距（用于决定是否需要重做实验）

平均发芽百分率(%)	最大容许差距	平均发芽百分率(%)	最大容许差距
99	2	81~83	18~20	15
98	3	78~80	21~23	16
97	4	77	24	17
96	5	73~76	25~28	17
95	6	71~72	29~30	18
93~94	7~8	67~70	31~34	18
91~92	9~10	64~66	35~37	19
89~90	11~12	56~63	38~45	19
87~88	13~14	51~55	46~50	20
84~86	15~17	14		

表 1-9　两次实验容许差距（只考虑随机取样的变异）

平均发芽百分率(%)	容许差距	平均发芽百分率(%)	容许差距
98~99	2~3	2	77~84	17~24	6
95~97	4~6	3	60~76	25~41	7
91~94	7~10	4	51~59	42~50	8
85~90	11~16	5			

表 1-10　一些树种发芽实验的终止天数　　　　d

树种	发芽势终止天数	发芽率终止天数	树种	发芽势终止天数	发芽率终止天数
柏木	24	35	白榆	4	7
侧柏	9	20	皂荚	7	21
银杏	7	21	湿地松	11	28
马尾松	10	20	火炬松	7	28
云南松	10	21	池松	17	28
油松	8	16	柳杉	14	25
白皮松	14	35	槐树	7	29

(续)

树 种	发芽势终止天数	发芽率终止天数	树 种	发芽势终止天数	发芽率终止天数
黑 松	10	21	黄连木	5	15
红皮云杉	9	14	刺 槐	5	10
兴安落叶松	8	13	胡枝子	7	15
水 杉	9	15	泡 桐	14	21
杨 属	3	6	乌 桕	10	30
千年桐	14	21	白 蜡	5	15

9. 重新测定

有下列情况之一时应重新布置测定。重新测定仍按以上的规定计算结果并检查误差。

(1)怀疑是休眠干扰测定结果时，可以仍按附录 2 的发芽条件，但选用一种或几种解除休眠的方法重新布置 1 次或同时布置几次测定，将其中最好的结果作为测定结果填报，并注明所用方法。

(2)由于病毒或真菌、细菌蔓延干扰测定结果时，可以使用沙床或土床重新布置一次或同时布置几次测定。必要时还可加大种粒间的距离。将所得的最好结果作为测定结果填报，并注明所用方法。

(3)难于评定的幼苗数量较多而干扰测定结果时，可以仍按附录 2 的发芽条件，用沙床或土床重新布置 1 次或同时布置几次测定。将所得的最好结果作为测定结果填报，并注明所用方法。

(4)由于测定条件、幼苗评定或计数显然有误时，应当按原用方法重新测定，并填报重新测定的结果。

(5)由于其他不明因素使得各重复间的最大差距超过附表 1-8 规定的容许误差时，应当提取测定样品用原用方法重新测定。如果第一次和第二次的测定结果一致，即两次测定结果之差不超过附表 1-8 规定的最大容许差距，则以两次测定的平均数作为测定结果填报。如果两次测定结果不一致，即它们的差异超过附表 1-8 规定的最大容许差距，应当仍用同样的测定方法进行第三次测定。以 3 次测定中相互一致的两次的平均数作为测定结果填报附表 1-8。

五、注意事项

(1)正确选用发芽床。通常小粒种子用纸床，中粒种子用砂床、沙床均可，大粒种子宜用砂床。

(2)实验样品必须是纯净种子，取样前需要充分混合。

(3)种子置床要均匀，并且种子之间要保持 1~5 倍的间距，保证种子能充分吸水并防止病菌的相互感染。

(4)发芽实验前需要将种子及发芽实验用到的材料和用具进行消毒处理，以防霉菌发生和传播。

(5)严格控制发芽所需的温度、光照、水分和通气条件。

六、作业与思考题

（1）比较发芽率、发芽势及绝对发芽率之间的数值大小关系。

（2）对没有做规定的林木种子进行发芽实验时，如何确定并计算发芽势、发芽率的结束时间？

（3）种皮破裂甚至胚根突破种皮，能否据此判断种子能发芽？

（4）填写种子发芽记录表（附表1-8）。

实验7　种子生活力测定

一、实验目的

种子生活力（seed viability）可以作为快速评价种子播种品质的一个重要参数。在现实生产生活中，有时需要在比较短的时间内对种批的潜在发芽率作出评判，而通过种子生活力测定可以快速估测种子样品的生活力，特别是休眠种子样品的生活力；另外，某些样品在发芽测定结束时剩有较多的休眠种子未能萌发，此时可以逐粒测定这些种子的生活力，也可以再取部分样品测定样品的生活力。

通过本实验，要求学生了解与掌握种子生活力测定的原理与方法。

二、实验原理

种子生活力是用染色法测得的种子潜在的发芽能力。根据使用染色剂的不同，其染色测定原理也不同。

1. 四唑测定原理

用 2,3,5 – 三苯基氯化（或溴化）四唑（2,3,5 – triphenyl tetrazolium chloride or bromide）的无色溶液作为指示剂，以显示活细胞中所发生的还原过程。这种指示剂被种子吸收，在种子组织内与活细胞的还原过程起反应，从脱氢酶接受氢。在活细胞中，2,3,5 – 三苯基氯化四唑经氢化作用，生成一种红色而稳定的不扩散物质，即三苯基甲䐃（triphenyl formazan，TF）这样就能识别出种子中红色的有生命部分和不染色的死亡部分。除完全染色的有生活力种子和完全不染色的无生活力种子外，还会出现一些部分染色的种子。在这些部分染色种子的不同部位能看到其中存在着或大或小的坏死组织，它们在胚和（或）胚乳（配子体）组织中所处的部位和大小，决定着这些种子是否有生活力。

2. 靛蓝测定原理

靛蓝（indigo carmine）为蓝色粉末，分子式为 $C_{16}H_8N_2O_2(SO_3)_2Na_2$ 靛蓝能透过死细胞组织使其染上颜色，因此染上颜色的种子是无生活力的。根据胚染色的部位和比例大小来判断种子有无生活力。

3. 碘—碘化钾染色原理

一些针叶树种的种子在发芽过程中胚内形成并积累了淀粉，根据淀粉遇碘有起色反应的特点，以其染色的状况判断种子有无生活力。

三、实验材料与用具

1. 材料

（1）纯净种子

（2）0.5% 四唑溶液

使用氯化（或溴化）四唑的水溶液，浓度随树种而略有不同，详见附录3。如果所使用蒸馏水的 pH 值不在 6.5~7.5 范围之内，可将四唑溶于缓冲溶液。缓冲溶液的配制方法如下：

溶液 a——在 1000 mL 水中溶解 9.078 g 磷酸二氢钾（KH_2PO_4）；

溶液 b——在 1000 mL 水中溶解 11.876 g 磷酸氢二钠（$Na_2HPO_4 \cdot 2H_2O$），或 9.472 g 磷酸氢二钠（Na_2HPO_4）。

取 2 份溶液 a 和 3 份溶液 b 混合，配成缓冲溶液。

在该缓冲溶液里溶解准确数量的四唑盐，以获得正确的浓度。例如，每 100 mL 缓冲溶液中溶入 1 g 四唑盐即得浓度 1% 的溶液。最好随配随用，剩余的溶液可在短期内贮于 1~5 ℃ 的黑暗条件下。

（3）0.05% 靛蓝溶液

靛蓝用蒸馏水配成浓度为 0.05%~0.1% 的溶液，如发现溶液有沉淀，可适当加量，最好随配随用，不宜存放过久。

2. 用具

镊子、解剖针、单面刀片、小烧杯。

四、实验内容和方法

1. 测定样品

从净度测定后的纯净种子中随机数取 100 粒种子作为一个重复，共取 4 个重复。或对发芽测定结束的未萌发粒进行测定。

2. 种子预处理

（1）去除种皮

为了软化种皮，便于剥取种仁，要对种子进行预处理。较易剥掉种皮的种子，可用始温 30~45 ℃ 的温水浸种 24~48 h，每日换水，如杉木、马尾松、湿地松、火炬松、黄山松、米老排、黄连木、杜仲等。

硬粒的种子如相思树、楹树、南洋楹、刺槐、合欢等可用始温 80~85 ℃ 的热水浸种，搅拌并在自然冷却中浸种 24~72 h，每日换水。种皮致密坚硬的种子，如孔雀豆、台湾相思、黑荆树、黑格、白格和漆树等，可用 98% 的浓硫酸浸种 20~180 min，充分冲洗，再用水浸种 24~48 h，每日换水。

(2)刺伤种皮

豆科的许多树种,如刺槐属,种子具有不透性种皮,可在胚根附近刺伤种皮或削去部分种皮,但不要伤胚。

(3)切除部分种子

①横切　为使四唑溶液均匀浸透,如女贞属,可以在浸种后在胚根相反的较宽一端将种子切去1/3。

②纵切　许多树种,如松属和白蜡属的种子可以纵切后染色。即在浸种后,平行于胚的纵轴纵向剖切,但不能穿过胚。白蜡属的种子可以在两边各切一刀,但不要伤胚。

③取"胚方"　大粒种子如板栗、锥栗、核桃、银杏等可取"胚方"染色。取"胚方"是指经过浸种的种子,切取包括胚根、胚轴和部分子叶(或胚乳)的方块。

3. 四唑染色法

(1)处理

胚和胚乳均需进行染色鉴定。预处理时发现的空粒、腐烂粒和病虫害粒,记入附表1-9中,属无生活力种子。剥种仁要细心,勿使胚损伤。剥出的种仁先放入盛有清水或垫有湿纱布或湿滤纸的器皿中,待全部剥完后再一起放入四唑溶液中,使溶液淹没种仁,上浮者要压沉。置黑暗处,保持30~35 ℃,染色时间因树种和条件而异(附录3)。染色结束后,沥去溶液,用清水冲洗,将种仁摆在铺有湿滤纸的发芽皿中,保持湿润,以备鉴定。

(2)鉴定

根据染色的部位、染色面积的大小和同组织健壮程度有关的染色程度,逐粒判断种子的生活力。通过鉴定,将种子评为有生活力和无生活力2类。

有些树种的种子染色之后,鉴定之前需要进一步处理,如切开营养组织,或者切去一层营养组织,使胚的主要构造和活的营养组织明显暴露出来,以便观察。

4. 靛蓝染色法

(1)处理

胚和胚乳最好一起进行染色鉴定,剥取时要小心,勿损伤胚和胚乳。预处理时发现的空粒、腐烂粒和病虫害粒记入附表1-9中。剥出的种仁先放入盛有清水或垫有湿纱布的器皿中。全部剥完后再放入靛蓝溶液,使溶液淹没胚,上浮者要压沉。染色时间因树种、温度而异(附录3)。

(2)鉴定

根据染色部位和比例大小来判断种子生活力。通过鉴定,将测定种子评为有生活力和无生活力2类(附录4)。染色后种子的处理同上。

5. 结果计算

测定结果以有生活力种子的百分率表示,分别计算各个重复的百分率,重复间最大容许差距与发芽测定相同(附表1-7)。如果各重复中最大值与最小值没有超过容许误差范围,就用各重复的平均数作为该次测定的生活力。如果各个重复间的最大差距超过表1-8规定的容许误差,与发芽测定同样处理。计算结果修约至整数,在质量检验证书上填报(附表1-10)。

五、注意事项

（1）染料的浓度要适当，染色时间也不能太长，否则不易区别染色与否。
（2）取胚时注意不要对种胚造成伤害，以免影响测定结果。

六、作业与思考题

（1）填写种子生活力测定记录表（附表1-9）。
（2）思考不同染色剂的染色原理，可否使用其他染色剂进行染色。

实验8　种子优良度测定

一、实验目的

在种子经营过程中，常常需要尽快地鉴定出种子的播种质量以确定其使用价值和价格，种子优良度（seed soundness）测定就成为快速评价种子播种品质一个重要的方法。
通过实验，要求学生了解与掌握种子优良度测定的原理与方法。

二、实验原理

1. 优良种子

优良种子指具有下述感官表现的种子：种粒饱满，胚和胚乳发育正常，呈该树种新鲜种子特有的颜色、弹性和气味。

2. 劣质种子

劣质种子指具有下述感官表现的种子：种仁萎缩或干瘪，失去该树种新鲜种子特有的颜色、弹性和气味，或被虫蛀、霉坏、异味、腐烂。

三、实验材料与用具

1. 材料

供试种子。

2. 用具

解剖刀、解剖剪、镊子、锤子、放大镜、玻璃杯、铝盒、载玻片等。

四、实验内容和方法

1. 样品提取和处理

从经过充分混合的送检样品中随机数取100粒（种粒大的取50粒或25粒），作为一个重复，共取4个重复。

2. 解剖

先观察供试种子的外部情况,然后分别逐粒剖开,观察种子内部情况。根据以上定义区分优良种子与劣质种子。树种优良种子的鉴别特征见附录4。附录4未列出的树种可以参照近似种或根据经验判断,各个重复的优良种子、劣质种子以及剖切时发现的空粒、涩粒、无胚粒、腐烂粒和虫害粒的数量记入附表1-11中。

3. 计算结果

测定结果以优良种子的百分率表示,分别计算各个重复的百分率,并按附表1-8检查各次重复间的差距是否为随机误差,如果各重复中最大值与最小值之差没有超过容许差距,就用各重复的平均数作为该种批的优良度。平均数带有的小数修约至整数。

五、注意事项

(1)种皮坚硬难于剖切的,可提前浸种,使种皮软化。

(2)如果结果计算各重复中最大值与最小值之差超过附表1-8所列的容许范围,应按规定重新测定并计算结果。

六、作业与思考题

将预处理情况和计算结果填在质量检验证书上(附表1-10)。

实验9 种子健康状况测定

一、实验目的

测定种子样品的健康状况,可为评估种子质量提供依据,从而对种子的处理提出参考意见。通过实验,要求学生掌握测定种子健康状况的原理与方法。

二、实验原理

种子健康状况主要是指是否携带病原菌,如真菌、细菌、病毒及害虫。首先将种子保持在有利于病原体发育或病症发展的环境条件下进行培养,然后检查测定样品中是否存在送检人指明的病原体和害虫,按所用方法允许的程度尽可能准确地估测样品中受感染的种子数。

种批如经过处理,可能会影响测定。凡经过处理的,要求送检人说明处理方式和所用化学药品。

三、实验材料与用具

1. 材料

送检种子样品。

2. 用具

解剖刀、玻璃板、高锰酸钾、食盐水等。

四、实验内容和方法

1. 直观检查

将测定样品放在白纸、白瓷盘或玻璃板上，挑出菌核、霉粒、虫瘿、活虫及病虫伤害的种子，分别计算病虫害感染度。如挑出的菌核、虫瘿、活虫数量多，应分别统计。

种子中隐蔽害虫的检查：在送检样品中，随机抽取测定样品 200 粒或 100 粒，选用下列方法进行测定：

①剖开法　切开种子检查。

②染色法　用高锰酸钾等化学药品染色检查。

③比重法　利用饱和食盐水或其他药液的浮力检查（适用于豆科等比重较大的种子，如刺槐，浮在上面的种粒多为受虫害的，结合剖开法即可确定虫害粒数）。

2. 软 X 射线透视及其他检查

软 X 射线是一种波长介于 0.60~0.90Å、穿透能力较弱的 X 射线，进行荧光观察或透视摄影，可检疫藏匿于种子之内的林木种子害虫和种子受害情况，比解剖法省时省力。

如需测定种子病害原因或携带的病原体，也可用适当倍数的显微镜直接检查。有条件的，可进行洗涤检查和分离培养检查。

3. 结果计算和表示

$$病害感染度(\%) = \frac{霉粒数 + 病害粒数}{测定样品粒数} \times 100$$

$$虫害感染度(\%) = \frac{虫害粒数}{测定样品粒数} \times 100$$

病、虫害感染度是病害感染度和虫害感染度两者之和。

五、注意事项

（1）根据不同树种种子特征选择合适的测定方法。

（2）一种方法判断不够准确时，可以结合多种方法进行测定。

六、作业与思考题

将测定结果填入种子健康状况测定记录表（附表 1-12）和质量检验证书上（附表 1-10），并提出处理意见。

实验 10　林木种子成熟度测定

一、实验目的

林木种子的成熟度不仅影响林木种子的发芽率及整齐度,而且影响苗木生长质量,科学地判断林木种子成熟度,对于指导林业生产中适时采收以及优质种质资源的保存、利用与开发以及提高种子品质与产量等均具有重要意义。

通过实习,要求学生能根据林木种实形态特征、物理性质等指标,了解不同林木种实成熟时的特征,并掌握判断林木种实成熟度的方法。

二、实验原理

成熟度影响种子的萌发与出苗能力,成熟度在种子发育过程中不断形成,主要由胚的生长潜力决定。正常种子发育始于受精卵,中间经历形态建成,储藏物积累,最后成熟脱水。受精后种子成熟要经过一系列的形态学和生理学变化,通过形态与生理等指标可以判断其成熟情况。不同的树木、不同的种实类型其成熟特征表现不一样。

每个林木种实成熟时都在其形态、颜色、硬度、气味、光泽等表现出特有的特征,据此可以判断此林木种实是否成熟。

三、实验材料与用具

1. 材料

(1)学生自己在校园采集 2~3 种不同类型林木种实,其中一种林木要求有不同成熟度种实(2~3 成熟度)。

(2)酒精、食盐等。

2. 用具

玻璃板、镊子、解剖刀、放大镜、小烧杯、比色卡、坐标纸等。

四、实验内容和方法

在生产中,判断种子成熟可由感官根据种实的外部形态来确定,也可用比重、发芽试验、生化分析及物候预报等方法判断。本实验主要采用外用形态、并结合物理方法进行判断。

1. 样品抽取

采用四分法随机抽取待检测种子样品,可根据种实类型,抽取一定重量或一定数量种子,每份送检样品随机抽取 2 个重复。

2. 根据各类型种实的形态、颜色、硬度、气味、光泽特征判断成熟度

①球果类　果鳞硬化、干燥、微裂、颜色变深,如油松、侧柏、白皮松变为黄褐色。

②干果类　荚果、蒴果、翅果等果皮由绿变白色、褐色，果皮干燥、硬化、紧缩，如刺槐、紫荆、五角枫变为褐色，榆树变为白色，皂荚变为黑色或褐色。

③浆果类　含浆果、核果、仁果等，果皮软化，颜色因树种不同由绿色变为不同的颜色。如银杏、山杏为黄色，毛樱桃、金银木、火棘为红色，桑树为紫黑色、白色。

④荚果、翅果类　果皮由绿色变为褐色，如槐树、香椿、复叶槭、白蜡等，同时水分降低，果皮紧缩变硬。

⑤球果类　云杉、冷杉、华山松等球果变成黄绿色或黄褐色。果鳞下部微裂。

⑥坚果类　果实的外果皮由绿色变为黄色或黄褐色且尖端微裂，如小叶杨、旱柳、泡桐等。一般来说，成熟期种皮应当坚硬坚实，颜色由浅色转到深色，并有光泽。种子的内含物也比较硬实，针叶树种的胚应至少占据胚腔的 3/4 才算成熟。

3. 根据种实成熟时的物理特征判断

（1）比重法

有些种实可以用比重法测定成熟度，把种子放入盛有清水的容器内，饱满的种子下沉，空瘪的种子上浮。但有的小粒种子如松类、杉木种子比重轻，好种子也不易下沉，可在水中加入 2 倍的酒精。相反，有些种子比水重，坏种子也下沉，水中可加入 3% ~ 5% 的食盐，在食盐溶液中浸泡 30 min，下沉的为好种子。也可以用油类物质按一定的比例配成悬浮液，当球果放入油悬浮液中时，成熟的球果能浮在上面。

表 1-11　美国测定球果成熟所用的悬浮液及其比例

树　种	球果成熟时的比重	悬浮液及其比例
辐射松	<1	水
美国白松	0.92 ~ 0.97	亚麻油
火炬松	0.88	煤油:亚麻油 = 1:4
西南白松	0.85 ~ 0.95	95% 酒精
脂　松	0.8 ~ 0.94	煤油

注：煤油比重为 0.8，亚麻油比重为 0.93。引自孙时轩《造林学》，1990。

（2）挤压法

对于杨、柳、榆、桦、泡桐等颗粒特别小的种子，可先将种子用水煮 10 min，然后夹在两块玻璃片中间挤压，压出白浆的是好种子；如果只出水或鼓气泡的则为质量差的种子。含油脂的特小粒种子，如泡桐等，可夹在两张白纸之间挤压，凡油质浸润纸面多的就是成熟的好种子，否则为成熟度差的种子。

（3）爆破法

一些带油性的中小粒种子，如油松、马尾松、侧柏等，可以放在烧红的铁锅或铁勺中，凡能跳起来并发出"叭"的爆炸声，继而有黑色油烟冒出的，则为成熟的好种子，否则为劣种。

4. 其他方法

根据种实中化学物质如：淀粉、脂肪、蛋白质等含量可以判断种实成熟度，如种子粗脂肪含量可作为枫香种子成熟的精确指标，不同采种时期的油松籽含油量变化（表 1-12）。

表 1-12　油松不同采种时期松籽油含量变化

采样日期(月.日)	8.20	9.01	9.10	9.20	9.30	10.10
含油量(%)	27.5	43.2	48.2	52.5	55.2	59.0

也可以结合测定种实发芽率或生活力来判断。一般情况下，成熟度高的种子发芽率高。这是因为正常成熟的种子能够为其萌发提供充足的营养物质，而未正常成熟的种子则不能。因此，可以根据种实成熟度与种子生活力和发芽率的关系判断。

种实的成熟时受气候和天气条件的影响，特别是受开花到种实成熟时的有效积温影响。大气温度、光照条件、空气的相对湿度、风力大小等也影响种子的成熟。如气温高、大气干燥、风速大、果实失水快速的环境条件有助于种子的成熟和脱落，因此可以根据当地气候条件和天气变化判断种实的成熟。

根据种子成熟时所特有的味道，一些种实可用品尝的办法进行判断。果实成熟后，酸涩味下降，甜香味增加。果实在成熟过程中，有机酸转变为糖，单宁被氧化为无涩味的物质等。也可切开用肉眼观察或不切开用 X 射线检查，根据胚和胚乳的发育状况判断成熟情况。

五、注意事项

(1) 应根据林木种实的类型和特征，选择合适的判断方法。
(2) 当一种方法判断不准确时，可结合多种方法进行判断。

六、作业与思考题

(1) 计算并填写种子成熟度记录表(附表 1-13)。
(2) 总结分析不同方法判断成熟度的可靠性及适用性。

实验 11　林木种子贮藏方法

一、实验目的

通过实验，要求学生：①了解林木种子贮藏的基本原理，熟悉影响种子休眠时间的内在因素和外界条件，针对林木种子不同类型和用户的贮藏要求选用合适的贮藏方法。②了解种子(种实)在贮藏过程中因呼吸作用所造成自身及其贮藏环境的变化，并能针对问题及时正确地进行处理。③掌握主要造林树种林木种子的常用贮藏方法。

二、实验原理

生产上有时需人为地延长种子休眠，也就是种子贮藏。种子在贮藏期间的环境条件对种子生命活动及播种品质起决定性的作用，生产中控制好贮藏温度、湿度和通气状况等能够大大提高种子发芽率。当种子脱离母树之后，即与贮藏环境构成统一整体并受环境条件的影响。贮藏中的种子，其生命活动的强弱主要随贮藏条件的变化而变化。决定种子寿命的内在因素有种子成熟度、含水量、种子内含物种类、种皮结构及其覆被层特性、种子受机械损伤的程度等，影响种子寿命的外部条件包括环境温度、湿度、通气状况、动物与微生物。因此，延长种子寿命常用的方法有降低种子含水量、降低贮藏温度和含氧量。

种子含水量决定了储藏方法。根据种子安全含水量的高低，人们把种子的储藏分为干藏和湿藏2类，含水量低的适于干藏，含水量高的适于湿藏。种子安全含水量参照附表1-14。

干藏法是指将充分干燥的种子，置于干燥环境中贮藏称为干藏法。该方法要求一定的低温和适当的干燥条件，适合于安全含水量低的树种种子，如大部分针叶树和杨、柳、榆、桑、刺槐、白蜡、皂荚、紫穗槐等阔叶树种。干藏除了要求干燥的环境外，也需结合低温和密封条件，凡安全含水量低的种子均可采用此法。一般包括普通干藏法、密封干藏法、低温干藏法和超干贮藏法。普通干藏法，即通常生产中的库房或地下室贮藏，用于短期贮藏安全含水量低的种子。密封干藏法，是把种子装入容器后密封起来，使之与外界空气隔绝，没有气体交换，不受外界湿度变化影响的贮藏方法。密封干藏法主要用于安全含水量低，但用普通干藏法易失去发芽率的种子(如杨、柳、榆、桑、桉等)及长期贮藏珍贵树种的种子。

湿藏法是将种子放在湿润、适度低温和通气的环境中贮藏。大多数安全含水量高的种子均可采用此法，湿藏时的温度最好在0~3℃左右。湿藏法主要有露天埋藏法和室内堆藏法。露天埋藏法适用于安全含水量高或深休眠的种子，如银杏、栎属、栗属、核桃、油桐、油茶、樟树、楠木、檫树、女贞等。室内堆藏法适用于安全含水量高或深休眠的种子，如银杏、栎属、栗属、核桃、油桐、油茶、樟树、楠木、檫树、女贞等。

三、实验材料与用具

1. 材料

选择适于干藏法和湿藏法的种子各2~3种，每种5~10 kg。

2. 用具

石灰或草木灰、木炭、氯化钙、福尔马林、木箱、小缸、布袋、沙子、卵石、秸秆、铁锹、冰箱等。

四、实验内容和方法

(一)种子干藏

1. 普遍干藏法

(1) 取一种林木种子(松类、槭类、水曲柳、杉木、侧柏、刺槐、臭椿、合欢等)2~3 kg，干燥到安全含水量范围内。

(2) 装入用福尔马林消毒过的木箱、小缸、布袋等贮藏容器中。

(3) 放在背阳、干燥、通风的室内进行贮藏。豆科植物的种子贮藏时应拌适量的石灰或草木灰。

(4)贮藏期间要定期检查，如发现种子发热、潮湿、发霉时，应立即采取通风、干燥、摊晾和翻倒仓库等有效措施。该法简便易行、成本低。

2. 密封干藏法

(1)将种子精选，干燥到安全含水量范围内。杨、柳等极小粒种子用阴干法，其他种子用日晒法。

(2)用0.2%福尔马林溶液消毒装种容器(如广口瓶)，密封2 h，然后打开0.5~1 h并烘干。

(3)在容器中装入适量种子及少量木炭、变色硅胶或氯化钙等干燥剂，用石蜡将瓶口密封。装种不要太满，留一定空间贮存空气。

(4)将密封的种子容器放入干燥、通风室内。

3. 低温干藏法

(1)对种子进行充分干燥至安全含水量范围内，以满足低温贮藏的标准。

(2)将干燥后的种子装好容器，将容器放置在专门的种子贮藏室或控温、控湿的种子库中。

(3)将温度控制在0~5 ℃，相对湿度为50%~60%的条件下贮藏，这种种子贮藏方法可使种子寿命保持1a。

4. 超干贮藏法

超干种子贮藏亦称超低含水量贮存，指将种子含水量降至5%以下，将盛有一定量种子的容器密封后置于室温条件下或低于室温的条件下贮存种子的一种方法。超干处理和低温贮藏的效果一致，如短命的榆树种子自然贮藏1~2个月就失去萌发力，而超干处理将种子含水量降至2%以下，在室温下贮藏3个月种子活力仍很高。

多数安全含水量低的种子可以进行超干贮存，但不同类型的种子耐干程度不同。脂肪类种子具有较强的耐干性，可以进行超干贮存；淀粉类和蛋白类种子耐干程度差异较大。种子超干并不是越干越好，存在一个超干水分的临界值。当种子含水量低于临界值，种子寿命不再延长，并出现干燥损伤。不同种子的超干临界值各不相同，如杉木种子的超干临界值为3%~5%，杜仲种子超干贮藏的最佳含水量是3.5%~4.5%。

(二)种子湿藏

1. 露天埋藏法

适用于安全含水量高或深休眠的种子，如银杏、栎属、栗属、核桃、油桐、油茶、樟树、楠木、檫树、女贞等。

(1)选择地势高、排水良好、土质疏松而又背风的地方。

(2)挖贮藏坑。宽度1~1.5 m，长度视种子量而定，深根据当地地下水位而定，一般80~150 cm。

(3)在坑底铺一层厚约10~15 cm的卵石或粗砂，再铺5~6 cm细砂(沙子湿度60%左右)，坑中央插一束高出坑面20~30 cm秸秆，以利通气。将种子与湿沙按1:3的容积比混合后放于坑内，或一层沙子一层种子交替层积，每层厚 5 cm 左右。将种子堆到离地面 10~20 cm，用湿沙填满坑，再用土培成屋脊形，坑上覆土厚度根据各地气候而定。

（4）在坑的四周挖排水沟，搭草棚遮阳挡雨。如有鼠害，用铁丝网罩好。

2. 室内堆藏法

适用于安全含水量高或深休眠的种子，如银杏、栎属、栗属、核桃、油桐、油茶、樟树、楠木、檫树、女贞等。

（1）选择干燥、通风、阳光直射不到的室内、地下室或草棚，清洁消毒。

（2）在地上洒水，铺一层 10 cm 厚的湿沙，然后将种子与湿沙层积或种沙混合堆放，堆至 50cm 高度，上盖湿沙。为了便于检查和有利通风，可堆成宽 0.8~1.0 m 的垄，长视室内大小而定，垄间留出通道。种子数量不多时，也可在木箱内混合或层积堆藏。

（3）种子堆中每隔 1 m 插入一带孔竹筒（以便通气），经常检查坑内温度与湿度。

3. 流水贮藏法

对大粒种子，如核桃、栎类，在有条件地区可以用流水贮藏。选择水面较宽、水流较慢、水深适度、水底少有淤泥腐草，而又不冻冰的溪涧河流，在周围用木桩、柳条筑成篱堰，把种子装入箩筐、麻袋内，置于其中贮藏。

五、注意事项

（1）湿藏法必须保持林木种堆持久湿润，防止种子干燥。

（2）在林木种子贮藏期间需要经常检查，及时发现和解决贮藏中出现的问题，如种子发热、发霉等。

六、作业与思考题

（1）影响种子寿命的内在因素与外界环境因素有哪些？

（2）列举 5 种林木种子适宜的贮藏方法。

第二篇
林木种苗培育实习

实习1　林木种实的采集、调制与贮藏

一、实习目的

合适的采集时期和采集方法、正确的种子调制方法是保证林木种子品质的重要生产措施。种子贮藏(seed storage)的目的是贮备播种育苗的种子，其实质是在一定的时间内保持种子的生命力。

通过实习，要求学生了解主要树种种子的成熟过程，掌握其适宜的采种时期、正确的调制方法及贮藏条件，为林业生产提供优良的种子。

二、实习原理

(1) 种子的成熟(seed maturity)

种子的成熟是指受精后的合子发育成具有种胚(胚根、胚芽、胚轴和子叶)和胚乳的过程。成熟过程中，种子在生物化学、物理性状和种子外部形态上发生显著的变化。

(2) 生理成熟(physiological maturity)

内部营养物质积累到一定程度，种子发育到具有发芽能力时，称生理成熟。

(3) 形态成熟(morphological maturity)

种子具有发芽能力，果实种子具有成熟时的特征(正常大小和颜色，种皮坚硬致密，种子含水率较低，内部营养物质转化为难溶状态)时称为形态成熟。

(4) 生理后熟(after ripening in physiology)

有些树种虽然呈现成熟时的形态特征，但由于种胚发育不完全，尚不具备发芽的能力，需经过一段后熟阶段才具有发芽能力，这类种子的生理成熟是在形态成熟之后，通常称为生理后熟。

(5) 种实调制(seed processing)

指采种后对种子或果实进行的干燥、脱粒、净种和种粒分级等技术措施的总和。

三、实习材料与用具

1. 材料

常见的林木种实，如泡桐、喜树、栓皮栎、悬铃木、水曲柳、侧柏、落叶松、樟树、油茶、栾树、火棘、麻栎、刺槐、合欢等。

2. 用具

高枝剪、采种钩、梯子、布袋、花盆、沙子等。

四、实习内容和方法

1. 采种

根据各树种种子成熟的形态特征、脱落方式，适时地采种（附表2-1）。采种方法一般分为：

①地面收集　种子成熟后立即脱落的大粒种子，如板栗、核桃、油茶、油桐等，可在脱落后立即从地面上收集。

②母树上采收　这是比较常用的方法，多用于种粒较小或脱落后易被风吹散的种子，如杨、柳、榆、马尾松、落叶松、金钱松、香椿等。有些采种比较困难的，可以借助各种采种工具，如升降机、套绳等协助上树采种。

③其他方法　种子成熟期和林木采伐期一致时，可从伐倒木上采种；生长在水边的树种如榆树、枫杨等，也可在水面上收集。

2. 种实的调制

种实调制的工序包括干燥、脱粒、去翅、净种、分级、再干燥等。调制的具体方法因种实的类型不同而异，种实处理的方法必须恰当，才能保证林木种实的播种品质。

（1）球果类的调制

球果类的调制工序基本包括上述的各道工序，因针叶树种子多包含在球果中，从球果中取种子的工作主要是球果的干燥。池杉、油松、柳杉、侧柏、落叶松等球果采后暴晒 $3\sim10$ d，鳞片即开裂。大部分种子可自然脱粒，其余未脱落的可用木棍敲击球果，种子即可脱出。

马尾松等一些含松脂较多的球果，不易开裂，可先用2%草木灰加开水混合，保持温度在 $95\sim100$ ℃煮球果2 min，然后用盖稻草堆的方法使其脱脂，每天翻动并淋温水1次，经7 d左右可全脱脂，置于阳光下暴晒，球果开裂种子即脱出。

（2）肉质果类的调制

肉质果类包括核果、梨果、柑果、浆果、聚合果。因其果或花托为肉质，含有较多的果胶及糖类，容易腐烂，采集后必须及时处理，一般需浸水数日，有的可直接揉搓，再脱粒、净种、阴干、晾干后贮藏。

少数松柏类具胶质种子，系因假种皮富含胶质，用水冲洗难于奏效，如三尖杉、紫杉等，可用湿沙或苔藓加细石与种实一同堆起，然后搓揉，除去假种皮，再干藏。

一般能供食品加工的肉质果类，如苹果、梨、桃、李、梅、柑橘等可以从45 ℃以下冷处理的果品加工厂中取得种子。

从肉质果中取得的种子，含水量一般较高，应立即放入通风良好的室内或荫棚下晾 $4\sim5$ d，在晾干的过程中，要注意经常翻动，不可在阳光下暴晒或雨淋。当种子含水量达到一定要求时，即可播种、贮藏或运输。至于柑橘、枇杷、芒果等种子更不能晒干，且无休眠期，故以洗净晾干 $1\sim2$ d 后进行播种为好。

（3）干果类的调制

开裂或不开裂的干果均需清除果皮、果翅，取出种子并清除各种碎枝残叶等杂物。凡干果类含水量低的可用"阳干法"，即在阳光下直接晒干，而含水量高的种类一般不宜在阳光下晒干，而要用"阴干法"。另外，有的干果种类晒干后可自行开裂，有的需要在干燥的基础上进行人为加工处理。

①蒴果类　如乌桕、紫薇、木槿等含水量很低的蒴果，采后即可在阳光下晒干脱粒净种。而含水量较高的蒴果，如油茶、茶树、杨、柳等采后，一般不能暴晒，应用"阴干法"。

②坚果类　坚果类一般含水量较高，如栎类、板栗、榛子等坚果在阳光暴晒下易失去发芽力，采后应立即进行粒选或水选，除去蛀粒，然后放于风干处阴干，堆铺厚度不超过 20~25 cm，要经常翻动，当种实湿度达到要求程度时即可采收贮藏。

③翅果类　如杜仲、枫杨、槭树、榆树、白蜡、臭椿等树种的种实，在处理时不必脱去果翅，干燥后清除混杂物即可。其中杜仲、榆树在阳光下暴晒易失去发芽力，故应用"阴干法"进行干燥。

④荚果类　一般含水量低，故多用"阳干法"处理，如刺槐、皂荚、紫荆、合欢、相思树、锦鸡儿等。其荚果采集后，直接摊开暴晒 3~5 d，有的荚果晒后则裂开脱粒，有的则不开裂，这类种实应用棍棒敲打或用石滚压碎荚果皮进行脱粒，清除杂物即可得到纯净种子。

⑤膏葖果类　如玉兰、荷花玉兰、牡丹等，去除假种皮，略微阴干后湿藏或播种。

3. 计算出种率

$$出种率(\%) = \frac{纯净种实重量}{初采种实重量} \times 100$$

4. 贮藏

依据种子安全含水量不相等的性质，可将种子的贮藏方法分为干藏法和湿藏法两大类。

(1) 干藏法

即将干燥的种子贮藏于干燥的环境中，除要求有适当的干燥环境外，有时也结合低温和密封等条件，凡种子安全含水量低的均可采用此法贮藏。

一般林木种子采用普通干藏法，即将充分干燥的种子装入麻袋、箱子、桶等容器中，再放于凉爽而干燥、相对湿度保持在 50% 以下的种子贮藏室、地窖、仓库或一般室内贮存，多数针叶树和阔叶树种子均可采用此法保存，如金钱松、马尾松、湿地松、杉木、水松、池杉、水杉、侧柏、合欢、香柏、柳杉、云杉、铁杉、落叶松、蜡梅等。

对于一般能干藏的林木种子，可采用低温干藏法。即温度保持 0~5 ℃，相对湿度维持在 50%~60% 时，可使种子寿命保持 1 年以上，但要求种子必须进行充分的干燥。

凡是需长期贮存，而用普通干藏和低温干藏仍易失去发芽力的种子，如桉树、柳树、榆树等均可用低温密封干藏。将种子放入玻璃瓶等容器中，加盖后用石蜡封口，置于低温贮藏室内，容器内可放入吸水剂如氯化钙、生石灰、木炭等，延长种子寿命。也可采用超低温超干燥贮藏法来延长种子寿命的方法。

(2) 湿藏法

将种子贮藏在一定湿度的条件下，予以适当的低温，有利于种子生命力的保持。

凡是种子标准含水量较高或干藏效果不好的种子，如樟树、栎类、板栗、核桃、榛子、银杏、四照花、忍冬、紫杉、荚蒾、椴树、女贞、柿树、梨、山楂、火棘、玉兰、鹅掌楸、柑橘、七叶树、千金榆、山核桃等种子，都适于湿藏。

湿藏可用挖坑贮藏、室内堆藏、室外堆藏等，都必须保持一定的湿度和 0~10 ℃ 的低温条件。一般将纯净种子与湿沙混合或分层埋入 60~90 cm 的种子贮藏坑中，贮藏坑可在室外选择适当的地点，挖掘的位置在地下水位以上。对珍贵树种种子或量少的种子亦可采用混砂或层积的方法放在花盆或木箱里，置于贮藏坑中或放在半封闭的地下室内。

此外，如一些橡、栎类种子，还可以精选后装入袋、桶等容器内，沉于流水中或垂于井中贮藏。

5. 种子登记

为了合理地使用种子并保证种子的质量，应将处理后的纯净种子，分批进行种子登记，以作为种子贮藏、运输、交换时的依据。采种单位应有档案备查，各类种子的贮藏、运输、交换时应附有种子登记卡片(表2-1)。

表 2-1　种子登记卡片

树种			科名	
学名				
采集时间			采集地点	
母树情况				
种子调制时间、方法				
种子贮藏	方法			
	条件			
采种单位			填表日期	

五、注意事项

(1) 采种对象要选择生长健壮的青壮年期母树。

(2) 采种时间要适时，不在阴雨天采种。

(3) 在采摘过程中保护好母树，不伤毁树皮、树干、枝条和翌年成熟的幼果。

(4) 阴干法适于：标准含水量高于气干含水量，一般干燥即迅速丧失生命力的种子，如栎类、板栗；种粒小、种皮薄、成熟后代谢作用旺盛的种子，如杨、柳、桦木、杜仲；含挥发性油性的种子，如花椒；凡经过水选及由肉质种子取得的种子。

六、作业与思考题

(1) 填写种子登记卡(表2-1)。

(2) 写一篇有关校园内常见树种种子调制和贮藏方法的实习报告。

实习 2　苗圃整地、施肥与作床

一、实习目的

整地(soil preparation)通过翻动土壤，能促使深层土壤熟化，有利于恢复和创造土壤的团粒结构。加强土壤的透水性，提高蓄水保墒和抗旱的能力，改善苗圃土壤的通气性，有利于苗木根系的呼吸和对养分的吸收。整地还起到翻埋杂草种子和作物残茬、混拌肥料及防治病虫害的作用。

因苗圃地育苗起苗后，带走了大量的营养元素，同时凋落物极少，生物归还率极低，因此需要通过施肥(fertilization)维持土壤的肥力水平。施肥可以增加土壤矿质元素，促进土壤团粒结构的形成，促进苗木生长等。

通过实习，要求学生掌握整地、施肥、作床的基本技术要领。

二、实习原理

整地就是通过耕、耙、耢来改良土壤的结构和理化性质，以达到蓄水保墒、提高土壤肥力的目的，为苗木生长创造适宜的条件。

为了给种子发芽和幼苗生长创造良好的条件，便于苗木管理，在整地施肥的基础上，要根据育苗的不同要求在苗圃地作床或垄。苗床有高床、低床和平床3种。

三、实习材料与用具

1. 材料

肥料。

2. 用具

拖板、锄头、铁锹、皮尺、绳等。

四、实习内容和方法

1. 整地

整地至少要做到二耕二耙，第一次在土面喷洒杀虫药剂后进行翻耕，随即耙平。第二次在施基肥后进行。翻耕的深度为 20~30 cm，具体深度以耕地的时期、土壤状况、培育苗木的种类而定，一般秋耕(深 20~25 cm)、干旱的地方、移植苗木或培育大苗时宜深(深 25~35 cm)；春耕、河滩地宜浅(深 10 cm 左右)。整地应做到及时耕耙，深耕细整、上松下实、不漏耕不乱土层、不留土块、捡净石块和草根。

2. 施肥

实习时，限于时间等客观原因，可以只考虑施基肥。具体方法是将肥料于第二次耕地前均匀地撒在圃地上,基肥要求迟效,一般用腐熟的厩肥、堆肥、绿肥、过磷酸钙。施肥量可根据当地土壤条件及苗圃的作业计划而定。

3. 作床

(1) 区划苗床

在已整好的育苗地段上,先区划出每个苗床的位置。即在预定作床的地方,按照所设计的苗床规格(可按高 10~20 cm,长 10~20 cm,苗床上宽 1.2 m、下宽 1.3 m,步道宽 30~40 cm),用木桩定出苗床与步道的位置,桩与桩间拉上绳子。注意苗床东西走向,小区内的步道比其余步道低 3 cm。

(2) 打床施基肥

先将床面上的土翻一遍,将基肥(或腐殖土等有机肥料)均匀地撒于床面上,再将步道上的土翻到两侧的苗床上,直到床高达到规定要求为止。将基肥与表土充分混拌均匀,用铁锹打碎大小土块,用耙子及拖板等将床面表土整平。

(3) 修整及镇压床面

将苗床两侧修成 45°斜坡,并用铁锹砸紧实,防止崩塌。床面表土要整平细碎,然后再轻轻镇压一遍。

(4) 施毒土

为防治地下害虫,在作床时可将 50% 乳油的辛硫磷与基肥(或另与 30 倍细土)均匀混合,与基肥一起施入 15~20 cm 的深土层中,每亩[*]用药 3 kg。

五、注意事项

(1) 整地必须因地制宜,区别对待,可与苗圃地土壤改良相结合。

(2) 整地要认真细致,耕地要深透,耙地要匀,要防止重耕、漏耕。整地还要防止打乱土层。

(3) 整地要适时、适法。

(4) 施肥要考虑肥料性质,"看天、看地、看苗"施肥;施有机肥要打碎整细,撒肥须均匀。

六、作业与思考题

(1) 基肥应在何时施用?深度如何?施肥量由哪几个因子决定?

(2) 整地、作床的最佳季节是什么?

(3) 高、低床各有哪些利弊?我国南方、北方一般各采用什么苗床作业?

---

[*] 1 亩 = 667 m^2。

实习3　种子催芽

一、实习目的

种子催芽(seed germination)是指通过机械擦伤、酸蚀、水浸、层积或其他物理化学方法,解除种子休眠、促进种子萌发的措施。种子催芽的目的是解除种子的休眠而促进其萌发,使得播种后发芽迅速整齐,缩短出苗期,延长生长期,增强苗木抗性,提高苗木的产量和质量。

通过实习,要求学生练习并掌握种子催芽的各种方法和操作技术,并进一步理解种子催芽的原理。

二、实习原理

种子催芽是指解除林木种子休眠和促进其发芽的措施。一般认为造成种子休眠的因素有种皮(或果皮)透水、通气不良或由此产生的机械约束作用,种子含有抑制发芽物质或种胚未成熟等。催芽应针对引起休眠的不同因素,采取相应的方法。对于不具休眠特性的种子,有时也可通过催芽,促进其发芽出土整齐,提高场圃发芽率。有些催芽措施还可增强苗木的抗性,提高苗木的产量和质量。

三、实习材料与用具

1. 材料

(1)种子(包括小粒种子、中粒种子、大粒种子、带翅种子)和沙子等。

(2)药剂。

①药粉　70%敌克松、50%二氯萘醌可湿粉剂、克菌丹等。

②药液　0.15%甲醛水溶液、0.5%高锰酸钾、0.5%~1%硫酸亚铁溶液等。

2. 用具

水桶、天平、筛子、铁锹、钢卷尺、镐、盛种容器、消毒容器、温度表、通气设备。

四、实习内容和方法

实习内容包括种子的水浸催芽、化学药剂催芽和层积催芽等。分别进行深休眠种子和强迫休眠种子的催芽,重点掌握层积催芽的方法。

1. 种子消毒

为减少种子催芽和播种过程中受病菌感染,一般需要先对种子进行消毒。

(1)药粉消毒法

70%敌克松、50%二氯萘醌可湿粉剂、克菌丹等药粉消毒的用药量为种子的0.2%~0.3%。注意:药粉消毒后不宜催芽,适于直播。

(2)药液消毒法

可用0.15%甲醛水溶液浸种15~30 min,取出闷2 h,再进行种子催芽。也可用0.5%高锰酸钾浸种0.5~2 h,用量以浸没种子为度,取出后用清水冲洗,冲净晾干后催芽,但胚根已经突破种皮的种子不宜使用此药剂消毒。也可用0.5%~1%硫酸亚铁溶液浸2 h,捞出后用清水冲洗,阴干后催芽。

2. 水浸催芽

(1)温水浸种催芽

杉木、马尾松、柳杉、木荷、香椿等种子可于播前用40~45 ℃温水浸种24 h使种子迅速吸水膨胀,促进其萌发。

(2)热水烫种催芽

刺槐、相思树、皂荚等种皮坚硬,含有硬粒的树种可以用70~85 ℃的热水烫种,然后让水自然冷却浸24 h。

3. 药剂催芽

可用赤霉素(GA)、2-氯乙醇、2,4-D、四氯化碳、硫脲、溴乙烷、二硫化碳等催芽,处理时间为10~15 min。

药剂催芽应注意:①药液浸种前先浸种4~5 h;②药液浸种后要用清水冲洗干净;③继续浸种足时。

火炬松、木麻黄、黄山松等需光萌发的树种可用500~1000 ppm*的赤霉素溶液浸种以促进其萌发。

4. 层积催芽

(1)挖沙藏坑

选地势高燥、排水良好、背风、庇荫地方挖沙藏坑。深度60~80 cm,宽度80~100 cm,长度依种子多少决定。

(2)种子消毒、浸种、混沙

层积催芽前先用40~50 ℃温水浸种1昼夜,捞出后清水冲洗,再进行种子消毒,然后将种子和沙子按1∶3的容积比混合均匀(或不混合,以待层积),其沙子的湿度为其饱和含水量的60%,即手握成团但又不滴水即可。

(3)入沙藏坑进行层积催芽

坑底铺10 cm的湿沙,再将已混好的种沙放入坑内但不超过50 cm厚,然后覆湿沙,最后用土堆成丘形,中间每隔1 m放通气孔1个。以便通气和检查湿度变化情况。坑的四周挖小沟,以利排水,并绘制平面图,做好记载。

沙藏期间,应每天定时测量温度,温度超过5 ℃时,应人为加以控制。

五、注意事项

(1)催芽前要做好种子的消毒。

---

* 1 ppm = 1 mg/L。

（2）催芽过程中要保持相对稳定的温湿度和通气条件。

（3）经过溶液消毒和浸种的种子要尽快播种，不能存放，已经催芽并萌动的种子严禁使胚芽失水。

（4）要提前安排完成需要长期催芽树种的催芽任务。

六、作业与思考题

（1）樟树、栾树、马尾松、栓皮栎、核桃、刺槐、落叶松等常见林木种子各适用何种方法催芽？

（2）催芽的技术要点和注意事项是什么？

实习4　播种育苗

一、实习目的

播种育苗是林木种苗培育的最主要方法之一，播种育苗技术简单、成本低廉，可以在较短时间内培育出大量苗木。而且播种苗生长旺盛、根系发达、寿命长，具有生长潜力大、抗性强等优点。

通过对播种苗培育全过程的实习，要求学生了解和掌握播种前种子处理和播种工作中的关键技术。

二、实习原理

用种子播种繁殖所得的苗木称为播种苗或实生苗。苗圃主要的播种方法有条播、点播和撒播3种。条播应用最广，适于各种中、小粒种子的播种方法；点播主要适用于大粒种子；撒播主要用于小粒种子。

三、实习材料与用具

1. 材料

（1）种子

主要利用学生采种实习时自采并调制和贮藏的种子，种类应包括针叶树种子、阔叶树种子、落叶树种和常绿树种的种子，从种粒大小上看应包括大粒种子、中粒种子和小粒种子。

①小粒种子　如香椿、金钱松、刺槐、杨树、悬铃木、泡桐、落叶松等。

②中粒种子　如红松、喜树、樟树、蜡梅、棕榈、檫木、火力楠、水曲柳、枫香等。

③大粒种子　如板栗、核桃、榛子、银杏、栎类等。

(2) 药剂

各土壤消毒用药(参考实习2)，各种子消毒用药(参考实习3)。

2. 用具

铁锹、平耙、镐、钢卷尺、划印器、开沟器、木牌、测绳、稻草。

四、实习内容和方法

实习内容包括播种前的种子处理；作高床和低床、作垄；练习播种大、中、小粒种子。

(一) 种子的准备

1. 前期准备

层积催芽的种子应在播前3~7 d内将种子取出，并进行种、沙分离。发芽强度不够时应置于15~20 ℃条件下催芽。

2. 浸种

需要温水浸种或冬季来不及层积催芽的种子应进行温水浸种，并在播种前着手进行。

一般树种种子用水温度要根据种粒大小及种皮厚度等确定，用水量为种子体积的2倍以上，先倒种后倒水，边浸边搅拌。如种粒过小，种皮过薄的种子用水温度为20~30 ℃；如硬粒种子(刺槐)可用逐渐增温的办法分批浸种，先用60 ℃温水浸1昼夜，将吸胀的种子捞出后，再用80 ℃以上的热水浸种，1昼夜后再捞出吸胀的种子，分批催芽，分批播种；如种粒透性不强，吸胀速度不快，可延长浸种时间，每天换水1~2次，待种子已吸胀后捞出，并置于15~25 ℃温度条件保持湿润，每天用温水冲洗2~3次，待30%种子已裂开时即可播种。

3. 接种菌根菌

如果培育的是松类、栎类等具有菌根的苗木，如马尾松、火炬松、湿地松、小叶栎、落叶松等苗木，可以用原育苗地带菌根的土壤或林下表土接种菌根菌。

4. 计算播种量

播种前称种子总重，计算干、湿千粒重，按床或米计算好播种量。例如，湖北省马尾松、落叶松、樟树一级种子的播种量分别为6~9 kg/亩、7~10 kg/亩和10 kg/亩。常见树种的播种量可参考附表2-2。

(二) 土壤条件的准备

1. 整地

秋耕地，经过粗平后应灌足底水，施足底肥。翌春耙地并整平。

2. 作床

①高床规格　可依据地形确定，一般长大于10 m，高15~25 cm，床面宽80~100 cm，步道底宽0.45 m，步道宽0.60 m。

②低床规格　长10 m，宽1.3 m，床心宽1.0~1.2 m，床埂宽30 cm，埂高12~15 cm。

③技术要点　先按床要求的规格定点、划印、延线。如作高床，要将步道土翻到床

上；如作低床，心土堆床埂、挖床面。如作高床还要按规格平整好床的两侧。无论高床或是低床，床面要求细碎、平整、疏松、无圹垃。

3. 作垄

用机具按规格作垄，一般垄距 70 cm，垄高 15 cm，垄面宽 30 cm。机具作好后，要进行人工修整，平垄面。

4. 土壤消毒

为防止病虫害发生，在作床、作垄前用药剂消毒。将称好的药剂混土并堆于土壤表面，待平床或作垄时可将药土混匀。

土壤条件准备和种子的准备要齐全、一致，切勿影响正常播种期。

（三）播种

1. 播种方法

小粒种子可采用条播或撒播，中粒种子用条播，大粒种子用点播。

2. 播种技术

南北向开沟。开沟用开沟器，沟要直，沟底要严，宽窄深浅要一致。沟距即行距，一般为 20 cm，沟的深浅要与覆土厚度一致。极小粒种子覆土厚度一般为 0.1~0.5 cm，小粒种子为 0.5~1.0 cm，中粒种子为 1~3 cm，大粒种子为 3~5 cm。

开沟后撒药、撒种、播种要均匀，特别是中小粒种子。按播种量计划用种。撒种后马上覆土，覆土厚度一般为种子短径的 2~3 倍。

覆土要均匀，薄厚要一致。要按树种种粒大小、土壤墒情决定覆土厚度，厚度要适宜。覆土后要进行镇压。注意土壤水分条件适宜时才能镇压。

最后插牌，注明树种、播种时期、负责班组。

五、注意事项

(1) 播前要计算好播种量。

(2) 开沟、撒种、覆土、镇压各个环节要严格要求，要紧密配合，形成流水作业。

(3) 已经催过芽的种子，在播种过程中要注意种子的保管，不能暴露在太阳底下，以免萌发胚根失水死亡。

(4) 种子、药剂准备要齐全。

(5) 使用药剂时要注意安全。

六、作业与思考题

(1) 如何根据实习所用树种的种子特性确定播种期？

(2) 覆土厚度对种子出土有何影响？如何确定覆土厚度？分别列举大、中、小 3 种具体树种的种子适宜覆土厚度。

(3) 播种量过多或过少对苗圃管理以及一级苗木质量和产量有何影响？

(4) 以某一常见树种为例，阐述为提高发芽率，在播种阶段应掌握哪些主要技术环节？

实习 5　扦插育苗

一、实习目的

扦插苗具有能保持其母株的优良遗传特性、结实较早等特点，是经济林木、果树和用材林木良种繁育的主要育苗方法。

通过扦插育苗培育全部过程实习，要求学生进一步掌握扦插育苗的原理和过程中的关键技术。引导学生开展自主研究，提高学生试验设计与统计分析的实际应用能力。

二、实习原理

扦插育苗是利用离体的植物营养器官如根、茎、叶等的一部分，在一定条件下插入土壤或基质中，利用植物的再生能力，经过人工培育使之发育成一个完整新植株的繁殖方法。根据枝条的成熟度与扦插季节，枝插又可分为硬枝扦插与嫩枝扦插。

扦插成活的关键是不定根的形成，根据不定根形成部位不同，可把生根类型分为皮部生根型、愈伤组织生根型及中间类型。

三、实习材料与用具

1. 材料

（1）选 1~2 年生、芽饱满、无病虫害、发育充实的苗干或枝条。树种选择与实际实习条件及当地树种相结合，要求 4 个树种以上。

（2）药剂包括萘乙酸、吲哚乙酸、吲哚丁酸、蔗糖、生根粉等。

2. 用具

枝剪、盛条容器、铁锹、钢卷尺、测绳、打孔器、木牌、平耙、镐等。

四、实习内容和方法

（一）插穗的准备

1. 采条

一般可在春季树液开始流动前采条，随采随插，如悬铃木、池杉、香椿、毛白杨、水杉、杨树等。常绿树种如雪松、龙柏、女贞等最好随采随插。硬枝扦插时，落叶树种的插穗也可以在秋季落叶后采集，并按规格制穗后贮藏，以备翌年春天扦插用。

材料要选择生长健壮、幼龄母树上的 1~2 年生枝条，或者 1~2 年生苗干。

2. 制穗

插穗长度为 12~20 cm。常绿树种的枝条要适当除去叶片，上切口距第一个芽 0.5 cm

以上为宜,一般采用平切口;下切口最好在芽下 1 cm 处,可采用平切口、马耳形或双马耳形,并与插穗上端的芽方向相反。

制穗要求切口平滑,防止芽伤或表皮劈裂;枝条下端芽发育不好部位以及枝梢太细部位可以剪去不用。

3. 贮藏

冬采春插的穗条必须进行贮藏,贮藏要选择地势高燥、排水良好、背风向阳的地方。南方可在地面堆土贮藏,也可在阴凉的室内堆沙贮藏。将插穗按一定数量扎成捆,在贮藏地点排放整齐混沙堆放,最后覆盖稻草,保持贮藏堆湿润和通气,少量穗条也可放冰箱贮藏。

4. 插穗的处理

为了促进插穗生根,提高扦插成活率,可用生长调节物质处理插穗,如萘乙酸、吲哚乙酸、吲哚丁酸及市场上销售的各种生根粉等产品。常用的处理方法:

①快蘸 将插穗下端 2 cm 处浸在 0.05%~0.1% 的萘乙酸、吲哚乙酸或吲哚丁酸溶液中 5~7s 取出即可扦插。

②浸条 把插穗基部浸入 0.005%~0.01% 的上述生长调节物溶液中 12~24 h 即可。

③生根粉剂 用含适当浓度生长调节物质的滑石粉或泥浆蘸在插穗基部,然后扦插。

(二)插壤的准备

插壤最好在秋季耕地,翌春浅耕,平整后再作垄。南方一般应采用高垄,垄距70 cm,垄高 15 cm,垄面宽 30 cm。扦插前,应进行土壤消毒(方法参照播种育苗中的土壤消毒)。

(三)试验设计

各小组可以结合扦插床面积大小以及树种特点等,以药剂、插穗年龄、插穗在母树中的部位、插穗长度(或直径)、扦插深度等为处理因子,制订正交试验设计方案,每次处理采取一定数量的重复。按田间试验设计和数理统计方法设计插穗在插床中的排列位置。

(四)扦插

1. 株行距控制

株行距应根据树种生长特性和培育要求而定,阔叶树一般大于针叶树,速生树种大于慢生树种。一般行距 10~50 cm,株距 5~30 cm。

2. 扦插方法

扦插时,对土壤较硬的可先用打孔器打孔再扦插,孔深与插穗扦插深度一致。一般将插穗垂直插入土中,扦插时注意皮部不能反卷。插时注意,插穗生物学极性,保证芽的方向朝上。阔叶树种插入深度以保持地面上有一个芽为宜,针叶树插入深度为插穗长度的 1/3~2/3。干旱风大的地区,扦插后,要在插穗顶端堆一小土堆。插后应用手将土按紧,使土壤与插穗紧密接触。

(五) 插后管理

插穗发根前要注意保持水分平衡，要求土壤湿润但不能过湿。对常绿且生根慢的树种要遮阴；过多的萌芽要除去。每隔 5 d 抽样观察愈伤组织形成和生根时间，比较不同处理生根和成活的差异，并比较不同树种生根部位(皮部生根和愈伤组织生根)的差异。

(1) 皮部生根

一般从宽髓射线和形成层的结合点上开始，向外突出圆锥体，通过皮层形成不定根。

(2) 愈伤组织生根

插穗切口表面由形成层、髓射线的体细胞形成薄壁细胞群，继续分化，形成不定根。

(3) 中间类型

介于两者之间，皮部与愈伤组织的生根量大体相等。

五、注意事项

(1) 在插穗采集、制作及扦插过程中，要注意保护好插穗，防止失水风干。
(2) 扦插时切忌用力从上部击打，也不要使插穗下端蹬空。
(3) 不能碰掉上端第一个芽，也不能破坏下切口。
(4) 插后压实，并随即灌水，使插穗与土壤紧密结合。

六、作业与思考题

(1) 什么时候采条最好？应选择什么样的枝条做插穗？
(2) 怎样确定插穗规格？如何截制插穗？
(3) 提高穗条成活率的关键是什么？
(4) 分处理调查扦插生根和成活情况，统计实验结果，并分析不同树种、不同处理扦插生根和成活的差异及其原因，撰写实习总结报告。

实习 6 插穗处理对扦插生根的影响

一、实习目的及要求

通过实验，要求学生：①了解扦插育苗的基本原理，了解扦插技术的发展和应用。②熟悉扦插繁殖的技术和方法，掌握影响插穗成活的因素。③掌握试验设计与统计分析的基本方法，能够对观测记录的实验数据进行基础的生物学统计分析。

二、实习原理

扦插育苗是利用苗木树干枝条的一部分做繁殖材料，插入基质中进行育苗的方法。经过制穗的繁殖材料叫插穗。此法的原理是利用插穗经处理后在插壤中生根，进而成为植株。其成活率与生根快慢有关。插条育苗能否成功，关键是插穗能否形成根系。根据不定根形成的部位，一般可分为愈伤组织生根型、皮部生根型和综合生根型。

(1) 愈伤组织生根型

植物的离体器官，在伤口产生愈伤组织从而保护切面，这是植物的一种自我保护功能，是植物的共性。但是，在扦插繁殖时，插条脱离母体后在切口上形成的愈伤组织进一步分化形成输导组织、形成层与生长点，在一定条件下形成根原基，然后萌发形成不定根，这需要较长时间（2~4月）。在较长的生根时间里，要维持插穗旺盛的生命力是很困难的，因此相对来说，扦插育苗成活率较低。这种生根类型的植物插穗能否生根，一方面取决于愈伤组织能否形成；另一方面还取决于愈伤组织能否进一步分化形成根原基。

植物受伤后都有恢复生机、保护伤口并形成愈合组织的能力，一般认为是通过无丝分裂在切口的表面逐渐形成瘤状突起物，即初生愈合组织。这些愈合组织继续分裂和分化形成形成层、木质部和韧皮部。在适宜的环境（温、热、光）与激素条件下从生长点或形成层中产生出根原基。根原基进一步发育新形成不定根。与其他生根类型的植物比较，愈伤组织生根属于难生根的类型，属这类树种如柏类与松类等。

(2) 皮部生根型

在插条愈伤组织与新根未形成时期，地上部分不断蒸腾与蒸发，如果不采取有效措施，插穗中水分条件及养分逐渐消耗尽，影响扦插成活率。皮部生根型的生根时间亦很短，有的在1~2周内不定根就可从皮孔内钻出来。皮部生根型正好弥补这个缺点，由于皮部生根的速度快，生根面大，这种不定根可以吸收土壤中的水分以补足插穗水分的消耗，故被人们称为"活命根"，故这种植物则属于易生根植物，这类树种有杨、柳等。

(3) 综合生根型

有时2种生根形式可同时出现在一种植物插穗上，即为综合生根型，如杉木、柳树、花柏及部分阔叶树。

三、实习材料与用具

1. 材料

(1) 植物材料

扦插树种根据生根难易程度为4个层次，每个小组根据成员的兴趣或结合课题方向选出树种进行实验。

① 难生根树种　马尾松、栎类、鹅掌楸、核桃等。
② 较难生根树种　梧桐、樟树、榉树、臭椿、赤杨等。
③ 较易生根的树种　悬铃木、枫杨、泡桐、女贞、罗汉松等。
④ 易生根的树种　柳杉、杉木、柳树、紫穗槐、杨树等。

(2) 生根激素

各类型的生根粉（ABT及其系列产品）、萘乙酸（NAA）及其衍生物、吲哚乙酸（IAA）、吲哚丁酸（IBA）等。

2. 用具

修枝剪、切条器、单面刀片或嫁接刀、钢卷尺、盛条器、移植铲、锄头、喷水壶、铁锹、平耙、酒精、烧杯、量筒、蒸馏水等。

3. 扦插基质

普通苗圃地、营养钵、珍珠岩、蛭石、泥炭、河沙。

四、实习内容和方法

(一) 试验设计

1. 单因素试验设计

单因素试验设计是扦插生根最常用的设计方案。进行单因素试验设计时应遵循以下原则：

根据试验地的地形、土壤状况，将试验地划分成等于重复数的区组数（重复数＝区组数）。每个区组中容纳所有的处理（包括对照处理）。各个处理在区组中只安排一次，且随机排列。

本实验要求选择至少 6 种生根难易程度不同的树种为主要影响因素，观测不同树种的生根情况。

2. 双因素试验设计

首先将两个因素的各个水平编号；然后将两个因素的水平编号组合处理；再按照随机区组的方法安排。

本实验从可选因素中选择两种对扦插结果影响显著的因素作为影响因素，设置 3 次重复。

3. 正交试验设计

在实际工作中，常需要同时考察 3 个或 3 个以上的试验因素，若进行全面试验，则试验的规模将很大，往往因试验条件的限制而难于实施。正交设计是在多因素试验中选择部分处理组合，寻求最优处理组合的一种高效率试验设计方法。

利用正交表来安排多因素试验，分析试验结果的一种设计方法。它从多因素试验的全部处理组合中挑选部分有代表性的处理组合进行试验。通过对这部分试验结果的分析，了解全面试验的情况，找出最优处理组合。不考虑交互作用的正交设计：

给各因素和水平编号，然后编写因素水平表，选择适合的正交表。

选用正交表的原则：既要能安排下试验的全部因素（包括需要考查的交互作用），又要使部分水平组合数（处理数）尽可能地少。选择正交表时要考虑以下几个方面的条件：

①依据试验的水平数 (m) 选表。

②选择列数 ≥ 因素数 (j) 的表。

③选择处理组合 (k) 最小的正交表。

表头设计：将各因素任意安排到各列上，然后各水平对号入座。

确定重复数，根据田间设计的原则选择一个田间设计方案，一般采用随机区组设计。

本实习从可选因素中选择 3 种对扦插结果影响显著的因素作为影响因素,采用 $L_9(3^4)$ 正交表,设置 3 次重复。

4. 可选因素

树种的种类;枝条部位与发育状况;插穗的年龄;激素的种类:吲哚乙酸(IAA)、吲哚丁酸(IBA)、萘乙酸(NAA)、生根粉等;激素的浓度;激素处理时间的长短。

(二)扦插的准备

1. 插穗的选择与贮藏

要求根据影响扦插成活的内因选择年龄适当的母树及年龄、粗细、木质化程度适宜的枝条。

① 母树年龄 一般情况下,幼树上剪的枝条比老树上的生根快,成活率高,一般以采集 1～2 年生枝条为宜。

② 枝条部位 同一植株不同部位剪取的枝条,其生根能力也不同。根际处附近萌发的枝条比中、上部的枝条生根快。同一枝条,中部粗细适中,其生根成活率比较稳定;梢部细弱,生根虽快,但成苗率低。靠近树干基部或树冠中下部的外围 2～3 年生枝条扦插生根率高。

③ 采条季节 扦插最佳时间是在植物生理上再生能力最强的时候。春季萌发前和生长季节分别按硬枝扦插和嫩枝扦插的要求采条。

④ 枝条发育状况 插条生根能力在一定程度上还取决于枝条的发育状况。发育充实、节间短、营养物质含量多的枝条,插后能迅速生根。

⑤ 插条规格 根据树种生根快慢和环境条件而定。生根快的树种宜短,生根慢的树种宜长。湿润地区宜短,干旱条件下宜长。常绿树种一般 10～35 cm,池杉、水杉、湿地松等为 10～15 cm,茶树等为 10～14 cm,雪松为 15cm 左右。

长度:一般要求达到 10～15 cm,要培育出大苗,其长度可达 50 cm。

底径:一般要求达到 3～5 mm,要培育出大苗,其底径可达 15 mm。

下端除枝叶:下端 5～6 cm 内的枝条全部剪掉,叶全部向上拔掉。

保留枝叶:下端 5～6 cm 以上部位的侧枝超过 10 cm 以上部分剪掉,顶端枝从下切口到 15 cm 以上部位剪除,其以内枝条和侧枝及其主干上的叶全部保留。

2. 制穗

(1)按以上规格剪好的插条,每 30 个捆成小捆,做到下切口齐、上切口不一定齐。下切口形状主要有平口、斜口、双斜口等。插穗在未生根之前主要通过下切口吸收水分,因而在比较干旱条件下及对于生根慢的树种,宜用斜切口。

(2)插穗上切口距第一个芽不宜太近,切口上端应距第一个芽 1～2 cm。

(3)切口要平滑,防止切口劈伤,必须保护好插穗上端的第一个侧芽或顶芽。

(4)保留好叶子,使其光合作用制造养分促进生根。

(5)插穗干燥会影响生根率和成活率。因而,应在背风处或室内截制插穗,按小头直径分级,在扦插前置于沟内湿沙层积贮藏。

(6)种条贮藏:土埋法,土温达 0℃ 左右,坑挖 1 m 的深度,宽约 80 cm,长度根据种条多少而定，温差不超过±4℃。湿沙(饱和含水量60%)维持水分并注意通风。

3. 插穗处理

常见的插穗处理方法有：

(1) 加温处理(温床催根)

人为地提高插条下段生根部位的温度，创造一个地温高、空气温度低的环境条件，促进插穗先发根再发芽。常用的有阳畦催根、酿热温床插根、火炕催根、电热温床催根等。

(2) 机械处理

扦插前进行环剥、环束、刻伤等处理。环剥处理就是根据枝干的粗细程度，将枝条或干的基部树皮环状剥去 0.4~1.5 cm 宽的树皮，可截断由上部向下运送的养分和生长素，使其蓄积在环剥枝条的下面，提高目标枝条的激素相对含量，能够促进之后不定根的形成。环束处理的原理与环剥处理类似，使用铁丝等紧紧环束枝条或干的基部。

(3) 黄化处理

把要扦插的枝条在未切离原株时，放在黑暗或半黑暗的环境让其生长发育一段时间，一般用黑纸、黑布、黑色塑料薄膜包扎基部，导致叶绿素相对降低，组织黄化，皮层增厚，薄壁细胞增多，生长素积累，有利于根原体的分化和生根。

(4) 浸水处理

在扦插前，将插穗的基部置于清水中浸泡一段时间，一般有水浸、流水冲洗、温水洗等方法，使其充分吸水，降低抑制物质的抑制作用，可提高成活率。

(5) 冷藏处理

将休眠枝条经过冷藏一段时间的冷藏处理后再扦插，可使枝条内的抑制物质转化，以利于生根存活。

(6) 药剂处理

应用各种人工合成的植物生长调节剂对插穗进行扦插前的处理，不仅生根率、生根数和根的粗度、长度都有显著提高，而且苗木生根期缩短，生根整齐。常用的有各类型的生根粉(ABT 及其系列产品)、萘乙酸(NAA)及其衍生物、吲哚乙酸(IAA)、吲哚丁酸(IBA)等。

(三) 基质的配制

1. 扦插基质的配制

总体要求是：保温、保湿、疏松透气、不带病菌，最主要的是透气性要良好，有利于生根。

① 单一基质　100% 泥炭、100% 珍珠岩、100% 河沙等。

② 蛭石:河沙 = 3:1 或 1:1。

③ 泥炭:河沙 = 3:1 或 1:3 或 1:1。

④ 泥炭:珍珠岩:蛭石 = 1:1:1。

⑤ 珍珠岩:蛭石:河沙 = 2:1:1。

⑥ 普通苗圃地。

2. 基质消毒

甲醛(福尔马林)是良好的消毒剂，对防治立枯病、褐斑病、角斑病、炭疽病等有良好的效果。一般用甲醛 1 kg，加水稀释成 40~100 kg 的溶液，然后将待消毒的基质平铺约 10 cm 厚在干净的、垫有一层塑料薄膜的地面上，用已稀释的甲醛溶液喷湿基质；接着铺第二层继续用甲醛溶液喷湿，直至所有要消毒的基质全部用甲醛溶液喷湿为止，最后用塑料薄膜覆盖封闭 2 d 后摊开，阳光下暴晒 2 d 以上并风干。直至基质中没有甲醛气味即可使用，此过程需要 15 d 左右。利用甲醛消毒时由于甲醛有挥发性强烈的刺鼻性气味，因此，在操作时工作人员必须做好防护工作。沙石类消毒还可以用 50~100 倍福尔马林溶液浸泡 2~4 h，用清水冲洗 2~3 遍，即可使用。

沙石类用高锰酸钾进行消毒时，先配制好浓度约为 0.1% 的溶液，将要消毒的基质浸泡在此溶液 10~30 min 后，将高锰酸钾溶液倾掉，用大量清水反复冲洗干净即可。

(四)扦插

按照设计方案将插穗直接插入不同的基质中，用直插法或斜插法均可。要求扦插深浅、密度较适合，插入基质深度控制在插穗的 1/3~2/3 为宜。

(五)管理措施

扦插完毕立即浇透水。在生根期间，围绕防腐及保持基质和空气湿度做好喷水、遮阴、盖膜、消毒等工作。插条地的管理及苗木保护主要有：

1. 灌溉

为促进生根，扦插后要及时适量灌溉。

2. 中耕

插穗在生根和发芽过程中要进行强烈的呼吸，需要通气良好的土壤条件，因此灌溉后在土壤持水量可以中耕时要进行，同时结合除草和病虫害防治。

3. 控制蒸腾

为了控制插穗的水分平衡，一般应适时采取遮阴和喷灌等措施。

4. 除萌和抹芽

杨、柳等树的插穗在幼苗期有时会生出几株嫩枝(蘖)，当幼苗高度达 15~30 cm 时，留最优的一枝，其余除掉，以减少营养消耗。抹芽即摘芽时，即抹掉幼苗后期和速生期由叶腋间生出的嫩侧枝芽。

5. 观察记录

记录插穗愈伤生根情况，包括生根类型(皮部生根、愈伤生根、综合生根)、生根时间等，统计生根率和成活率，填写扦插育苗记载表(表 2-2)。

六、注意事项

(1)针对扦插对象选用不同基质，同时要对使用的基质有充分了解，注意其特性。加强管理，特别是针对全部是无机基质的配方，要注重水分和肥料的应用。

表 2-2　扦插育苗记载表

区组号/小区号	树种	插穗类型	扦插时间	插穗数量	处理方法	生根成活情况				
						愈伤组产生时间	开始放叶时间	生根时间	成活插穗数	生根率(%)	成活率(%)

调查人：_____　　　调查日期：_____

注：插穗类型指硬枝插穗或嫩枝插穗。

（2）在实际应用中可以选择分层铺垫基质，即上面铺垫一层一定厚度透气性良好的无机基质，下面铺垫有机基质。

七、作业与思考题

（1）运用常规统计分析软件，统计分析各插穗处理方法与水平对扦插生根的影响。

（2）根据实验分析结果并查阅有关资料，分析常见造林树种的生根难易程度及生根类型。

（3）阐述扦插的常规田间管理措施。

实习 7　移植育苗

一、实习目的

生产中常常需要对苗木进行移植（transplant）以进一步培育大苗。通过移植培育的苗木根系发达、生长健壮；移植苗抵御自然灾害的能力强，造林成活率高，生长快；通过移植断根能促进苗木须根的发育,扩大苗木营养生长空间。

本次实习要求学生掌握移植育苗的基本技术,并了解移植工作在育苗生产实践中的应用和意义。

二、实习原理

移植苗是经过一次或数次移栽后再培育的苗木,移植的幼苗又叫换床苗。移植可以扩大苗木的营养生长空间,同时通过移植切断根系,有利于须根的产生,促进苗木的生长。

三、实习材料与用具

1. 材料

针叶树小苗、阔叶树小苗、杨树扦插苗等。

2. 用具

铁锹、装苗容器、剪枝剪、短途运输工具、钢卷尺、测绳、小木棍、划印器、移植铲、木牌、油漆或石灰等。

四、实习内容和方法

本次实习内容包括:作床、定点、划印、栽苗、灌水等。

1. 土地准备

按照垄或床的规格,在平整好土地的基础上定点、划印。

2. 苗木准备

冬季假植贮藏的苗木,春季用来移植时,应随用随取。春季随用随取的苗木,也应提前做好准备,并严格做好苗木的保护工作,严防苗木根系失水。移植前要进行修根,切断主根、受损伤和过长的侧根。一般针叶树保留根长 15~20 cm,阔叶树保留 20~40 cm。

3. 移植

(1) 确定移植株行距

不同树种、不同苗龄的苗木,其移植时的株行距不同。树冠的大小,耕作机具的使用和培养年限不同,株行距也应不同。

①株距 一般针叶树小苗 5~50 cm;阔叶树大苗 50~120 cm。

②行距 人工管理时,行距可窄一些,一般为 25~60 cm;机械或畜力中耕、起苗时,行距应与机械轮距相结合,一般为 70~120 cm。

(2) 定点划印

将测绳拉直,按株行距大小用石灰定点与划印。

(3) 栽苗方法

穴植法按定点移植。小苗用移植铲、大苗用铁锹挖穴,栽苗时不能窝根,使根系舒展并与土壤紧密结合。沟植法按预定行距开沟,将苗木沿垂直沟壁放入沟内,再培土,然后踏实。栽植深度应比原土印深 2~3 cm。

(4) 浇水适时

移植后要立即灌透水,并及时抚育。

五、注意事项

（1）严禁苗木干燥，如风吹、日晒、移植时手中苗过多等，都易导致苗木失水。
（2）严禁窝根、根系不舒展或土壤踏不实现象。
（3）移植季节最好在苗木休眠期内进行，春季移植宜早，并按不同树种萌动时间早晚安排先后次序。

六、作业与思考题

（1）苗木移植的意义是什么？为提高移植成活率应注意哪些关键技术？
（2）何时苗木移植较好？请把需要春季移植的树种按作业时间顺序排列。

实习8　嫁接育苗——芽接

一、实习目的

嫁接（grafting）苗根系具有砧木植株的优良遗传特性，如对环境的适应性强、乔化或矮化等。树干和树冠是母株营养器官生长发育的延续，保持母株遗传特性和优良性状，可提早开花结实等。嫁接育苗在果树和经济林培育、林木种子园的建立、观赏植物的繁育等方面意义重大。

通过实习，要求学生掌握芽接的砧木和接穗的选择，掌握丁字形芽接、嵌芽接和方块芽接的操作要领。

二、实习原理

嫁接是切取植物的枝、芽或其他器官作为接穗，接在另一植株的茎干、根或其他器官（砧木）上，使之愈合成活为独立的植株。用以上方法培育的苗木叫嫁接苗。接穗是培育的目的树种或品种。

嫁接成活的关键是接穗和砧木输导组织连接，接穗和砧木紧密结合、形成层对接后，接面创伤细胞分裂并形成愈伤组织，愈伤组织迅速生长填充砧穗间隙，随后产生共同的形成层和输导组织，进而形成完整的植株。

三、实习材料与用具

1. 材料

采条母树、砧木。

2. 用具

枝剪、嫁接刀、盛穗容器、湿布、塑料绑带、磨刀石等。

四、实习内容和方法

1. 选择接穗

采穗母树必须是具有优良性状、生长健壮、无病虫害的植株。生长季节从采穗母树树冠外围中上部向阳面采集当年生具饱满芽的枝条。采穗后要立即去掉叶片(保留0.5 cm的叶柄)。

2. 嫁接

进行丁字形芽接、嵌芽接和方块芽接。要求按照操作要领切削砧木和芽片,并准确接合和紧密绑扎。

(1)丁字形芽接

嫁接时选1年生健壮枝条上中部饱满的腋芽作接穗,剪去叶片,仅留叶柄,先在腋芽的上方约0.5 cm处横切一刀,深达木质部,再从腋芽的下方约0.5 cm(深达木质部)处向上平削,使接芽成为上宽下窄的盾形,削面要平滑,并把芽片里侧的木质部剥掉(图2-1①~③)。再在砧木苗的北侧距地面10~15 cm,选一处比较平滑的皮面,将韧皮部切出一个丁字形切口,长短、大小与芽接相等,随即把芽片插入丁字形接口内,使盾形芽片的上方切口与砧木上丁字形上切口紧密吻合,最后用塑料条绑扎固定(图2-1④⑤)。绑扎时应注意将叶柄和芽露在外面。

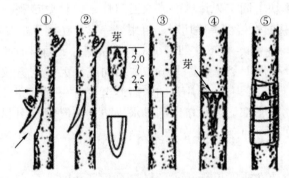

图2-1 丁字形芽接法示意图(单位:cm)

(引自 http://nhjy.hzau.edu.cn)

(2)嵌芽接

嵌芽接是一种带木质部芽接的方法,当不便于切取芽片时采用此法。嵌芽接适合春季嫁接,比枝接节省接穗,成活良好,适用于大面积育苗。接穗上的芽自上而下切取,在芽的上部往下平削一刀,再于芽的下部斜切一刀即可取下芽片,芽片长2~3 cm,宽度以接穗的粗细而定(图2-2①②)。砧木的切削是在选好的部位从上向下平等切下,但不要全切掉,下部留0.5 cm左右。将芽片插入后再把这部分贴到芽片上,尽量使芽片与砧木2个切口大小一致,使形成层上下左右都能对齐,有利于愈合成活(图2-2③~⑤)。最后用塑料薄膜包扎,包扎时把芽和叶柄露出,包扎要紧,避免松动。

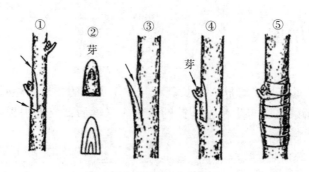

图 2-2　嵌芽接法示意图

（引自 http://www.nhjy.hzau.edu.cn）

(3) 方块芽接

单宁含量高的植物（如核桃），伤口遇空气易氧化成黑色隔离层，阻碍接穗和砧木细胞物质的交流，造成嫁接成活率低。为提高嫁接成活率，可采用操作简便、成活率高的方块芽接法，嫁接成活率可达到 90% 以上。

应选择长势强、整齐度高的砧木。一般选用粗 1 cm 以上、生长健壮的实生苗作砧木。嫁接前对砧木苗要适时摘心，抹除萌芽，加强肥水管理。选择生长健壮、无病虫害、芽充实饱满的新梢做接穗，边采集边去掉叶片和叶柄。运输过程中要注意遮阴保湿。

在一个正方形的木块上固定 2 片单面或双面刀片，刀片要锋利，并及时更换，两刀片的间距为 2~4 cm。嫁接时在接穗上横切后，再用另一刀片在接芽左右各切一刀，间距 1.5~1.7 cm，即可取下长 2~4 cm、宽 1.5~1.7 cm 的方块芽片，每芽片上带有一个饱满芽。在砧木距地面 20~50 cm 处做 1 个与芽片大小基本相同或稍大些的方块切口，取下皮层，迅速将芽片贴在砧木切口木质部上，芽片和砧木切口至少有一侧对齐。对于核桃等易产生伤流的树种，应在砧木切口下部切一小口以利排水，防止伤流积水引起褐变。嫁接后用薄膜包扎，在接口以上留 2~3 片叶将砧木上部剪去。

3. 芽接苗的管理

接芽成活前尽量避免在苗圃里活动，以免碰伤或折断接芽。嫁接 2 周检查成活情况，未活的要及时补接。接芽成活后及时浇水、施肥、中耕除草、除萌蘖。1 个月后及时松绑，轻轻划破薄膜，不要伤及砧木皮层，让包扎的薄膜自行脱落。

五、注意事项

(1) 嫁接刀具要锋利，以保证削面光滑。
(2) 芽片和砧木切口大小一致，保证形成层对接。
(3) 芽应随切随接，避免触摸伤口，避免伤口污染和干燥。
(4) 绑扎要严实，注意将叶柄和芽露在外面。

六、作业与思考题

(1) 填写嫁接成活调查表（表 2-3）。
(2) 将各种嫁接方法的操作过程及嫁接成活情况整理成实习报告。

表 2-3 嫁接成活调查表

树种	嫁接方法	嫁接日期	嫁接数量	愈合情况	成活数量	成活率(%)

调查人：_____   调查日期：_____

实习 9 嫁接育苗——枝接

一、实习目的

通过实习，要求学生掌握劈接、切接、插皮接等几种常见的枝接操作技术要领。

二、实习原理

同实习 8。

三、实习材料与用具

1. 材料

采条母树、砧木。

2. 用具

枝剪、嫁接刀、盛穗容器、湿布、塑料绑带、磨刀石等。

四、实习内容和方法

1. 采集接穗

采穗母树应是具有优良性状、生长健壮、无病虫害的植株。休眠期或生长季节从采穗母树树冠外围中上部向阳面采集 1~2 年生或当年生具饱满芽的枝条。采穗后要立即去掉叶片(保留 0.5 cm 的叶柄)。

2. 嫁接

进行劈接、切接、插皮接、腹接、靠接等方法的操作。要求按照操作要领切削砧木和接穗，并准确接合和紧密绑扎。特别注意绑扎时不能使接穗与砧木的形成层错位。

(1) 劈接

劈接适用于较粗大的砧木(根径 2~3 cm)嫁接，常采用劈接的树种有杨、柳、榆树、刺槐、槐树、核桃、板栗、楸树、枣、柿树、桂花等。

将采集的接穗去掉梢头和基部芽子不饱满的部分，把接穗枝条截成8~10 cm长带有2~3个芽的接穗。然后在接穗下芽3 cm处的下端两侧削成2~3 cm长的楔形斜面。当砧木比接穗粗时，接穗下端削成偏楔形，使有顶芽的一侧较厚，另一侧稍薄，有利于接口密接。砧木与接穗粗细一致时，接穗可削成正楔形，这样不但利于砧木含夹，而且两者接触面大，有利于愈合。接穗面要平整光滑，这样削面容易和砧木劈口紧靠，两面形成层容易愈合。接穗削好后注意保湿，防止水分蒸发和沾上泥土。

根据砧木的大小，可从距地面5~6 cm高处剪断或锯断砧木，并把切口削成光滑平面以利愈合，用劈接刀轻轻从砧木剪断面中心处垂直劈下，劈口长3 cm左右。

砧木劈开后，用劈接刀轻轻撬开劈口，将削好的接穗迅速插入，使接穗与砧木两者形成层对准。如果接穗比砧木细，可把接穗紧靠一边，保证接穗和砧木有一面形成层对准。粗的砧木还可两边各插1个接穗，出芽后保留1个健壮的。插接穗时，不把削面全部插进去，要外露0.1~0.2 cm，这样接穗和砧木的形成层接触面较大，有利于分生组织的形成和愈合。接合后立即用塑料薄膜带绑紧，避免接穗和砧木形成层错开。

(2) 切接

切接是常用的枝接方法，适用于直径1~2 cm的砧木，而且嫁接后接穗只有1个。其嫁接方法步骤如下：

切接用的接穗，其质量要求与劈接相同。但其下端不能削成楔形斜面，而要在接穗下端没有芽的一面，斜削一刀，削去1/3的木质部，斜面长2 cm左右，再在斜面背面，斜削一小斜面，稍稍削去一些木质部。小削面长约0.8~1 cm。要注意接穗的两个削面必须平滑，绝不可有凸凹或发毛之处。接穗削好后用布包好备用。

选取茎下部直径约1.5 cm的砧木，在离地面2~3 cm处剪断砧木，削平断面。然后在断面上选择树皮厚、光滑、木质部纹理通顺部位，自外往里1/4~1/3处用劈接刀劈1个垂直切口，切口长约2 cm(切口长度应与接穗的长斜面长度一致，宽度应与接穗的直径一致)。

将接穗插入砧木的切口中，使接穗长斜面两边的形成层和砧木切口两边的形成层对准、靠紧。如果接穗细，必须保证一边的形成层对准。接合后立即用塑料薄膜带绑紧。

(3) 插皮接

插皮接又称皮下接，将接穗削成3~5 cm长的平滑切面，在削面两侧背面轻轻削一下，露出形成层，再在长削面的下端背面削长0.5 cm的短斜面，便于插入。选枝皮光滑处剪砧，修平截面，在砧木一侧，用小刀划1个小纵口，深达木质部，顺手用刀背将皮与木质部分开。插入接穗时，将长削面向里，短削面向外，对着切缝向下慢慢插入，用塑料条绑紧缠严。此法适于较粗砧木，砧木粗度要大于接穗的粗度。且只有当砧木发芽离皮时才可嫁接。

(4) 腹接

腹接是指接合部在砧木腹部的嫁接方法，一般砧木比接穗粗大。砧木切口选择东南向的光滑部位，离地面10~15 cm处，将刀刃中部紧贴砧木，向下切一刀，由浅至深切开皮层,深达形成层,切口略长于接穗,并将切口削下的皮切掉 1/2～2/3,将接穗下端短削面与砧木切口底部接触,用塑料条带将接穗和切口包扎,不留缝隙,若春季嫁接或 6 月嫁接,可露芽包扎。

(5)舌接

舌接是将砧木与接穗削成长马耳形,长度 1.5 cm 左右;分别在砧木和接穗马耳形削面的上端 1/3 处回刀,深度 1.0 cm 左右;将接穗插入砧木切口中,至少保证一侧韧皮部对齐;将接穗外露削面上端回刀切断,稍微露出砧木削面;捏紧砧木和接穗插口,用塑料薄膜包裹严实。

3. 接后管理

(1)检查成活、补接、解膜

嫁接后 7～10 d 检查成活,若薄膜外接芽变色应立即补接。春季或 5～6 月腹接,芽萌动时挑破薄膜让芽伸出,待新梢抽生 15 cm 时解除薄膜;用切接法嫁接,芽萌动时应挑破薄膜让芽伸出,待第一次梢停止生长时解除薄膜。

(2)除萌、剪砧及扶直

嫁接后每 7～10 d 除去砧木上的萌芽,腹接法应 2 次剪砧(第一次在萌芽后剪去嫁接口 5.7 cm 以上部分,第二次在新梢 15 cm 长时剪去嫁接口以上砧木),有的品种(如'温州蜜柑')新梢往往下垂,应及时立支柱扶直,将新梢用薄膜条带捆于支柱,以免新梢弯曲。

(3)整形、摘心

嫁接苗生长到一定高度时(40 cm)应将顶端剪除,在 30 cm 左右促发分枝,摘心前施足肥水,对抽发的分枝,一般留分布均匀的 3 个分枝,待分枝生长至 15～20 cm 时将其短截。

(4)肥水管理

嫁接苗在芽萌发前至 8 月下旬,每月施腐熟肥 1 次,7 月上旬可加入菜枯饼肥。旱季应注意灌水,保持苗圃湿润。

(5)杂草防除

对苗圃内的杂草,应及早连根拔除,注意不要使用化学除草剂除草,以免伤害幼苗。

五、注意事项

(1)嫁接刀具要锋利,以保证削面光滑。
(2)接穗和砧木粗度要匀称,至少保证形成层一边对接。
(3)避免用手触摸切口,以免造成污染。
(4)绑扎要严实,注意将叶柄和芽露在外面。

六、作业与思考题

(1)调查嫁接成活率情况,分析嫁接死亡的原因。
(2)整理各种枝接方法的操作过程和注意事项,撰写实习报告。

实习 10 容器育苗

一、实习目的

容器苗(container seedling)能形成完整根团，起苗、包装、运输不伤根，苗木生活力强。造林成活率高，栽植后没有缓苗期，根系不受损伤，对造林地适应性强。苗木生长迅速，育苗周期短。节省良种，培育苗木整齐、健壮。

通过实习，要求学生掌握简易容器的制作方法，营养土的配制技术和容器培育林木幼苗的关键技术要点。

二、实习原理

用各种不同容器和营养基质培育的苗木为容器苗。容器苗基质配制要求为：浇水后不板结，能迅速排出多余水分；不论水分多少，体积保持不变；持水、保水、保肥性能良好，通气性好；不带草种、害虫和病原体；重量要轻，便于搬运；含盐量低，酸碱度适中；化学性质稳定，具有良好的肥力。

三、实习材料与用具

1. 材料

林木种子。

2. 用具

农用塑料薄膜、穴盘等育苗容器、黏合机、旧报纸、糨糊、小铲、锄头、肥料、蛭石、草炭土、黄心土、珍珠岩等。

四、实习内容和方法

1. 准备种子

种子要进行催芽、浸种，参考播种育苗种子的准备。

2. 准备容器

可以利用一次性塑料杯或纸杯，也可以用塑料薄膜黏合做成各种规格的容器袋，一般用厚度为 0.02~0.06 mm 的无毒塑料薄膜加工制作，袋底部与两侧打孔以利排水。也可以用旧报纸或牛皮纸黏合成纸袋。有条件的也可以从市场上购买穴盘、营养钵、花盆等容器。

育苗容器大小取决于育苗地区、树种、育苗期限、苗木规格、运输条件以及造林地立地条件等。在保证造林成效的前提下，尽量采用小规格容器，西北干旱地区、西南干热河谷和立地条件恶劣、杂草繁茂的造林地适当加大容器规格。

3. 配制育苗基质

（1）基质的要求

容器育苗用的基质要因地制宜，就地取材。育苗基质应具备下列条件：

①来源广，成本较低，具有一定的肥力；

②理化性状良好，保湿、通气、透水；

③重量轻，不带病原菌、虫卵和杂草种子。

（2）基质的配制

根据培育的树种配制基质，配制基质的材料有黄心土、火烧土、腐殖质土、泥炭等，按一定比例混合后使用。培育少量珍稀树种时，在基质中掺以适量蛭石、珍珠岩等。

配制基质用的土壤应选择疏松、通透性好的土壤，不得选用菜园地及其他污染严重的土壤。制作营养砖要用结构良好、腐殖质含量较高的土壤。制作营养钵时在黄心土中添加适量沙土或泥炭。常用营养土配方：

①火烧土78%~88%、完全腐熟的堆肥10%~20%、过磷酸钙2%；

②泥炭、火烧土、黄心土各1/3；

③火烧土1/2~1/3、山坡土或黄心土1/2~2/3；

④黄心土56%、腐殖质土33%、沙子11%；

⑤黄心土85%、沙子13%、磷肥2%；

⑥泥炭50%、蛭石30%、珍珠岩20%；

⑦蛭石50%、泥炭50%；

⑧蛭石30%、泥炭20%、腐殖质土50%；

⑨泥炭50%、蛭石20%、黄心土30%；

⑩泥炭50%、蛭石30%、堆肥20%。

（3）基质中的肥料

基质必须添加适量基肥。用量按树种、培育期限、容器大小及基质肥沃度等确定，阔叶树多施有机肥，针叶树适当增加磷钾肥。

有机肥应就地取材，要既能提供必要的营养又能起调节基质物理性状的作用。常用的有河塘淤泥、厩肥、土杂肥、堆肥、饼肥、鱼粉、骨粉等。有机肥要堆沤发酵，充分腐熟后才能使用。无机肥以复合肥、过磷酸钙或钙镁磷肥等为主。

（4）基质的消毒及酸度调节

为预防苗木发生病虫害，基质要严格进行消毒，配制基质时必须将酸度调整到育苗树种的适宜范围。针叶树育苗以pH值5.5~7.0为主，阔叶树以pH值6.0~8.0为主。如果pH值偏小，可随基肥一起加入$Ca(NO_3)_2$、$NaNO_3$等碱性肥料；如果pH值偏大，可加入$(NH_4)_2SO_4$、NH_4Cl等酸性肥料。

（5）菌根接种

有菌根菌的树种包括：松类、栎类和水青冈、银杏等。接种可以用人工培养的纯菌根菌剂，也可用取自树林下0~40 cm深土层的土壤，或取已感染菌根菌的松苗周围的土壤。菌根土可混拌于基质中或用作播种后的覆土材料。

用菌根接种应在种子发芽后 1 个月,可结合芽苗移栽时进行。

4. 容器苗培育

(1) 装填基质和摆放容器

基质要在装填前湿润,含水量 10%~15%。基质必须装实,装填无底薄膜容器时,更要注意把底部压实,使提袋时不漏土,基质装至离容器上缘 0.5~1 cm 处。

将装好基质的容器整齐摆放到苗床上,容器上口要平整一致,苗床周围用土培好,容器间空隙用细土填实。

(2) 播种

容器育苗要选用良种或种子品质达到二级以上的种子。播种前种子要经过精选、检验,再消毒和催芽。容器育苗的播种期要根据育苗树种的特性、当地气候条件、育苗方式、培育期限、造林季节等因素确定,春季播种的地区要适当早播,西南干热河谷、华南地区宜秋冬播种。

播种量根据树种特性和种子质量、催芽程度而定。部分主要造林树种播种量如下:

①湿地松、火炬松每个容器播 1~2 粒;

②杨、云杉、冷杉、樟子松、落叶松每个容器播 3~6 粒;

③侧柏、油松、黑松每个容器播 3~4 粒;

④樟树、栾树、杉木、柠檬桉、相思树每个容器播 2~3 粒;

⑤其他,如桉树每个容器播 10 粒。

容器内的基质要在播种前充分湿润,将种子均匀地播在容器中央,做到不重播、不漏播,播后及时覆土。覆土厚度为种子短径的 2~3 倍,小粒种子以不见种子为度。覆土后随即浇水,覆土后至出苗期间要保持基质湿润。低温干旱地区,宜用塑料薄膜覆盖床面。鸟兽危害严重地区要采取防护措施。

(3) 移植

①芽苗移植 将经过消毒催芽的种子均匀撒播于沙床上,待芽苗出土后移植到容器中。针叶树应在种壳即将脱落、侧根形成前进行。

移植前将培育芽苗的沙床浇透水,轻拔芽苗放入盆内,芽苗要移植于容器中央,移植深度掌握在根颈以上 0.5~1.0 cm,每个容器移芽苗 1~2 株,晴天移植应在早晚进行。移植后随即浇透水,一周内要坚持每天早晚浇水,必要时还应适当遮阴。

②幼苗移植 在生长季节,将裸根幼苗移植到容器内。相思树及桉树在苗高 3~8 cm 时移植,木麻黄等阔叶树种在苗高 8~10 cm 时移植。应选无病虫害、有顶芽的小苗,在早晚或阴雨天移植。移植 1 年生裸根苗在早春或晚秋休眠期进行,选苗干粗壮、根系发达、顶芽饱满、无多头、无病虫害、色泽正常、木质化程度好的壮苗,移植前要进行修剪与分级。移植时用手轻轻提苗,使根系舒展,填满土,充分压实,使根土密接,防止栽植过深、窝根或露根,每个容器内移苗 1 株,移植后随即浇透水。

5. 苗期管理

(1) 追肥

容器苗追肥时间、次数、肥料种类和施肥量根据树种和基质肥力而定。针叶树出现初生叶,阔叶树出现真叶,进入速生期前开始追肥。根据苗木各个发育时期的要求,不断调整氮、磷、钾的比例和施用量，速生期以氮肥为主，生长后期停止使用氮肥，适当增加磷、钾肥，促使苗木木质化。

追肥结合浇水进行，用一定比例的氮、磷、钾混合肥料，配成1:300~1:200浓度的水溶液施用，前期浓度不能过大，严禁干施化肥，根外追氮肥浓度为0.1%~0.2%。追肥宜在傍晚进行，严禁在午间高温时施肥，追肥后要及时用清水冲洗幼苗叶面。

（2）浇水

浇水要适时适量，播种或移植后随即浇透水，在出苗期和幼苗生长初期要多次适量，保持培养基质湿润；速生期应多量少次，在基质达到一定的干燥程度后再浇水；生长后期要控制浇水。容器苗在出圃前一般要停止浇水，以减少重量，便于搬运，但干旱地区在出圃前要浇水。北方封冻前要浇一次透水，以防生理干旱。

（3）病虫害防治

本着"预防为主，综合治理"的方针，发生病虫害要及时防治，必要时应拔除病株，药剂防治要正确选用农药种类、剂型、浓度、用量和施用方法，充分发挥药效而不产生药害。防治病虫害一般常用的药剂和施用方法参考实习17。

（4）间苗

种壳脱落，幼苗出齐1周后，间除过多的幼苗。侧柏、桉树、相思树每一容器内保留1株；油松、黑松、樟子松、落叶松、云杉等每一容器内可保留1~3株，对缺株容器及时补苗，间苗和补苗后要随即浇水。

（5）除草

掌握"除早、除小、除了"的原则，做到容器内、床面和步道上无杂草，人工除草在基质湿润时连根拔除，要防止松动苗根。

（6）其他管理措施

有风沙害的地区应设风障。在干旱寒冷地区，不耐霜冻的容器苗要有防寒措施。育苗期发现容器内基质下沉，须及时填满，以防根系外露及积水致病。为防止苗根穿透容器向土层伸展，可挪动容器进行重新排列或截断伸出容器外的根系，促使容器苗在容器内形成根团。

6. 容器苗出圃

（1）出圃规格

容器苗出圃规格根据树种、培育期限及造林立地条件等确定。部分主要造林树种容器苗出圃规格见附表2-3。

出圃苗除符合表中规定外，还必须根系发达，已形成良好根团，容器不破碎，苗木长势好、苗干直、色泽正常、无机械损伤、无病虫害。休眠期出圃的针叶树苗应有顶芽，充分木质化。容器苗的产量以有苗的容器为单位进行统计，不以容器内的苗木株数计算。如一个容器内有多株苗，也都计为1株。

（2）苗木检验

容器苗出圃必须进行检验，检验方法按GB 6000—1999规定执行。

（3）起苗运苗

起苗应与造林时间相衔接，做到随起、随运、随栽植。起苗时要注意保持容器内根团完整，防止容器破碎。切断穿出容器的根系，不能硬拔，严禁用手提苗茎。苗木在搬运过程中，轻拿轻放，运输损耗率不得超过2%。

7. 建立容器育苗技术管理档案

技术管理档案的内容包括容器育苗技术、苗期管理、各项作业的用工量和物料消耗等。

五、注意事项

（1）要求种子的纯度达95%以上，发芽率在90%以上，以免造成"空钵"。

（2）播种前对种子要进行消毒及催芽处理，中小粒种子，每个容器中要播1~2粒；大粒种子每个容器只播1粒。

（3）要根据容器苗的生长期以及气候的变化情况，进行不同的管理。

六、作业与思考题

（1）容器育苗有何优缺点？

（2）容器育苗应掌握哪几个技术环节，与田间育苗有何区别？

实习11　压条育苗

一、实习目的

压条法育苗是一种较为古老的苗木繁育方法，压条苗能够保持母本优良性状，成活率高，适用于一些枝条较软、生根容易的树种。

通过实习，要求学生掌握压条育苗的原理和关键技术。

二、实习原理

压条法育苗是用土壤压埋不脱离母树的枝条，促其发新根、新枝，形成新植株的育苗方法。压条苗在生根前所需的水分和养分都由母树供给，而埋入土中的部分有黄化作用，有利于生根。对于生根困难的树种，可采用刻伤、激素处理等方法促进生根。

三、实习材料与用具

1. 材料

枝条柔软、易于生根的植物。

2. 用具

枝剪、刀片、小铲、铁丝、水苔等。

四、实习内容和方法

1. 水平压条

可利用 1~2 年生多余的枝条,也可用当年生的新梢或副梢长至 1 m 左右时,进行摘心并水平引缚,进行压条育苗。用 1 年生成熟枝条压条育苗,在头一年冬剪时,留下母株基部附近的萌蘖枝,翌春萌芽前进行压条。首先在准备压条的植株附近挖 1 个深 10~15 cm 的沟,沟底施肥、深翻,使土壤疏松。然后将留用压条的枝条下部刻伤处理后,水平压在沟底,并用木杈或铁钩固定后,盖上 4~5 cm 厚的土,土壤要踩实,保持湿润,以利发芽生根。当压条上芽眼萌发,新梢长到高 15~20 cm 时,基部要少量培土。当新梢高达 40 cm 以上基部半木质化时再次培土,将沟填平,促进生根。

用当年新梢压条称为绿枝压条。可选用植株基部生长出的萌蘖枝压条,使其副梢直立生长,下部节上生长新根,秋季副梢成熟后断成独立植株,即成压条苗木。具体做法为:选好母株的萌蘖枝,长到 1 m 左右时摘心,并拉平促使副梢萌发和生长;当副梢长到 20 cm 时,在地面挖 1 个深 10~15 cm 的沟,将拉平的萌蘖枝放在沟里,使副梢直立向上,然后填土压实即可。这时雨多气温高,副梢长到 40 cm 左右时,将沟填平,并对副梢之间下部的压条进行刻伤处理,促进副梢基部加速生根。

2. 波状压条

与 1 年生成熟根蘖枝条压条方法相似,只是将压条在沟内上下弯曲呈波状,在向下弯曲处用木杈或铁钩固定压入沟底踩实,以利生根。向上弯曲处有饱满的芽,萌发出新梢成苗。但在压条前要采用刻伤处理,以促进生根。

3. 空中压条

在春季未萌芽前,将 1~2 年生枝在杈枝基部用塑料袋装土套枝,也可用粗竹筒、小花盆等,里边装好营养土,将枝套入,固定,浇水,即可生根。一般在 7~8 月后于花盆的下部,对套枝基部逐渐割断,脱离母体,成为独立的植株。空中压条也可用半木质化的新梢,方法与成熟枝压条相似。对压条长出的新梢,同扦插苗管理一样,主要是注意经常灌水,保持土壤湿润,以利生根和新梢生长。

五、注意事项

(1)空中压条一年四季都可进行,但以春季发芽前操作较好。
(2)空中压条切离母株时,要在压条的下端剪断,再重新上盆栽植。
(3)保持土壤湿润、保持枝条与土壤密切接触以利于生根。

六、作业与思考题

压条育苗促进生根的方法有哪些?其原理是什么?

实习12 分生繁殖育苗

一、实习目的

分生繁殖常应用于多年生草本花卉及某些木本植物,是简单可靠的繁殖方法,具有成活率高、成苗快、开花早的特点,且新植株能保持母株的遗传性状。

通过本实习,要求学生掌握分生繁殖的时间和各类植物分生繁殖方法。

二、实习原理

分生繁殖是植物营养繁殖方式之一,是人为地将植物分生出幼植物体,或者是植物营养器官的一部分与母株分离,另外栽植而形成的独立生活的新植株。一些植物本身具有分生能力,并借此繁殖后代。

三、实习材料与用具

1. 材料

宿根类、走茎与匍匐茎、球根类及树木类(含灌木)植物1~2种。

2. 用具

铁锹、铲子、水桶等。

四、实习内容和方法

1. 宿根类植物分生繁殖

宿根类植物能通过存在土壤中的根及根茎再生很多萌芽。春季将整株挖起、分离带根幼苗另行栽植(菊花、牡丹等)。

2. 走茎与匍匐茎类植物分生繁殖

由短缩的茎或叶轴基部长出的有节长茎蔓,在其节部生根发芽,产生的幼小植株,从母株分离后栽植成新植株。

3. 球根类植物分生繁殖

这是利用具有贮藏作用的地下特化器官进行繁殖的方法。

(1)球根类植物类型

根茎类(美人蕉、香蕉)、鳞茎类(百合、水仙)、球茎类(唐菖蒲)、块茎类(秋海棠)。

(2)繁殖方法

①根茎类植物分生繁殖 将根茎切成数段,保证每段至少带1个侧芽或芽眼,一般在春季发芽时进行分殖。

②鳞茎类植物分生繁殖 鳞茎有短缩的鳞茎盘,肥厚多肉的鳞叶着生在鳞茎盘上,鳞

叶之间可发生腋芽，每年都可以从腋芽中形成一至数个鳞茎。一般在秋季茎叶枯黄后从老鳞茎旁分开进行繁殖。

③球茎类植物分生繁殖　老球茎在基部形成新球，新球旁生子球。新球、子球和老球均可作为繁殖体另行种植。一般在秋季叶片枯黄时将球茎挖出，在空气流通、温度32~35℃、相对湿度80%~85%的条件下自然晾干。依球茎大小分级后，贮藏在温度5℃、相对湿度70%~80%条件下，待翌年春季栽植。

④块茎类植物分生繁殖　块茎繁殖可用整个块茎进行，也可带芽切割，每块带1个或数个芽眼，于秋季采下，贮藏到翌年春季，将块茎切割成数块，每块带1或数个芽眼进行栽植。

4. 树木类植物分生繁殖

乔木在生长过程中受到物理或化学刺激能从近地表侧根形成许多根蘖苗，灌木类则可形成丛干。在秋季或早春人为分割，挖起分蘖苗，剪短侧根，或挖开灌丛基部分离带根萌株另行栽植。

五、注意事项

（1）在分株过程中，根蘖苗一定要有较完好的根系；茎蘖苗除要有较好的根系外，地上部分还应有1~3个基干，这样有利于幼苗的生长。

（2）分殖时期一般在春、秋两季。春天在发芽前进行，秋季在落叶后进行。

六、作业与思考题

（1）简述球根类植物分生繁殖方法。
（2）简述木本植物分生繁殖方法。

实习13　组织培养育苗

一、实习目的

植物组织培养（plant tissue culture）是在无菌条件下，将离体的植物器官、组织、细胞、胚胎、原生质体等培养在人工配制的培养基上，同时给予适宜的培养条件，诱发产生愈伤组织或长成新的完整植株的过程。植物组织培养是现今植物生物技术中应用最广泛的技术。植物遗传工程和分子生物学所取得的进展都是应用各种植物组织培养技术的结果，是林木快速繁殖中最先进的技术。

通过本实习，要求学生了解MS基本培养基及其营养成分，掌握培养基的配制和培养材料及器具的灭菌方法；了解植物组织培养所需要的环境条件和植物组织培养步骤。

二、实习原理

植物组织培养主要利用了植物细胞的全能性，细胞全能性就是指每个活的细胞中都包含有产生一个完整机体的全套基因,在适宜的条件下,细胞具有形成一个新的个体的潜在能力。

三、实习材料与用具

1. 材料

本地区 1~2 种乔木或灌木带芽茎段。

2. 用具

(1) 耗材工具

三角瓶或烧杯(100 mL、250 mL、500 mL、1 L)、容量瓶(100 mL、500 mL、1 L)、量筒(25 mL、50 mL、100 mL、500 mL、1 L)、刻度移液管(1 mL、25 mL、5 mL、10 mL)、吸管和上面的橡皮头、各种大小和形状的培养容器(如试管、三角瓶、培养皿和玻璃瓶等)、塑料桶、铁丝筐、塑料瓶、酒精灯、注射器、小推车、镊子、解剖针、解剖刀、扁头小铲、瓶塞打孔器、手持喷雾器等。

(2) 仪器

烘箱、药物天平和分析天平、电热磁搅拌器、真空泵、冰箱、低温冰箱、恒温水浴或微波炉、酸度计、高压灭菌锅、电炉或可调式电炉、细菌滤膜及其支座、超净工作台、双筒解剖镜、空调等。

四、实习内容和方法

1. MS 培养基贮备液的制备(表 2-4)

表 2-4 MS 培养基的贮备液　　　　　　　　　　　　　　　　mg/L

	成 分	数 量		成 分	数 量
贮备液 I	NH_4NO_3	33 000	贮备液 III	$FeSO_4 \cdot 7H_2O$	5560
	KNO_3	38 000		$Na_2EDTA \cdot 2H_2O$	7460
	$CaCl_2 \cdot 2H_2O$	8800			
	$MgSO_4 \cdot 7H_2O$	7400			
	KH_2PO_4	3400			
贮备液 II	KI	166	贮备液 IV	肌醇	20 000
	H_3BO_3	1240		烟酸	100
	$MnSO_4 \cdot 4H_2O$	4460		盐酸吡哆醇	100
	$ZnSO_4 \cdot 7H_2O$	1720		盐酸硫胺素	20
	$Na_2MoO_4 \cdot 2H_2O$	50		甘氨酸	400
	$CuSO_4 \cdot 5H_2O$	5		肌醇	20 000
	$CoSO_4 \cdot 6H_2O$	5			

制备 1 L 培养基，取 50 mL 贮备液Ⅰ，5 mL 贮备液Ⅱ，5 mL 贮备液Ⅲ和 5 mL 贮备液Ⅳ。

把 $FeSO_4 \cdot 7H_2O$ 和 $Na_2EDTA \cdot 2H_2O$ 分别置于 450 mL 蒸馏水中，加热并不断搅拌使之溶解，然后将 2 种溶液混合，把 pH 值调到 5.6，加蒸馏水到最终容积 1 L，置于细口瓶中，用力振荡 1~2 min，避光保存。

在制备贮备液时应使用蒸馏水或无离子水，以及优级纯的化学试剂。

2. 培养基的制备

（1）培养基的成分

①无机营养物质

大量元素：N、P、K、Mg、S、Ca（>0.5 mmol/L）；

微量元素：Fe、Cu、Zn、Mn、Mo、B（<0.5 mmol/L）。

②植物生长调节物质　生长素和细胞分裂素比值大时有利于根的形成，比值小时促进芽的形成，低浓度的 2,4-D 有利于愈伤组织生长和体细胞胚的分化。在组培中，常用的生长素有 2,4-D、萘乙酸（NAA）、吲哚乙酸（IAA）、吲哚丁酸（IBA）。常用的细胞分裂素有 2-异戊烯腺嘌呤（Zip）、6-苄氨基腺嘌呤（6-BA）、激动素（KT）。

③氨基酸　甘氨酸、谷氨酸、精氨酸、丙氨酸、半酰胺酸等。

④有机附加物　椰乳、香蕉汁、酵母液、麦芽糖等。

⑤维生素类　VB_1、VB_6、VB_3、VB_5、VC 等。

⑥糖类　一般多用蔗糖 1%~5%。

⑦琼脂　用量 6~10 g/L。

⑧活性炭　用量 1%~5%。

⑨pH 值　5.6~5.8（常用 0.1 mol/L 的 NaOH 和 HCl 调节 pH）（由于高温高压灭菌后 pH 值会下降，故灭菌前的 pH 值应高于目标 pH 值 0.5）。

（2）培养基的制备

①称出规定数量的琼脂和蔗糖，加水直到培养基最终容积的 3/4，在恒温水浴中加热使之溶解。在配制液体培养基时则无须加热，因为蔗糖甚至在微温的水中也能溶解。

②分别加入一定量的各种贮备液，包括生长调节物质和其他的特殊补加物。如果由于特殊原因有必要在高压灭菌之后再加入维生素和生长素，那么在调节了 pH 值之后，可使这些物质的溶液通过孔径为 0.22~0.45 μm 的微孔滤器消毒。

③加蒸馏水直至培养基的最终容积。

④充分混匀之后，用 0.1 mol/L NaOH 或 0.1 mol/L HCl 调节培养基的 pH 值。pH 值通常可采用精密 pH 试纸（pH 5.4~7.0）进行测定。

⑤把培养基分装到所选用的培养容器中，每个 25 mm×150 mm 的试管约装培养基 15 mL；每个 150 mL 的三角瓶约装 50 mL。

如果在步骤②~⑤期间培养基开始凝固，应将装培养基的三角瓶置于水浴中加热，只有当培养基为均匀的液态时才能分装。

⑥用包在纱布中的棉塞（能阻止微生物污染，但可使气体自由交换），或其他适宜的塞或盖封严瓶口。

⑦把已装入了培养基的培养容器装在铁丝篮子里，外面包上一层铝箔以防止棉塞在高

压灭菌时吸湿，在121 ℃(1.06 kg/cm² 或 0.105 MPa)条件下灭菌15 min。

⑧使培养基在室温下冷却，置冰箱中在4 ℃条件下保存。当用试管制备琼脂固化培养基时，最好把培养基做成斜面，这只要在冷却期间将试管斜置即可。斜面培养基可以为组织的生长提供一个较大的表面积，同时，拍照也比较清楚。

3. 植物组织培养操作过程

(1) 洗涤

洗涤剂可选用洗衣粉或去污粉等，要求所有用于组培的器皿必须清洗。

(2) 灭菌

①培养基的灭菌　将分装好的培养基放入高压灭菌锅内加热加压灭菌。

②外植体的灭菌

a. 用洗衣粉水冲洗；

b. 对材料进行表面灭菌，一般选用0.1%的升汞作为消毒剂对其处理，此操作过程应在超净工作台上完成。

③其他器械的灭菌　镊子、剪刀等应浸在95%酒精中，用之前应在酒精灯焰上灼烧灭菌。

(3) 接种(在超净工作台上无菌接种外植体)

①将植物组织材料置于一个有螺丝盖的玻璃瓶中，注入含有几滴活化剂、浓度适当的消毒液，使材料完全浸没在消毒液中，盖上盖，把玻璃瓶置入超净工作台。在消毒期间须把玻璃瓶摇动2~3次。

②消毒处理后，将瓶盖打开，将消毒液倒出，注入适量的无菌蒸馏水，再盖上盖，摇动数次，将水倒掉，如此重复3~4次。

③将材料取出，置于一个已经灭过菌的培养皿中。

④在对植物材料进行消毒处理的同时，对所要使用的器械进行消毒，方法是把它们浸入95%酒精中，取出后再置酒精灯火焰上灼烧，待冷却后即可使用。所有操作器械往往需要在每次使用前消毒1次。

⑤使用这些消过毒的器械(如解剖刀、解剖针、打孔器、剪刀、解剖镜等)从已经过表面消毒的材料上切取适当的外植体。

⑥将培养容器的盖或塞子打开，将外植体接种到培养基上，如果使用的是玻璃培养容器，把瓶口置酒精灯火焰上烘烤数秒钟，然后迅速用瓶盖或瓶塞封严。

(4) 观察

接种后应及时观察外植体的分化情况，并及时做继代培养、生根培养等。外植体的分化，首先是愈伤组织的形成，其次是愈伤组织分化成芽苗。

(5) 生根培养

①试管内生根　把约1 cm长的小枝条逐个剪下，转插到生根培养基中。若茎芽增殖是在MS培养基上进行的，生根培养基中盐的浓度应减少到1/2或1/4。此外，对于大多数物种来说，诱导生根需要有适当的生长素，最常用的是NAA和IBA，浓度一般为0.1~10.0 mg/L。

若有些植物的无根茎段在上述生根培养基中仍不能生根，则可把其下端浸在高浓度生长素溶液中若干时间之后,再插到无激素培养基中。

②试管外生根 有些植物,可把在离体条件下形成的枝条当作微插条处理,使它们在土中生根。此情况下,须把插条的基部切口先用标准生根粉或混在滑石粉中的 IBA 处理,然后再把它们种在花盆中。在可能的情况下,试管外生根由于减少了一个无菌操作步骤,因而可降低成本。

(6) 炼苗和移栽

试管苗生长在恒温、高湿、弱光、无菌和有完全营养供应的特殊条件下,虽有叶绿素,但营异养生活,故在形态解剖和生理特性上都很脆弱。若试管苗未经充分炼苗,一旦被移出放到一个变温、低湿、强光、有菌和缺少完全营养供应的条件下,必将被剧变的环境所影响,很快失水萎蔫,最后死亡。因此,为确保移栽成功,在移栽前必须要炼苗。

壮苗是移栽成活的首要条件,但培育壮苗的方法因材料和情况的不同而异,在培养基中加入一定数量的生长延缓剂(如多效唑、比久或矮壮素等)是培育壮苗的一项有效措施。

壮苗后需开瓶炼苗,降低瓶中湿度,增强光照强度,以便促使叶表面逐渐形成角质,促使气孔逐渐建立开闭机制,促使叶片逐渐启动光合功能等。炼苗方法即拿掉封口膜,在培养基表面加上薄薄一层自来水,置于散射光下 3~5 d。

移栽时先要轻轻地但彻底地洗掉沾在根上的琼脂培养基,以免栽后发霉。选用排水性和透气性良好的移栽介质(如蛭石、河沙、珍珠岩、草炭和腐殖土等)。移栽前须用 0.3%~0.5% 高锰酸钾消毒。移栽后,最初 10~15 d 要通过喷雾或罩上透明塑料以保持很高的湿度(90%~100%),这对移栽成功非常重要。在塑料罩上可打些小孔,以利于气体交换。也可在移栽时把小植株的一部分叶片剪掉。在保湿数天后,可把植株搬入温室,但仍需遮阴数日。总之,移栽苗成活的必要条件是:空气湿度高,土壤通气好,太阳勿直射。移栽后要完成上述各步骤可能需要花费 4~6 周,此后即可让这些植物在正常的温室或田间条件下生长。

4. 组织培养的环境条件

(1) 温度

植物组织一般在 20 ℃ 以上就能生长,最高 32 ℃,最适温度是 26~28 ℃。

(2) 通气

组织培养在固体培养基上,正常空气成分就很合适,若是在液体培养基上,则须注意通气,特别是细胞悬浮培养,一般用振荡法通气。

(3) 光照

用茎、叶或芽作外植体时,光照有良好的作用。光照强度在 3000~10 000 Lux 即可,光照时间因实验目的及意义而定,光质最好接近日光。

5. 影响组织培养成功的几个因素

(1) 外植体

过大的外植体易污染,不宜采用;选择生长期的材料而不选择休眠期的材料作为外植体;选择非木质化或木质化程度较轻的部分作为外植体;在采摘时间上一般选择在上午而不是下午,因上午材料所受污染少。

(2) 污染

组培中应严格按无菌操作要求进行,严格地进行无菌培养;一般选用升汞、次氯酸钠作为消毒剂,如需要可重复消毒,方法为:70%酒精(30 s)—升汞(3~5 min)—灭菌水洗3次,并重复此过程。

(3) 激素

不同的树种、相同树种不同部位所需激素配比是不一样的;腺嘌呤与生长素的比例是控制芽和根形成的重要条件之一,当这一比例高时产生芽,低时形成根,相等则不分化。

(4) 褐化

在组培中某些植物所含的酚类在多酚氧化酶的作用下,使外植体周围出现褐色分泌物,这种现象称为褐化。褐化对外植体的成活有着严重的影响,尤其是含酚类多的一些林果(如板栗),组培中其褐化非常严重。

下面介绍几种防治褐化方法:

① 外植体消毒后,反复用灭菌水多次清洗。
② 消毒后接种前,外植体用抗氧化剂(抗坏血酸)处理。
③ 暗培养,接种后在暗处培养一周,避免光照。
④ 在培养基里加一定比例的活性炭,这样可以减少氧化作用。

五、注意事项

(1) 操作前,先将手清洗干净,用酒精消毒,手上酒精未干时,先不要操作,以免烤刀具时火烧手。

(2) 如果操作台,风是向外吹的,在操作过程中,尽量少说话,头部勿伸入操作台内。

(3) 在操作过程中,要经常更换操作培养皿,刀具每次使用后要用火烤。

(4) 接种用的刀、镊子、剪刀等,使用前需用酒精棉擦拭干净,然后在火焰上灼烧;冷却后,在无菌条件下,将器具在95%酒精中浸一下,取出后放在酒精灯上烧一下,安放在玻璃架上,待冷却后使用。

六、作业与思考题

(1) 简述培养基的制备方法。
(2) 简述植物组织培养的操作过程。
(3) 简述炼苗和移栽的方法。
(4) 简述影响组织培养成功的几个因素。

实习14 幼苗形态识别

一、实习目的

了解幼苗的形态特征(seedling morphology traits),以便在苗圃生产中正确认识和鉴别幼苗。

二、实习原理

不同种类林木甚至不同品种林木，其幼苗在颜色、结构和形状上也不同；幼苗的形态特征在遗传特征和科属系统中有相对稳定性，这就为幼苗期识别树种提供了可靠性。

三、实习材料与用具

1. 材料

针阔叶树幼苗。

2. 用具

铁锹、放大镜、解剖镜、测量尺、记录表等。

四、实习内容和方法

选若干针阔叶树幼苗，从苗床小心取出，清水洗去泥土，在野外或室内按下述几个方面加以识别，准确地描述和记载其特征。

1. 种子萌发方式

种子萌发可分为子叶留土和子叶出土 2 种方式，一般同科树种的萌发方式是一致的。但也有例外，如松科除油杉属外，都是出土萌发。同属中也有不一致的，如无患子子叶出土，而云南无患子子叶留土。此外还有半出土萌发的类型，如黄连木。

2. 子叶

在出土萌发的幼苗中，子叶的特征和特性是鉴定幼苗的主要依据。

(1) 子叶数目

双子叶植物子叶数目为 2，单子叶植物子叶数目为 1。在裸子植物中，子叶数目是 2 枚以上。有些科属种的子叶数目是固定的，有些是不固定的，子叶 3 片或 3 片以上的种常有一定的变化幅度，如池杉为 5~8 枚，雪松为 9~13 枚。因此，在确定子叶数目时，要注意其变化范围。

(2) 子叶的大小

同一种子叶其大小有一定幅度，但比较固定，测量子叶大小时注意要从长、宽两个方面测量。

(3) 子叶的形状

子叶的形状各式各样，如针形、线形、锥形、卵形、椭圆形、圆形、方形等。认真观察，准确描述子叶的形状，并注意子叶是否具锯齿，子叶先端与基部的特征，子叶柄的有无及子叶柄的长度等。

(4) 子叶的表面及颜色

用肉眼或借助放大镜观察叶两面和子叶柄是否被毛。观察子叶的脉序是属于网状脉、羽状脉、平行脉，还是掌状脉。此外，子叶的颜色以及是否有光泽都应记载。

3. 下胚轴和上胚轴

子叶的下胚轴与主根相连，交接处为根颈，上胚轴与幼茎相接。交接处发生初生叶或初生不育叶，上胚轴和下胚轴的长度、粗度、颜色和附着物都是比较固定的，可用于幼苗的鉴定。有些树种在根颈部分有蹄状或环状隆起物（如杨柳科），或有一圈毛状物（如木麻黄），这些也是识别特征。

4. 初生叶和初生不育叶

子叶或上胚轴出土后，接着长出初生叶。子叶留土的幼苗，则常先生初生不育叶，再生出初生叶。初生叶的形状与其真叶相比，有的相似（如水杉），有的稍有差别（如银杏），有的则相差很大，如柏科初生叶为刺形，真叶则为鳞形。此外，初生叶的叶序与真叶某些树种也不一致，因此初生叶在幼苗鉴定中很重要。

5. 根系

幼苗根系的长短、粗细、颜色在不同树种间也有差别。如池杉为白色，水杉则为淡红褐色。

6. 其他

幼苗的特殊气味、是否含有乳汁、叶内有无腺点等，都可作为鉴定幼苗的特征。

五、注意事项

(1) 注意观察子叶特征与初生叶的形态差异，从初生叶至正常真叶的形状，通常有一系列中间类型，在幼苗鉴别时要注意中间类型特征。

(2) 在留土萌发的幼苗中，初生叶的形态、颜色、数目对幼苗鉴别也很重要，要加以注意。

(3) 按一定顺序描述记录幼苗特征，实例如下：

雪松：出土萌发。子叶 9~13，线状锥形，横切面呈三角形，长 3.8~4.5 cm，径约 1.2 mm，微弯呈拱形，先端尖，下面黄褐色，上面两侧各有 6~7 条白粉气孔线，粉绿色。上胚轴短而不明显，幼茎淡黄绿色，被白粉。初生叶螺旋状互生，针形，横切面呈椭圆形，初长 10~15 cm，向上渐长 30~40 cm，先端锐尖，上、下两面各有 5~6 条白粉气孔线，叶呈粉绿色。下胚轴圆柱形，粗壮，长 5~6 cm，茎 2.5 mm，初呈淡绿色，后变淡红褐色。幼苗顶端，弯向一侧。主根粗长，侧根较细，红褐色。

六、作业与思考题

描述所鉴定幼苗的特征，并与大苗特征进行比较。

实习15　苗木年生长规律调查与分析

一、实习目的

为了提高苗圃的经营水平，达到苗木速生、丰产的目的，必须建立苗圃技术档案，其中重要的记载项目之一就是系统地调查记载苗木生长过程和气象条件，这是掌握苗木年生长规律、制定合理的技术措施的关键依据。

通过本实习要求达到以下目的：增加感性认识，验证、巩固和丰富理论知识；培养观察和分析问题的能力，初步了解苗圃进行科学研究的方法；掌握几种常见造林树种苗期年生长规律及相应的管理技术措施。

二、实习原理

苗木的苗高、地径、根系等在 1 年内遵循一定的生长规律。高生长类型根据苗木高生长期的长短又可分为前期生长型和全期生长型 2 类。前期生长型苗木高生长期短，一般仅 1～3 个月；全期生长型苗木高生长期长，持续于整个生长季节。

苗木的直径生长高峰都比高生长迟缓。1 次高生长峰的苗木，当高生长峰值过后，直径达峰值。有 2 次高生长的苗木，则直径生长也有 2 次峰值，且依次在高生长达峰值后出现。

根系生长 1 年中有数次高峰。苗木根系在春季生长高峰出现最早，夏、秋生长高峰都在高生长峰之后。根系生长停止期也比高生长停止期晚一些。

三、实习材料与用具

1. 材料

不同年龄、不同种类苗木，不同育苗措施的苗圃地。

2. 用具

铁锹、测绳、钢卷尺、游标卡尺、记录表格、天平、镊子等。

四、实习内容和方法

（一）选定观察对象

采用随机抽样或机械抽样的方法选定标准行或标准地（$0.5～1\ m^2$）作为观察对象，要求样本数目为 30～50 株，且具有代表性。选定后，在现场作出标志并绘制位置图，避免各次调查时发生错误。

（二）观察记载的内容和方法

1. 种子发芽出土阶段

种子发芽出土阶段即从播种开始至发芽结束为止的一段时期。主要调查各树种种子的场圃发芽率，分析不同育苗技术对场圃发芽率的影响，以及场圃发芽率与实验室发芽率之间的关系，将各次调查结果记录于种子发芽出土阶段的调查记载表（表 2-5）内。

（1）调查时间

播种后至出土前，每天观察 1 次。

待发现苗木开始出土时，在出土的第一周，隔天观察记载 1 次，出土后第二周隔 2 d 调查 1 次；第三周隔 3 d 调查 1 次，第四周起每隔 5 d 调查 1 次，直到连续 2 次调查间隔内没有发芽出土的苗木为止。最后累计出土数的场圃发芽率。

表 2-5　种子发芽出土阶段调查记载表

班：　　　　组：

树种	种源	种子处理方法	播种方法	播种量	播种日期	调查日期	天气			调查行				调查行合计									
							晴或雨	气温(℃)	土温(℃)	死亡株数	现存株数	出土株数	出土累计株数	死亡			现存			出土			出土株数累计
														株数合计	株数平均	占累计百分比(%)	株数合计	株数平均	占累计百分比(%)	株数合计	株数平均	占累计百分比(%)	

$$场圃发芽率(\%) = \frac{圃地发芽种子粒数}{播种粒数} \times 100$$

(2) 观察统计项目及步骤(表 2-6)

①计算死亡株数　每次观察时，首先将枯死的、病虫害致死的及人畜危害致死的苗木拔出(便于以后统计死苗)，并统计株数。

②计算现存株数　现存株数指拔去死亡株数之后对保存下来的健全苗木，每次进行全部统计。

③计算出土数　出土数指上次检查之后到本次检查期间苗木出土数。本次出土数 = 本次现存数 + 本次死亡数 - 上次现存数。

④计算出土累计数　出土累计数指从第一次发芽出土到本次发芽出土的累计出土数。本次出土累计数 = 上次出土累计数 + 本次出土数。

⑤计算各个调查对象的平均因素(若其中有个别调查对象由于某种特殊原因其结果相差太远时，不应参加平均)。从这些因子中可以看出各个时期死亡、保存和发芽数占阶段出土累计数和总出土累计数的百分比。

⑥在进行调查统计工作的同时，要记载每次苗木死亡的原因以及表土杂草等状况。

2. 苗木生长阶段

苗木出土结束至顶芽形成(生长停止)为止的一段时期。主要调查苗高生长，地径生长和根系生长及其鲜重和干物质。将结果填于播种苗生长情况记载表(表 2-6)(每种育苗措施填 1 张表)。

表 2-6　苗木生长调查表

树种：

调查日期	苗高(cm)	地径(mm)	根系					鲜重(g)			干重(g)			备注
			主根长(cm)	根茎(mm)	侧根数(根)	根幅(cm)	总根长(cm)	根系	枝茎	叶重	根系	枝茎	叶重	

（1）调查时期

从场圃发芽结束的那天起每隔 10 d 调查 1 次。

（2）调查的项目及方法

①统计死亡率及保存率　首先在上一阶段选出的调查对象中，确定一个场圃发芽率和苗木生长状况最具有代表性的对象进行统计。最后观察苗木的消长率。

②测定苗高　将选出的调查对象上所有现存的苗木进行测定，每株测后（量少时每株测定，量多时机械抽样测定）求其平均值填入相应的栏内。苗高是指苗木地径处至苗木主干梢端生长点的长度，扦插苗则是从主枝（非插穗）基部至顶端生长点（非叶尖）的长度，精度为 0.01 cm。

③测定地径　用游标卡尺测定粗度，不具有顶芽的扦插苗（指插穗及带顶芽的）则测定主枝距离插穗 2 cm 处的粗度，精度为 0.01 mm。

④计算高径比　高径比是指苗高与地径之比。苗高、地径都以厘米为单位（精度为 0.01 cm）。高径比由于是比值，是一个指数，反映了苗木高度和粗度的平衡关系，是反映苗木抗性和造林成活率的较好指标。

⑤测定根系　测定根系需要将苗木取出，因此必须在调查范围之外选择苗木密度与调查范围内的密度相似地点。在平均高、地径容许变动范围内取 5 株，取苗时用小锄挖出，不能使根系损伤和变形，因而起苗前先要使土壤湿润、松软。挖出苗木洗净后，在室内进行记载，填入表 2-7 内。

表 2-7　苗木调查统计表

树种：

调查日期	苗高(cm)			地径(mm)			根系				鲜重(g)			干重(g)			备注
	最大	最小	平均	最大	最小	平均	主根长(cm)	根茎(mm)	侧根数(根)	根幅(cm)	总根长(cm)	根系	枝茎	叶重	根系	枝茎	叶重	

根颈粗：用游标卡尺测定根颈粗度。

主根长：从根颈至根尖，主根不明显的测定最长的垂直根。

侧根长：从主根发出的各级根为侧根。即从主根长出的根为 1 级侧根，从 1 级侧根长出的为 2 级侧根，依此类推。

侧根数：是指各级侧根的总数分别测定长度大于 1 cm、5 cm(5~9.9 cm)、10 cm(9.9 cm以上)等侧根数。分别统计各级侧根的总长、计算各级侧根根表面积指数。如大于 1 cm 长侧根根表面积指数为大于 1 cm 根的数量乘以其总长度，其他的各级侧根根表面积指数依此类推。根表面积指数能准确反映苗木侧根生长状况，在科学研究中普遍应用。

根总长：主根和侧根的总长度。可以用镊子拉直根系在网格纸上测量。有条件的实验室可以利用 WinRhizo 根系扫描分析仪扫描分析侧根数量和长度。

根幅：根系在土壤中水平分布的垂直投影，测量时最好是在起苗后立即在现场测出，以免时间长根系变形。测定十字线分布的平均幅度。

根重：根系测定完后，用吸水物吸干苗木表面的水分，然后靠根颈切断。地上部分和地下部分分别用 0.001，大苗木可用 0.01 的天平称出鲜重，再分别置于 120 ℃ 干燥箱，烘 6~8 h，分别称其干重，最后求出含水率百分数。

茎根比：苗木地上部分与地下部分(重量或体积)之比。多数研究表明茎根比在反映苗木质量、造林成活率及初期生长量方面有重要意义，在一定范围内茎根比越小，越利于造林苗木成活，如火炬松适宜的茎根比(干重)约为 1.7~2.2。

⑥测量顶芽　对萌芽力好的针叶树种，发育正常而饱满的顶芽是合格苗木的一个重要指标。用直尺测量其长度，用卡尺测量其顶芽基部粗度。

⑦计算质量指数　由于单个形态指标只能反映苗木的某个侧面,而苗木各部分之间的协调和平衡对造林成活和初期生长十分重要。Dickson 等(1960)提出了苗木质量指数(QI),其计算方式如下:

$$QI = \frac{苗木总干重(g)}{[苗高(cm)/地径(mm)] + [径干重(g)/根干重(g)]}$$

一般来讲,苗木高径比、根茎比越小,总干重越重,QI 越高,苗木质量越好。

3. 物候观测

(1) 树液流动

树皮(包括韧皮部)与木质部光滑地分离,并在木质部里呈现水湿状态时,即为树液开始流动。

(2) 芽膨胀

①凡是具有苞鳞的芽,当苞鳞沿芽的纵切面稍稍张开,但还未彼此分离,在张开处出现苞鳞组织,并在其上可见淡淡的窄线条时,即确定为"芽膨胀"。

②当能看到芽具有明显的体积膨大时,确定为"芽膨胀"。

③对于隐蔽芽,当芽向外伸长时称为"芽膨胀"。

(3) 芽展开

①凡具有苞鳞的芽,当苞鳞彼此分离,绿色幼叶自芽顶部伸出时,确定为"芽展开"。

②隐蔽芽已向外伸出,并能见到绿色幼叶量,确定为"芽展开"。

③针叶树芽稍伸长,已失去其正常的圆锥形,开始呈圆柱状时确定为"芽展开"。

(4) 开始出叶

阔叶树种当幼叶具有该树种叶子的正常形状时,针叶树自叶鞘内伸出时,确定为"开始出叶"。

(5) 完全出叶

阔叶树种叶具有该树种正常叶的大小和特征时,针叶树种当新针叶达到正常针叶长度 1/2 时,确定为"完全出叶"。

(6) 抽新枝

当芽抽展为新梢,开始了长度生长,但生长很慢,确定为"抽新枝"。

(7) 侧芽形成

新枝上的新侧芽虽未达到正常颜色,但已达正常大小时,即确定为"侧芽形成"。

(8) 顶芽形成

新顶芽发育到正常顶芽大小,即"顶芽形成"。

(9) 叶变色

当苗木第一次出现该树种秋季颜色(因树种而异,有红、黄色)的树叶时,确定为"叶变色"。

(10) 叶初落

当有少数叶开始脱落时即为"叶初落"。

(11) 叶全落

苗木的叶子几乎全部脱落时即为"叶全落"。

(12) 愈伤组织形成

插穗下端形成一种半透明的不规则的瘤状突起时，即为"愈伤组织形成"。

(13) 开始生根

在适宜的温度、湿度和通气条件下，当插穗皮部或愈伤组织长出新根时，为"开始生根"。

(14) 种子萌动

由于胚部细胞分裂长大使种皮破裂而露白，确定为"种子萌动"。

(15) 发芽

当胚根突破种皮，其长度达种子的长度或 1/2 长度时，定为"种子发芽"。

(16) 幼苗出土

种子发芽后，胚轴加强活动，子叶或针叶出土即为"幼苗出土"。

上述物候期应依扦插苗和播种苗的区别而增减观察次数。

五、注意事项

(1) 观察时要注意把病虫害、机械损伤、灾害性天气引起的叶变色、落叶等现象与上述各发育期特征加以区别，同时还应注意是否有二次生长现象。

(2) 观察以不漏测、不迟测任何一个发育期为原则，一般 5 d 观察 1 次，在每旬的第五天和旬末进行。

(3) 被观测的苗木有 10% 进入某一发育期时，方可定为该发育期的开始，如有 50% 以上的苗木进入该发育期，就是该发育的普遍期。

六、作业与思考题

(1) 根据给定的气象资料及某种苗木年生长逐旬调查结果，绘制气温、降水量、蒸发量以及苗木高生长、地径生长过程曲线图。

(2) 用文字分析苗木生长过程，分析气象因子等对苗木生长的影响。

(3) 找出几种树种的年生长规律及差别，并阐明论述苗木处于各个生育时期的特点及应采取的相应生产管理技术措施。

实习 16　苗圃化学除草

一、实习目的

苗圃杂草生长快、繁殖迅速，不仅与苗木生长竞争水肥，而且杂草限制了苗木的生长空间，因而进行田间除草(weeding)对于提高苗木的水肥供应，促进苗木生长具有重要意义。

通过实习，要求学生了解化学除草的意义及其应用技术，初步掌握苗圃施用化学除草剂的操作方法。

二、实习原理

不同类型的除草剂其杀草机理也不一样。总体来说，除草剂接触杂草或被吸收后，干扰和破坏了杂草的正常生理生化机能，如抑制光合作用、破坏呼吸作用，或干扰植物激素的作用，使杂草生长反常，最终导致杂草死亡或生长失控。

三、实习材料与用具

1. 材料

几种常见除草剂。

2. 用具

喷雾器、水桶、缸、盆、筛子、锹、台秤、烧杯、量筒、细土等。

四、实习内容和方法

1. 选定除草剂

根据所育苗木种类及特性，在市场上对化学除草剂进行选择。苗圃常用除草剂及其特性介绍如下：

（1）春多多

春多多是新型内吸传导型广谱非选择性芽后灭生除草剂。主要通过抑制植物体丙烯醇丙酮基莽原素和磷酸合成酶，从而抑制莽原素向苯丙酸、酪氨酸及色氨酸转化，使蛋白质的合成受到干扰导致死亡。春多多具有以下特性：

①广谱性　能防除单子叶和双子叶、1年生和多年生、草本植物和灌木。

②内吸性　能迅速被植物茎叶吸收，上下传导，对多年生杂草的地下组织破坏力很强。

③彻底性　能连根杀死，除草彻底。

④安全性　对哺乳动物低毒，对鱼类没有明显影响。

⑤残留性　一旦进入土壤，很快与铁、铝等金属离子结合而钝化，对土壤中潜藏的种子和土壤微生物无不良影响。

⑥长效性　使用一次春多多，功效抵多次使用其他类除草剂，省时、省工又省钱。

⑦可混合性　能与盖草能、果尔等土壤处理除草剂混用，除灭草外，还能预防杂草危害。

⑧主要缺点　单用入土后对未萌发杂草无预防作用。

（2）割地草（果尔）

选择性触杀型土壤处理除草剂。其主要特点为：

①杀草谱广　芽前或芽后能杀死多种杂草，尤其能杀死多种阔叶草，适用树种多。

②适用期长　主要以土壤处理法控制芽前杂草，也可在杂草苗期以茎叶喷雾法杀除出苗杂草，在杀除出苗杂草的同时，落入土壤的药液又可以控制尚未萌发的杂草。对树木安

全、无残留污染、毒性低、应用方便，可与春多多、盖草能混用。

③主要缺点　对禾本科杂草防除效果差。

（3）盖草能

为选择性极强的苗后除草剂。

①主要特点　能由杂草叶面吸收，并传导到整个植株，使之死亡。性质稳定，在土壤中残效期长。既可做茎叶处理，也可做土壤处理，在进行茎叶处理时，洒落到土壤中的药液仍有杀草作用。能有效防除禾本科杂草。

②主要缺点　对阔叶杂草无效。

（4）春盖果混剂

春多多、盖草能、果尔4种除草剂按一定比例混合的混合剂，既发挥了3种除草剂各自的优越性，又克服了各自的弱点。

主要特点：在杂草旺盛期喷药，起到茎叶、土壤双重处理作用，特别适合在大苗苗圃、幼林和圃地道路、休闲地除草，达到除草、防草双重作用。对禾本科、阔叶杂草都能防除，杀草率高，特别是对恶性草防除效果好。

（5）盖果混剂

盖果混剂是盖草能、果尔2种除草剂混剂。

主要特点：可在杂草萌发初期使用，以土壤处理防草为主，以茎叶处理除草为辅，适合在换床苗圃使用。禾本科、阔叶杂草都能防除。定向喷雾对苗木安全。

（6）季青

季青为芽前土壤处理剂，能防除黑麦草及禾本科草。

（7）克乙丁混剂

克乙丁混剂是克无踪、乙草胺、丁草胺的混剂。

①克无踪　是广谱触杀型茎叶处理除草剂，能杀灭大部分禾本科及阔叶草，施药后30 min下雨，药效不受影响，只对绿色组织起作用。

②乙草胺　是选择性芽前旱田土壤处理除草剂，能防除1年生禾本科草及部分双子叶草。

③丁草胺　是选择性芽前水田土壤处理除草剂，能防除1年生禾本科、莎草科及部分双子叶草。

以上3种除草剂混用，可同时进行茎叶、土壤处理，防除旱田、水田杂草；禾本科、莎草科和阔叶杂草；1年生、多年生草。

（8）森草净

森草净是内吸性传导型高效除草剂，具有芽前、芽后除草活性。

可杀草也能抑制种子萌发，用药量少，杀草谱广，残效期长，用药一次，可保持1~2年内基本无草。是某些针叶树大苗苗床、针叶幼林地和非耕地优良的除草剂。

（9）扑草净

内吸传导型除草剂。

扑草净主要由植物根系吸收，再运输到地上部分，也能通过叶面吸收，传至整个植株，抑制植物的光合作用，阻碍植物制造养分，使植物饿死。播后苗前1年生杂草大量萌发初期，1~2 叶期时施药防效好。能防除 1 年生禾本科、莎草科、阔叶杂草及某些多年生杂草。

(10) 草甘膦

内吸传导型广谱灭生性除草剂。

适于苗圃步道及园林大树下喷洒，其杀草谱极广，能杀死 40 多个科百余种杂草，防除效果最佳的是窄叶杂草（如禾本科、莎草科、豆科、百合科、茶科、樟科等）。一些叶面蜡质层厚的植物抗药性较强，对杂竹、铁芒萁防除效果极差。防除林地白茅、五节芒、大芒、莱蕨效果好，能斩草除根。价格低，经济效益显著。无环境污染，对土壤里潜藏种子和土壤微生物无影响。要定向喷在杂草上，否则易产生药害，不适宜在小苗苗床喷洒。

(11) 氟乐灵

有触杀作用，又有内吸作用，是选择性播前或播后出苗前土壤处理除草剂，可用于园林苗圃除草。

能防除 1 年生禾本科杂草及种子繁殖的多年生杂草和某些阔叶杂草。对苍耳、香附子、狗牙根防除效果较差或无效；对出土成株杂草无效。一般在杂草出土前做土壤处理，均匀喷雾，并随即交叉耙地，将药剂混拌在 3~5 cm 深的土层中，在旱季，还要镇压，以防药剂挥发、光解、降低药效。

2. 施用量

除草剂的使用效果与药量有密切关系，用量过多会引起药害，用量过少则起不到除草的作用。可根据苗木及药剂的特性，结合气候、土壤情况、施药时间及经验资料确定单位面积用量。也可根据除草剂产品使用说明施用。

3. 施用方法

在苗圃中使用除草剂时，要根据苗木生长、杂草和天气情况来确定用药种类、剂型、剂量和使用方法，否则往往得不到理想的除草效果，反而遭受药害。

(1) 喷雾法

适合喷雾的除草剂剂型有可湿性粉剂、乳油及水剂等。一般要求喷洒的雾点直径在 100~200 mm。雾点过大，附着力差，容易流失；雾点过细，易被风吹走，附着量减少。

配药时需要准备的用具有：水缸、水桶、过滤纱布、搅拌用具等。为了使配制药量准确，应当定容器、定药量、定水量。药量应根据容器的大小，事先用天平或较准确的小秤称量，并分包好，每次放 1 包。用固定水桶划上定量水线，每次定量取水。把称好的药用纱布包好，用少量的水溶解，然后将纱布中的残渣除去，加入所需水量稀释，即配成药液。也可将定量的药溶于少量的水中，充分搅拌成糊状，再加入定量的水搅拌均匀，即为药液。水量以每亩 30~50 kg 为宜。药水要现配现用，不宜久存。

(2) 毒土法

毒土是用药剂与细土混合而成。细土一般以通过 10~20 号筛子筛过较好。土不要太干，也不要过湿，以用手捏成团，松开土团自动散开为宜。土量以能撒施均匀为准，一般每亩为 15~20 kg。如是粉剂，可以直接拌土；如是乳油，则先用水稀释，再用喷雾器喷在细土上拌匀。如果药剂的用量较少，可先用少量的土与药剂混匀，再与全量土混合后撒施均匀。

(3)浇洒法

适用于水溶剂、乳剂和可湿性粉剂。先称取一定量的药剂,加少量的水使之溶解,乳化,或调成糊状,然后加足量所需水量,用喷壶或洒水车喷洒苗床和道路。加水量的多少与药效关系不大,主要看喷水孔的大小而定。

4. 除草效果检验

$$杂草死亡率(\%) = \frac{施药前后杂草数之差}{施药前杂草数} \times 100$$

$$= \frac{对照、处理区杂草数之差}{对照区杂草株数} \times 100$$

(计算时单位也可用鲜重表示)

$$杂草死亡指数 = \frac{\sum_{i=1}^{4}(级数 \times 该区株数)}{各级株数总和 \times 重量级} \times 100$$

分级:0级:杂草植株完全无伤害;

　　　1级:杂草植株轻微伤害;

　　　2级:杂草植株1/4~1/2伤害;

　　　3级:杂草植株1/2~3/4伤害;

　　　4级:杂草植株3/4伤害至全株死亡。

五、注意事项

(1)严格按照规定的用量、方法和程序配制使用除草剂,不得随意加大或减少药量,且喷洒要均匀,不漏施、不重施。

(2)不宜在高温、高湿或大风天气喷施。

(3)除草剂原则上不能随意与化肥或其他农药混合使用,以防止发生药害。

六、作业与思考题

(1)触杀型与内吸型除草剂的除草原理及效果有何差异?

(2)不同化学除草剂有何优缺点?

(3)化学除草应注意哪些技术问题?

实习17　苗圃病虫害防治

一、实习目的

我国的苗圃病虫害种类多、发生面积大、损失严重。苗圃病虫害防治(pest control)对于减少损失、提高苗木产量和质量具有重要意义。

通过实习，初步掌握施用波尔多液防治病害的技术操作方法，了解常见苗圃病虫害防治方法。

二、实习原理

为了减轻或防止病原微生物和害虫危害苗木，而人为地采取某些手段，称为病虫害防治。病虫害的防治措施分为物理防治、化学防治以及生物防治等措施。目前常规生产中多采用化学防治措施，喷洒农药是常用的方法。

三、实习材料与用具

1. 材料

苗圃地上生长的各种苗木。

2. 用具

喷雾器、木桶、缸、盆、台秤、烧杯、量筒、硫酸铜、生石灰等。

四、实习内容和方法

1. 配制波尔多液

用1%等量式波尔多液。配制方法如下：在容器中放入0.5 kg硫酸铜，用5 kg热水融化，滤去残渣，再加入清水兑成25 kg，制成硫酸铜稀溶液。再在另一个容器中，放入未经潮解风化的生石灰0.5 kg，浇上适量的温水，水解成糨糊状，再加一些清水冲淡，滤去残渣，加入清水，兑成25 kg。然后将这2种溶液一起缓缓倒入一个较大的容器中，随倒随搅拌，使之均匀混合，即成天蓝色的波尔多液。

2. 喷药

用背负式喷雾器按每平方米床面1 kg溶液进行喷洒。

注意：配制时切忌用铁质容器，可用木桶或水缸等。药量约为100 m^2播种面积用0.3~0.6 kg硫酸铜和生石灰。

3. 常见苗圃病害、虫害诊断及防治方法(附表2-4)

(1) 溃疡病

症状分为溃疡型和枯梢型。溃疡型表现为4月植株下部皮层出现褐色水泡斑，有臭味。5~6月水泡斑自行破裂，流出褐色黏液，随后病斑干缩下陷。枯梢型多发生在幼树上，开始主干出现红褐色小斑，2~3 d后病斑迅速包围主干，致使枝梢枯死。

防治方法：树木发芽前喷施石硫合剂或保温防虫涂料封干，消灭越冬菌。发病初期喷施腐必治或流胶溃疡专用药剂防治。

(2) 白粉病

发病初期叶片上出现褪绿小黄点，后长有白色粉状霉层，严重时白粉斑连成片，后期出现黄色或黑褐色小粒点。

防治方法：发病初期喷施菌克清白粉病专用药剂1000倍液防治。15 d喷1次，连喷3次。

(3) 黑斑病

发病初期叶片上出现紫褐色小斑点，逐渐扩大，变为不规则的黑色病斑，斑上生有灰色小点粒。

防治方法：初期喷施粉锈宁、代森锰锌、速保利或克菌宝等药剂，亦可喷洒 1 : 1 : 200 波尔多液或 65% 代森锌 400～500 倍液防治。苗圃专用药剂菌克清 800 倍或喷施 50% 多菌灵防治。

(4) 根癌病

该病又名冠瘿病、癌肿病等，发生在根颈、侧根、干和枝条上。初期呈白色或浅褐色小圆肿瘤，表面光滑，有透明感，体软；以后逐渐增大，色变深，表面粗糙，质地坚硬，木质化，并出现龟裂。

防治方法：①个别发生时，人工及时拔除病株烧毁，并对土壤用漂白粉或硫黄粉 50～100 g/m^2 进行消毒。②人工切除肿瘤，其后用涂抹剂涂抹治疗。③发病早期用土壤消毒剂和根腐灵 1000 倍液，浇灌根部。

(5) 皱叶病

叶片受害后皱缩变形，肿胀变厚丛生，卷曲成团，形成病瘿球，瘿球绿色带有紫红或红褐色。

防治方法：发芽前喷洒 3°～5°Be 石硫合剂防治一代若螨。5 月中下旬大量螨出现时喷洒 0.2°Be 石硫合剂或其他内吸剂防治成螨。

(6) 腐烂病

发病初期树皮上出现灰褐色水渍状斑，用手一按即流出红褐色、黄色水，后期病斑干缩凹陷呈黑褐色，病斑皮部产生许多针头状小黑点。

防治方法：①增强树势，及时清除病死枝，对树势较弱的新移植树木涂抹梳理剂 30～60 倍液，或晶体石硫合剂 100 倍液进行保护。②发病初期用多菌灵或托布津 200 倍液或梳理剂 5～10 倍液涂抹病斑，涂抹前应刮除病斑或在病斑上用刀划网格线，以提高防治效果。或采用腐必清乳油加 2% 腐殖酸钠涂抹病处。发病期喷施菌克清 600 倍或 77% 可杀得 600 倍液防治。

(7) 细菌性枯萎病

发病期，细菌大量繁殖，从病株伤口部流出大量带菌褐色脓液，韧皮部完好无病，次生木质部出现纵向黄褐色条纹。

防治方法：及时清除枯死树和截掉已发病的枝条（伐截工具每次使用，需在 70% 酒精、50% 多菌灵或 75% 百菌清 200 倍液中浸泡 1 min）。

(8) 丛枝病

发病枝条顶芽停止生长，腋芽和不定芽大量萌发，丛生许多细弱的小枝，小枝节间缩短，叶序紊乱，叶小变黄，病枝重复抽出小枝，至后期形成簇生状。

防治方法：①及时剪除病枝，伤口涂 1 : 9 土霉素液保护。②6～8 月在树干基部打孔注射，药剂选用四环素或土霉素。每毫升 2 万单位，每株注入 20～25 mL。③苗木生长期喷洒 2500～5000 单位土霉素溶液保护。

(9) 炭疽病

发病初期叶片呈现点状失绿，以后逐渐扩大成圆形褐色周围黄绿色的斑，后期病斑中心开裂。嫩叶受害卷缩呈畸形，幼茎受害呈现椭圆形不规则斑，严重时枯死。

防治方法：发病初期喷施80%炭疽福美，或70%代森锰锌700倍液，或70%甲基托布津1000倍液防治。

（10）白纹羽病

受害部位树皮极易剥落，被剥落的树皮下面可见白色或者灰白色菌丝体，并可见白色羽状分布的小菌核。病根皮剥落后可见黑色的小菌核。该病在低洼、潮湿、排水不良、通风透气差的地方易发病。高温、雨水多时发病严重。

防治方法：①注意水的控制，对低洼地要做好排水工作，尤其雨后不能有积水。②不栽带菌苗木，如有可疑苗木可采用20%石灰水、1%硫酸铜液浸根1 h，清水冲洗后再栽植。③发现病株及时拔除，对原栽植地块进行土壤消毒。药剂可采用土壤消毒剂，每100 kg土壤用1 kg，拌匀后回填。④对大树可采用250倍液五氯酚钠浇灌根际部分，每株用药视树的大小而定，一般干径每10 cm用药水0.5~1 kg。

（11）猝倒病

猝倒症状：幼苗刚出土未木质化时，病原菌侵入根茎部，被侵染处变褐色，出现水渍状腐烂，苗木迅速倒下。

立枯病症状：苗木已经木质化，病菌侵染后，引起根部腐烂，病苗死亡，但不倒伏。

防治方法：①进行生物防治，施用木霉菌粉进行土壤和种子的处理，不仅防病，还能促进苗木生长。②用70%土菌消与50%福美双混合处理土壤，每平方米用药6~10 g。幼苗出土后用75%敌克松500倍液沟施灌根。

（12）煤污病

煤污病又称锅烟病。当寄主受到蚜虫、介壳虫等刺吸口器害虫危害后，病原孢子在排泄物或分泌物上萌发生长，出现黑色煤烟小霉点，分生孢子重复侵染，叶片霉污层逐渐扩大增厚，将整个叶片覆盖。

防治方法：及时防治蚜虫、介壳虫等害虫；加强养护管理，注意通风透光。

（13）枯萎病

发病初期叶片发黄，萎蔫下垂，以后干枯死亡。横剖枝干可见边材为褐色坏死斑，纵剖枝干木质部呈现褐色坏死。

防治方法：轻微患病植株，可在根际处浇灌70%土菌消或50%多菌灵可湿性粉剂500倍液或70%甲基托布津800倍液防治，用药量为2~4 kg/m^2。

（14）松褐天牛

①秋天注射1%杀螟松，春天嫩枝叶喷洒3%杀螟松乳剂1~2次，杀死天牛幼虫。

②用丰索磷、乙伴磷、治线磷（硫磷嗪、虫线磷）、灭线磷等内吸性杀虫和杀线剂施于松树根部土壤中，或用丰索磷注射树干，预防线虫侵入和繁殖。

③注入5%~6%百草枯、乙烯利、氯苯磷，刺激松脂分泌量增多。

④对未进入木质部的幼龄幼虫用40%乐果乳油、20%益果乳油、20%蔬果磷乳油、50%辛硫磷乳油、40%氧化乐果乳油、50%杀螟松乳油、25%杀虫脒盐酸盐水剂、90%敌百虫晶体100~200倍液喷涂枝干，加入少量煤油、食盐或醋效果更好，有些药剂可混用。

⑤对已经蛀入木质部的大幼虫，用50%马拉硫磷乳油、50%杀螟松乳油、50%敌敌畏

乳油、25%亚胺硫磷乳油、40%氧化乐果乳油 20~40 倍液注射。

⑥成虫羽化期向寄主树冠或树干喷药。

⑦用硫酰氟或溴甲烷通入密封帐篷内，1 m³ 木材需 50~70 g 密封 5 d，对严重受害木材或原木应就地焚烧处理。

(15)天牛

①成虫发生期以 40%氧化乐果 +80%敌敌畏的 800 倍液喷杀成虫。

②低龄幼虫危害期以灭蛀灵 10~20 倍液喷干或涂干处理。

③用 3%呋喃丹颗粒剂或 20%铁灭克颗粒剂埋于根系周围，然后浇透水。

④用树虫净注射树干，剂量每株注射 1~3 瓶(每瓶 8~10 mL)。

⑤用磷化铝片塞入虫孔，然后封口，熏杀蛀道中幼虫或蛹。

五、注意事项

(1)喷施药物宜在气温较低的上午或傍晚进行。

(2)稀释药液浓度应按照使用说明书进行。浓度过高，会产生药害；浓度过低，效果不佳。还要注意有效期限。

(3)喷洒农药要全面、均匀，叶面、叶背、地面都要喷洒到。

(4)如两种药物混合使用，要先看说明书，以免产生化学反应而失去药效或烂苗。

(5)不要长期使用一种农药，应多种农药交替使用，以免产生抗药性，影响防治效果。

(6)农药多含有毒性，使用时注意人身安全。

六、作业与思考题

(1)简述波尔多液的配制方法及操作过程。

(2)除以上介绍的方法，还有哪些防治幼苗立枯病的有效方法？

实习 18　苗圃施肥

一、实习目的

通过施肥增加苗圃土壤矿质元素，使土壤在苗木的生长过程中能维持一定的矿物质元素供应水平；施用有机肥能促进土壤团粒结构的形成，增强土壤水肥气热供给和协调能力；施肥还能提高土壤透通性与保蓄性；施肥能增强土壤的有机质矿化能力以及腐殖化能力；达到促进苗木生长的目的。

通过实习，要求学生了解苗木施肥的意义与作用；掌握正确的苗圃施肥方法。

二、实习原理

苗木种类不同、年龄不同，以及在一年中生长季节(阶段)不同等因素均对所施肥料种类、肥料数量、施肥方法等产生的效果有很大的影响。因此，要结合苗木树种生物学特性、生态学特性及林学特性，进行科学合理施肥。

土壤是苗木扎根之地，为苗木的生长提供矿物质与水分。因此，土壤母质、土壤质地、土层厚度、有机质含量、酸碱度高低、土壤结构等因素均对苗木施肥时所实施的肥料种类、肥料数量、施肥方法与施肥效果有很大影响。

肥料特性，如有机肥与无机肥、速效性肥与缓效性肥、生理酸性肥与生理碱性肥、大量元素与微量元素等因素均对苗木施肥时所实施的肥料种类、肥料数量、施肥方法与施肥效果有很大影响。

结合苗木特性、土壤条件、气象条件及肥料性质等状况，在苗木最需肥的时候施肥，且用正确的方法施肥就能达到好的施肥效果。施肥一般可分基肥、追肥与叶面施肥。

三、实习材料与用具

1. 材料

（1）苗木

在苗圃地选择 3~4 种不同类型的苗木。

（2）肥料

有机肥、化肥、复合肥、微量元素肥。

2. 用具

水桶、水壶、铁铲、锄头、喷雾器等。

四、实习内容和方法

根据苗木特性、土壤条件、气象条件与肥料等方面状况确定施肥量和施肥方法。

（一）施肥方法

1. 土壤施肥

（1）基肥

整地做床时，先在土壤表层撒一定量有机肥料，如农家肥、塘泥、泥炭、绿肥等，在南方可同时增加一定量的钙镁磷肥或过磷酸钙，然后整地时将肥料翻入土中。

（2）追肥

目前生产上常见的土壤施肥方法有撒施、沟施及穴施等。

①撒施　将肥料均匀地撒布苗床土壤上，也可将化肥用一定量的水溶化，然后再浇灌在苗床土壤上。

②沟施　在苗木行之间开沟，沟的大小与深度取决于苗木大小和行距，小苗开浅沟，大苗开大沟。施肥时可将肥料均匀地撒布于沟内然后覆盖土壤。还可将化肥用一定量的水溶化，然后再浇灌在苗木行间的土壤上。如果给大规格苗木施肥，施肥时先围绕大规格苗木基部开一环形小沟，然后按上述方法施肥。

③穴施　穴状施肥时，先用锄头在苗木基部挖若干小穴，然后将肥料放入穴内，再覆盖土壤。

2. 根外追肥

目前生产上常见的根外追肥方法有叶面施肥和枝干施肥。

(1) 叶面施肥

可将肥料按一定比例溶解于水，用喷雾器对叶面进行喷雾施肥。生产上还可结合病虫害防治进行施肥。

(2) 枝干施肥

主要用于树桩盆景以及大规格苗木移栽时的营养供给。

(二) 施肥量

确定施肥量应该考虑以下因素：

(1) 树种习性、施肥季节（一年中苗木生长阶段）、苗木大小、苗木苗龄、苗圃土壤条件、天气状况、肥料的种类、施肥时间、施肥方法、管理技术等。

(2) 肥料中各种矿物质营养元素的比例，如 N、P、K 比例。

(3) 一次性施肥的用量和浓度以及全年施肥的次数等数量指标。

(4) 就同一苗木而言，一般化学肥料用于追肥与根外施肥，且肥料浓度较低，用量较少。化肥施用浓度一般不宜超过 1%~2%；进行叶面施肥时，多为 0.1%~0.3%；对一些微量元素，浓度应更低。可以通过叶片分析，土壤分析确定施肥量的大小。

五、注意事项

(1) 在施化肥时，一定要严格控制施肥量，过量施肥会造成烧苗现象。

(2) 在土壤直接施化肥时，要挖穴或开沟，施肥后一定要覆盖土壤，这样不仅避免肥料被雨水冲走或分解，还有利于土壤胶体对 N、P、K 等矿物质元素的保蓄。

六、作业与思考题

(1) 施肥后每周观察记录苗木的生长情况。

(2) 树种习性、季节（一年中苗木生长阶段）、苗木大小、苗龄、土壤条件、天气状况、肥料的种类、施肥时间、施肥方法、管理技术等对施肥有何影响。

实习 19 苗木产量和质量调查

一、实习目的

通过调查获得苗木产量和质量 (seedling quality) 的准确数据，全面了解苗木产量和质量水平，便于做苗木出圃计划和安排生产计划，并提供育苗经验。

通过实习，要求学生熟悉优良苗木应具备的条件，掌握苗木产量和质量的调查方法。

二、实习原理

苗木调查所得到的产量与质量数据的可靠性大小,是否代表苗木的实际情况,主要取决于抽样方法与测量苗木的准确程度。因此,苗木调查的抽样方法必须应用数理统计的原理,进行科学的抽样。抽样可采用机械抽样法、简单随机抽样法和分层抽样法,在苗木调查中最常用的是机械抽样法。它的特点是:各样地的距离相等,样地分布均匀。机械抽样法的起始点用随机法确定。本次实习采用机械抽样法。

三、实习材料与用具

1. 材料

苗圃地内未出圃的苗木。

2. 用具

测绳、皮尺、钢卷尺、游标卡尺、计算器、调查记录本和统计表等。

四、实习内容和方法

采用机械抽样法进行苗木的产量、苗高和地径的调查,并进行计算。最后根据各个样方调查结果计算整个调查区的产量、质量指标。

1. 划分调查区

将树种、苗木种类、苗龄、作业方式都相同的划为一个调查区,进行调查统计。调查区划分好后,按一定的顺序,将苗床(畦、垄)编号,记下总数。

2. 样地种类确定

苗木调查一般常用的样地分为方形和线形,即样方和样段。

样方是以长方形地段作为调查单元,适用于条播和撒播育苗;样段是以线形的地段作为调查单元,适用于条播和点播育苗。

3. 样地规格确定

样地面积的大小取决于苗木密度、育苗方法和要求检测苗木质量的株数等条件。一般以 20~50 株苗木所占面积作为样地面积(针叶树苗木要有 30~50 株)。

4. 样地数量确定

样地数量直接影响到调查精度和调查工作量。样地数量受苗木的密度和苗木质量的变异情况支配。一般情况下,初设样地数为 20~50 个,就能达到要求的精度。

通过初设样地调查苗木的质量,调查结束后,计算苗木质量的调查精度,如果达到要求的调查精度,则可结束外业。如果没有达到要求的调查精度,则用下列公式可计算出实际所需样地数。

$$n = \left(\frac{t \times c}{E}\right)^2$$

式中,n 为样地块数;t 为可靠性指标(粗估时可靠性定为 95%,则 $t = 1.96$);c 为变动系数;E 为允许误差百分比(精度为 95% 时,$E = 5\%$)。

上式中 t、E 是已知数，变动系数 c 参考过去的变动系数确定。如无过去资料，可根据极差来确定，即根据正态分布的概率，一般以标准差的 5 倍来估算，由极差估算该调查区的标准差，然后由标准差求变动系数。具体做法是：在调查区内已设定的样地面积范围内，找出比较密的株数与比较稀的株数之差，定为极差。按以下公式计算：

$$S = \frac{X_{max} - X_{min}}{5}$$

$$c = \frac{S}{\bar{X}} \times 100$$

式中，S 为粗估标准差；X_{max} 为设定样地面积内比较密的株数（以株表示）；X_{min} 为设定样地面积内比较稀的株数（以株表示）；$\bar{X}$ 为初设样地内平均株数（以株表示）；c 为变动系数。

例如：油松 2 年生移植苗，以平均密度为 16 株所占面积为 0.25 m² 定为样地面积，在调查区内以 0.25 m² 的样地面积内，比较密的株数，如为 20 株，比较稀的株数，如为 11 株，则：

$$极差 R = 20 - 11 = 9$$

$$S = \frac{9}{5} = 1.8$$

$$c = \frac{S \times 100}{\bar{X}} = \frac{1.8 \times 100}{16} = 11.3(\%)$$

$$n = \left(\frac{t \times c}{E}\right)^2 = \left(\frac{1.7 \times 11.3}{5}\right)^2 = 15(块)$$

为了保证调查精度，在粗估需设样地块数时，以 95% 的精度，允许误差百分数为 5%，可使粗估的样地数接近实际需要设的样地数。

粗估样地块数确定后，用机械抽样法将样地落实在调查区内。

5. 样地布设

在调查区内样地布设是否均匀，能否有代表性，对苗木质量调查结果影响很大，同时也直接关系到调查结果的可靠性和精度，所以样地布设必须客观、均匀分布，才能有最大代表性。

通常用机械抽样法布设样地。

如果是样方，则需计算出样地的中间距离。按下列公式计算：

$$d = \frac{M}{n}$$

式中，d 为样方的中间距离；M 为调查地面积；n 为样方数。

如果是样段，则需计算出样段的间隔距离。按下列公式计算：

$$d = \frac{L}{n}$$

式中，d 为样段的间隔距离；L 为调查地长度；n 为样段数。

6. 检测苗的间隔株数计算

根据计划检测苗总数和样地总数则可算出每个样地需要检测苗的数量。检测苗的间隔株数按下列公式计算：

$$n = \frac{X - N}{C} - 1$$

式中，n 为间隔株数；X 为样地平均株数；N 为样地数；C 为计划检测苗数。

不管各个样地中苗木数量多少，一律按计算的间隔株数确定检测对象。

7. 结果统计

（1）苗木质量调查和精度计算

苗木质量调查时，用系统抽样法抽取一定数量样苗进行苗木检测，并将结果分别计入表中（表2-8）。

表2-8 苗木调查记录

样地号	株数	苗木质量指标	样地号	株数	苗木质量指标
精度计算：					

苗木质量调查内容主要是产量、苗高、地径。苗木检测方法如下：

① 地径 用游标卡尺测量，如测量的部位出现膨大或干形不圆，则测量其上部苗干起始正常处，读数精确到 0.05 cm。

② 苗高 用钢卷尺或直尺测量，自地径沿苗干量至顶芽基部，读数精确到 1 cm。

（2）精度计算

苗木检测后，首先要分别计算各质量指标的平均值、标准差、标准误和误差百分数，然后按下列公式计算精度：

$$\text{平均数}\ \bar{x} = \frac{\sum_{i=1}^{n} x_i}{n}$$

$$\text{标准差}\ S = \sqrt{\frac{\sum_{i=1}^{n} x_i^2 - n\bar{x}^2}{n-1}}$$

$$\text{标准误}\ S_{\bar{x}} = \frac{S}{\sqrt{n}}$$

$$\text{误差百分数}\ E(\%) = \frac{t \times S_{\bar{x}}}{\bar{x}}$$

$$\text{精度}\ P = 1 - E$$

若精度没有达到规定要求，则需补设样地。先按以下公式求出初估样地的变动系数：

$$c(\%) = \frac{S}{\bar{x}} \times 100$$

再按 $n = (\frac{t \times c}{E})^2$ 计算应设样地数。精度达到规定要求后，才能计算苗木质量指标。

（3）苗木质量指标计算

各项质量指标的平均值即为苗木质量指标。

（4）Ⅰ、Ⅱ级苗木百分率计算

根据对应树种的苗木分级标准计算。

五、注意事项

（1）要严格按照抽样要求进行抽样调查，保证所调查苗木具有代表性。

（2）苗木质量指标及分级要考虑多种指标综合评价。

六、作业与思考题

（1）简述苗木调查的步骤和方法。

（2）作好统计工作，计算调查结果，交一份实习报告。

实习20　起苗、分级、统计、包装、假植

一、实习目的

由于林木的生产周期长，苗木从定植到长成适于采伐的成熟林，所需时间少则十几年、多则几十年甚至百年以上，因此苗木质量的优劣，在很大程度上影响造林的成效。为了保障苗木质量，苗木起出后至造林栽植之前，要对苗木进行分级、统计、包装和假植等工作，以保护苗木的活力，保证造林后苗木的成活与生长。

通过实习，要求学生了解起苗、分级、统计、包装、假植等工作的实际意义，掌握各个工序的操作技术要点。

二、实习原理

①一批苗木　同一树种在同一苗圃用同一批种子或种条，采取大致相同的育苗技术培育的同龄苗木，并按同一质量标准分级，不论苗木数量多少，称为一批苗木，简称苗批。

②地径　地际直径，指苗木土痕处粗度。

③苗高　地径至顶芽基部的苗干长度。

④苗龄　从播种、插条或埋根到出圃，苗木实际生长的年龄。以经历1个年生长周期

作为 1 个苗龄单位。

⑤废苗　允许出圃的报废苗木。包括机械损伤、病虫危害严重的苗；接口愈合不好的嫁接苗；无顶芽针叶苗木（松、杉类针叶树萌芽能力较弱）；生长发育严重受抑的弱小苗。

⑥综合控制条件　包括基干通直、主干不分叉、根系发达、顶芽发育饱满（萌芽弱的针叶树种，如松、杉等）、充分木质化、无病虫害、无机械损伤等。

合格苗木以综合控制条件、根系、地径和苗高等几个指标来确定。划分苗木等级时，在苗木综合控制条件达到要求后，以根系、地径、苗高为主要判定指标，并遵循以下原则：根系、地径和苗高不属同一等级，以根系级别为准；地径和苗高不属同一等级，以地径所属级别为准。

三、实习材料与用具

1. 材料

针叶树播种苗、阔叶树插条苗、带土的针叶树大苗。

2. 用具

铁锹、镐、枝剪、卡尺、钢卷尺、草绳、标签、起苗犁。

四、实习内容和方法

1. 起苗

（1）人工起苗

首先在床的一侧挖一条沟，沟深取决于起苗根系的长度，一般播种苗深度为 20~25 cm，插条苗、移植苗 25~30 cm。然后从两行苗的行间垂直向下切断侧根，主根从沟壁下部斜向切断。带土坨的针叶树移植苗，起苗前首先应将侧枝绑紧，以保护顶芽和侧枝。起大苗时根系长度一般应由地径的粗度决定，具体规定见表 2-9。

表 2-9　起苗时根系长度规定表　　　　　　　　　　　　　　　　cm

地径	根幅	垂直根长度
3~4	40~60	30~40
5~6	60~70	40~50
7~8	70~80	50

（2）机械起苗

利用起苗犁起苗后，再进行人工分级、修剪、过数、包装、假植等。

2. 分级

苗木起出后，应马上在背风处进行分级；如来不及分级，应暂时埋湿土以保护根系。

分级后，合格苗可以出圃，不合格苗可以继续留圃培养，对病虫害、严重损伤的废苗要剔除销毁。各树种质量分级标准，参照 GB 6000—1999《主要造林树种苗木质量分级》或地区质量标准。

3. 包装

①目的　为防止在运输过程中苗根干燥、运输前应做好包装工作。

②裸根苗包装　先将湿润物放在蒲包内或草袋内，放入苗木，用湿润物包裹根系，将蒲包从根颈处绑好。

③带土坨针叶树包装　按照规格将土坨起出后，应立即放入蒲包内，再将蒲包拉紧，然后用草绳绕过底部绑紧。

④落叶阔叶树大苗包装　包装较困难时，可在装车后用湿润物覆盖，保护好根系。

4. 假植

①临时假植　起苗、修剪后及分级后来不及运输时都要及时进行临时假植，严防风吹日晒。

②越冬假植　在秋季起苗后进行。可以在教师的指导下参观或实践越冬假植的操作过程。

五、注意事项

(1) 起苗注意事项

①起苗时根系长度要长于规定起苗根长的 5 cm 以上。

②要求起苗犁刀锋利，苗木根系无劈裂。

③要保护好顶芽和侧枝。

④带土坨的苗木，起苗时切勿松散土坨。

⑤如果圃地干燥，起苗前要提前灌水。

⑥起苗后，应按要求进行修根与修枝。

(2) 分级注意事项

①注意在背风庇荫的室内或荫棚内进行。

②严防风吹暴晒，造成根系失水。

(3) 包装注意事项

①根系要包严。

②顶芽要保护好，尤其是针叶树顶芽。

③应附有标签，注明树种、苗龄、育苗方法、苗木株数和级别等。

(4) 假植时注意事项

①选择背风、排水良好的地段。

②注意根系要埋严，并要保护好顶芽。

六、作业与思考题

(1) 起苗、分级、统计、假植及包装时，为保证苗木质量应注意哪些关键问题？

(2) 如何进行苗木分级？有何实践意义？

(3) 假植有几种具体方法？有何不同？

第三篇 森林培育实习

实习21　人工林的参观学习

一、实习目的

通过人工林(plantation)参观学习，要求学生多看、多听、多问、多写，初步了解林业生产的特点、造林对象，熟悉当地自然环境、造林地种类以及人工林营造和经营管理的基本情况，进一步加深对人工林特点的认识和对课堂所学知识的理解。

二、实习材料与用具

1. 材料

不同类型的人工林。

2. 用具

记录板、铅笔、方格纸、铁锹等。

三、实习内容和方法

通过林分现场参观和林场科技工作者的介绍，了解记录以下几个方面的内容。

(1)林场造林地种类，主要立地条件类型。

(2)人工林的特点、整地方式、整地方法和造林方法等。

(3)林场人工造林和天然更新的基本情况。

(4)落叶松、侧柏、油松、杨、马尾松、杉木、池杉、水杉、栎类、油茶、竹类等主要造林树种的栽培管理技术。

(5)造林成活率、保存率、林木生长情况与主导环境因子的关系以及栽培管理的主要经验和教训。

(6)劳动管理，包括劳动组织、劳动定额、检查验收和经济核算等方面的情况。

四、作业与思考题

在全面了解情况的基础上，就上述问题的某一方面写一篇实习报告。

实习22　不同生长阶段人工林的调查

一、实习目的

通过人工林调查研究，了解不同立地条件和不同造林技术措施对人工林造林成活和生长的影响,以及不同人工林在林分生产力、木材品质等方面的差异。全面评价造林技术设计的客观效果,以便总结造林的经验和教训,为以后在不同立地条件下确定造林树种及其技术设计提供科学依据。要求学生熟悉和掌握人工林调查常用的方法和技术。

二、实习材料与用具

1. 材料

不同生长发育阶段的林分。

2. 用具

①气象因素测定仪器　风速计、照度计、温度计、相对湿度计、土壤温度计等。

②地形与土壤测定仪器　锄头、铁锹、土壤小铲、测绳、皮尺、钢卷尺、小刀、pH试剂、环刀、铝盒、土钻、标签、测坡器、倾斜仪等。

③植被测定仪器　标杆、经纬仪、测高器、测径尺、生长锥、木桩、角规、游标卡尺、林分多功能测定仪等。

④其他　方格纸、铅笔、橡皮、记录表格、记载板。

三、实习内容和方法

研究人工林从造林到成林的生长发育过程,可按照人工林的3个主要生长发育阶段来进行。各个生长发育阶段的研究目的和内容各有不同,所要采用的调查方法也有差异。

(一)立地条件调查

①气候　林分小气候,包括大气温度、湿度、风速、风向、光照等。

②土壤　土壤温度、湿度、质地、酸碱度、NPK养分、土层厚度、石砾含量等。

③地形　坡度、坡向、海拔等。

④水文　降雨、河流、地下水位等。

(二)幼林成活阶段调查

1. 调查目的

造林后1~2年是人工幼林的成活阶段,是新栽苗木恢复生长和扩大根系与土壤接触的阶段。这一阶段的研究目的主要是探索幼林成活与立地条件、栽培技术的关系。幼林成活阶段的调查,一般是在新造幼林经过一个生长期的生长以后的秋冬进行。

2. 调查方法

(1)对新造幼林全面踏查后进行标准地或标准行调查。

(2)按株数要求调查。一般情况下每块标准地应包含有100~200个种植穴。标准地边长不能少于4行主要树种;若为混交林则不应少于1个完整的混交行列。标准地调查的总株数应视造林地大小而定。若造林面积不足100亩,调查总数不得少于造林地总穴数的5%;100~500亩为3%;500亩以上则为2%,若分布不均则应扩大调查比例。防护林带每隔100 m调查10~20 m。

3. 调查项目和标准

（1）生长调查

每木调查幼树的全高，并抽样测定 20~30 株幼树的当年高生长。如果每穴多株，则只应测定其中的 1 株优势株。

（2）生长情况评定

对每株幼树进行生长情况评定，评定类别可分：

①健全苗　叶色正常，生长量大，顶芽发育完善。

②可疑苗　叶色不正常，呈现凋萎状态，顶芽发育差或植株受损害。

③死亡或缺株。

（3）死亡危害调查

仔细检查死亡苗木，并挖掘其根系，查明死亡原因；若为播种造林，则应检查种子量、霉烂、覆土情况以及鸟兽危害等。

造林成活率低的原因，一般包括苗木质量、栽培技术和自然危害等方面，其中又以前 2 个方面为主。

①苗木质量　弱苗劣苗、失水过多、根系太小、木质化程度低等。

②栽培技术　栽植穴质量差，栽植过深或过浅，苗木窝根，覆土不良，栽植不紧或吊空中，杂根石块未拣尽，土块未整碎影响根系与土壤的密接以及操作时根颈受伤等。

③自然危害　干旱、低温、日灼、风害以及鸟兽病虫危害等。

当然，除以上原因外还可能有树种选择不当，整地粗放，抚育不及时、不得法以及人畜破坏等。

（4）造林成活率评定

评定标准如下：

①一等　成活率 85% 及以上，合格。

②二等　成活率 41%~84%，应补植。

③三等　成活率 40% 以下，应从完成造林面积上注销。

要根据评定结果，总结经验教训，对各项技术措施进行评价。一般幼林成活 85% 以上，而且分布均匀可不补填，若成活率低于 40% 则要重新造林。

（5）其他调查

同时记载植被、土壤和造林的历史状况等。

整个调查工作可按表 3-1 的内容填写。

表 3-1　人工林幼林成活阶段调查表

树种名称：　　　　　　　　　造林方式：

序号	苗高（m）	地径（cm）	生长情况（健全、可疑、死亡、缺株）	主要死亡原因分析	成活率评定

(三)幼林郁闭前阶段

1. 调查目的

幼林成活后进入地上和地下部分加速生长和发育的阶段,当幼林郁闭时,这个阶段即结束。由于土地条件和造林技术不同,这个阶段的长短变化于 4~8 年。

这个时期的幼林已能适应其立地环境,林分生长逐趋稳定,但仍未形成森林的环境特征。在这个阶段,幼树仍会有部分死亡,整地和栽培技术对幼树的生长仍有影响,但以幼林抚育的影响最为显著。

这一阶段调查的目的是评定幼林生长发育的质量,了解其郁闭过程的快慢和对生长的影响。

2. 调查方法

在全面踏查的基础上,仍然采用标准地或标准行调查的方法;标准地内所包含的幼树株数不应少于 50 株。

3. 调查项目和标准

(1)每木调查测定树高和冠幅

采用机械抽样或代表抽样的方法,实测 5~10 株幼树的逐年高生长和逐年冠幅生长。

(2)各年树高生长和冠幅生长量的确定

①对于马尾松等一类每年轮生枝明显的针叶树种,可根据其轮生枝的部位作为同年份枝干生长的大体界线。

②对于杉木等一类针叶树种,可根据每年梢端停止生长前针叶短缩而密集的特点和分枝情况与下一年新梢起点相区别。

③阔叶树种则可根据 2 个生长季交接处芽鳞痕或其他痕迹,以及春季形成比较粗壮而密集的侧枝部分和树皮的色泽来判断。

④如果难以从外部特征进行判断,则可选标准株进行解析或横切典型侧枝,根据年轮确定其不同枝干部位年龄差异。

(3)树冠投影面积和幼林郁闭度的测定

①冠幅和单株树投影面积的确定　一般是测定幼树株间和行间 2 个方向的最大冠幅,取其平均值;再利用椭圆形面积公式求出单株冠投影面积的近似值:

$$S = \frac{\pi}{4}ab = 0.7854ab$$

式中,a 为株间冠幅(m);b 为行间冠幅(m)。

②幼林郁闭度的测定　平均单株树冠投影推算法:

$$P = \frac{NS_{冠}}{S_{标}}$$

式中,N 为标准地上林木株数;$S_{冠}$ 为平均单株树垂直投影面积(m);$S_{标}$ 为标准地面积(m^2);P 为郁闭度。

③树冠投影法　在标准地上或标准地内几个有代表性的网格内,按比例绘制树冠投影

图。利用求积仪或计算纸计算标准地上树冠投影面积与标准面积或代表性网格面积的比值。

④压线法　在标准地上机械地设置调查线，或直接利用其对角线，测定并计算调查线上树冠投影压住的线段总和与调查线总长度的比值。

⑤目测法　根据经验估测，但若经验不足误差很大。

（4）每木调查时还应记载幼树受害情况

记载时一般可按受害部位如树干、树皮、枝条、叶子等项记载，也可按病虫或其他危害的种类分别记载。

（5）必要时可同时进行根系调查

具体请参考实习27。

（6）记载土壤、植被和栽培历史状况

调查土壤、植被和栽培历史并做记录。

（四）林木分化及成林阶段

1. 调查目的

这一阶段自幼林郁闭时开始一直到所谓林分"临界年龄"为止。这一阶段人工林的特点是乔木树种生长发育十分旺盛，林冠郁闭，树高在这一阶段达到林分正常高度，林木之间发生强烈的相互影响，出现明显的分化现象，林分开始自然稀疏，部分植株出现死亡现象。

这一阶段持续期长短的变化很大，因立地条件和树种组成的不同，可于 10~20 年之间变动。这时整地技术和一般的栽培技术对林木生长发育的影响已经减小，而树种选择、密度和配置的影响却十分显著。

林木分化及成林阶段调查的目的，就是为了调查与研究林分特征、生长情况、树干形状、稀疏特征、林木分化和整枝情况以及木材的蓄积和品质等，在混交林中还应研究树种的种间关系和林分的稳定性。通过调查和研究对造林成果进行全面的质量评定，总结成套的造林技术措施和经验。

2. 调查方法

在全面踏查的基础上进行标准地调查。标准地大小一般为 15 m×15 m、15 m×20 m、20 m×20 m。

3. 调查项目和标准

（1）每木调查胸径。

（2）抽样调查树高、枝下高和冠幅。

（3）评定林木发育级（用克拉夫特林木分级法 I~V 级）、树干通直程度、病腐情况等。

（4）缺株情况及原因等。

树干的通直程度可用其弯曲度等级表示。一般分为通直、中庸和弯曲 3 级。其弯曲度的大小以示意图中 a 与 b 比值的百分数划分等级（表 3-2、图 3-1）。

表 3-2 树干弯曲度等级表

弯曲度等级		弯曲部位		
		下	中	上
弯曲度	<5%	通直	通直	通直
	5%~10%	中庸	通直	通直
	10%~20%	弯曲	中庸	通直
	>20%	弯曲	弯曲	中庸

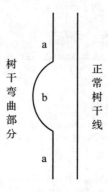

图 3-1 树干弯曲示意图
（弯曲部位的长度大于树高的 1/6，否则不算弯曲）

①尖削度 一般用相对削度定量描述，分圆满、中等或尖削 3 个等级。相对削度是指任何树干高度的直径与胸高直径之差占胸高直径的百分率。凡树干相对削度 $P>0.9$ 为圆满，$0.9\sim0.6$ 为中等，<0.6 为尖削，再参考目测干形予以修正。

$$P(\%) = \frac{G_{1.3} - G_N}{G_{1.3}} \times 100$$

②病腐情况 分健康、病弱和病腐 3 个等级。

(5) 记载植被、土壤及林分的抚育管理的历史状况等。

(6) 从这个阶段起，开始测定标准地上的蓄积生长量。

最好从各生长级林木中选取标准木进行树干解析，取得所需要的材积生长资料，并同时研究林木的根系，了解其分布深度和根幅、细根密集的范围以及混交林中不同树种的根系在土壤中的分布状况。此阶段的调查可按表 3-3 填写。

表 3-3 人工林分化成林阶段调查表

样地号：　　　　　　树种：　　　　　　郁闭度：

序号	胸径	树高	枝下高	冠幅	发育级	弯曲度	尖削度	病腐情况说明	抚育情况说明

四、作业与思考题

（1）完成不同生长阶段人工林栽培技术的总结报告。
（2）绘制林木冠幅生长曲线和郁闭度变化曲线图。

实习 23　立地条件调查与立地类型划分

一、实习目的

在人工林经营中，要做到适地适树，必须首先对立地条件进行分析，特别是选择找出影响林木生长的主导因子，在此基础上进行立地分类；对造林树种的生物学特性、生态学特性及林学特性有透彻的了解；通过对立地条件与造林树种进行相互选择以达到适地适树。

通过实习，要求学生了解林业及林业生产的特点，以及森林立地质量常规评价方法；理解森林立地与立地类型的概念；通过立地条件分析与立地类型划分，为造林树种选择提供前提条件，并以此解决好造林树种与立地之间的关系（适地适树），这是人工林经营实践过程中的核心；要求学生掌握用非生物立地因子划分立地条件类型的方法。

二、实习材料与用具

1. 工作底图

1:10 000 地形图及 GPS。

2. 植被测定用具

罗盘、标杆、测绳、围尺、测高器、角规、坐标纸、皮尺、各种林木测量用表。

3. 土壤测定用具

土壤小铲、小刀、pH 试剂、小瓷板、土壤袋、地质锤、土壤筛、环刀、铝盒、锄头、铁锹、土钻、标签。

4. 气象观测用具

风速计、照度计、温度计、相对湿度计、土壤温度计、气压计、辐射热计、自计降雨计。

5. 其他

方格纸、铅笔、橡皮、记录表格、记载板。

三、实习内容和方法

1. 明确任务

了解造林面积大小、地理位置、林业相关方针政策。

2. 收集资料

(1)收集林业经营的历史资料，如林业区划图、地形图、土壤类型图、植被分布图、乡土造林树种及其特性(生物学特性、生态学特性与林学特性)；气象、地形、土壤、地质、水文、病虫害及森林火灾历史资料。

(2)1:10 000 地形图。

3. 实地踏查

(1)确定造林调查规划设计区域范围及界线，并在地形图上进行标注。

(2)选择踏查路线。在地形图上选择一至多条踏查路线。踏查路线选择要通过造林区内所有不同的立地条件；在满足上述条件下，踏查路线要最短。

(3)通过踏查了解造林区域内气候、地貌、土壤、母岩、植被、森林经营概况、病虫害、社会经济状况；掌握设计区内立地因子的变化规律；初步确定立地条件类型划分的依据。了解并记载如下内容：

造林区域地类特征：造林区域地类划分为荒山荒地、农耕地、采伐迹地、火烧迹地、已局部更新的造林地、林冠下造林地、采矿迹地等。

造林区域植被特征：指示植物、树种组成、灌木种类、杂草种类、频度、盖度等。

造林区域气候与小气候特征：分析记载造林地光照条件、降水特征、温度与湿度条件等，以及灾害性天气。

造林区域地形特征：记载海拔、坡度、坡向、坡位、坡形等。

造林区域土壤特征：土壤种类、土层厚度、土壤结构、土壤养分状况、土壤腐殖质、土壤酸度、石砾含量、土壤侵蚀状况、土壤含盐量、成土母质和母岩等。

造林区域地下水特征：平时地下水位、地下水位、地下水矿化度等。

4. 确定立地条件类型划分的主导因子

在对造林区域实地踏查的基础上，依据造林区域中立地条件与面积大小，确定立地条件类型划分的主导因子，可以为1至多个。

5. 立地类型划分

(1)立地类型划分依据

根据踏查及土壤植被调查结果，再次分析该区域内影响林木生长发育的主导因子，并以此作为划分立地类型的依据，主导因子可以是1至多个。如果为多个主导因子，则要形成一个立地条件分类体系。

(2)主导因子及其等级划分

对入选的各个主导因子进行等级划分。

①气候　气候只在较大的造林区域内划分立地条件类型时才应用，如在中国或湖北省范围内划分杉木立地类型。而在较小的造林区域内且海拔高度差异不太大的造林区域内（如同一县内），划分立地条件类型时不常应用气候因素。气候因子主要包括：太阳辐射与气温、降水、灾害性天气。

②地形条件

- 海拔

高山：海拔 >3500 m。

亚高山：海拔 2000～3500 m。

中山：海拔 1000～2000 m。

低山：海拔 500～1000 m。

丘陵：海拔 200～500 m，相对高度一般不超过 200 m，高低起伏，坡度较缓，由连绵不断的低矮山丘组成的地形。

平原：200 m 以下，平原地貌宽广平坦，主要分布在大河两岸和濒临海洋地区。

- 坡向　坡向可分为东坡、西坡、南坡、北坡、东南坡、东北坡、西南坡、西北坡等，或简单地分为阳坡、阴坡与半阳坡。
- 坡度　林业上一般将坡度划分为平坡 <5°、缓坡 6°～15°、斜坡 15°～25°、陡坡 25°～35°、急坡 >35°。
- 坡位　林业上一般将坡位划分为山顶（山脊）、上坡、中坡与下坡。
- 坡形　林业上一般将坡形划分为凹坡与凸坡。

③土壤

- 腐殖质层厚度（A 层）　依厚度分为 3 个等级：薄腐殖质层 <10 cm、中腐殖质层 10～20 cm 与厚腐殖质层 >20 cm。
- 土层厚度（A+B）　分为 3 个等级：薄土层 <40 cm、中土层 40～80 cm 与厚土层 >80 cm。
- 石砾含量　依石砾含量分为：轻石质 <40%；中石质 40%～60%；多石质 >60%。
- 土壤质地

砂土：松散，湿时不成团，捏时沙性感强，有沙沙声。

砂壤土：易散，捏时有沙性感，湿时能成团但不成条，有轻微沙沙声。

壤土：湿捏无沙沙声，微有沙性感，揉成条易断。

黏土：面粉感觉，可搓成条，或压成土片，有裂痕。

重黏土：黏性、韧性强。手捏时光滑，可塑性强，可压成大片，无断裂。

- 土壤 pH 值和碳酸盐反应　用 pH 试纸测定土壤酸度，分为：

酸性土：pH <5.5；

微酸性土：pH 5.5～6.5；

中性土：pH 6.5～7.5；

微碱性：pH 7.5～8.5；

碱性土：pH >8.5。

用 10% 稀盐酸测定碳酸盐反应，依声音及气泡有无和反应强弱分为无石灰，含量中等和石灰高含量。

④母岩

- 冲积土壤：在地质历史时期，因搬运、沉积而形成冲积土壤。
- 第四纪网纹红壤：在地质历史时期形成的古代土壤。
- 下蜀黄土：在地质历史时期形成的古代土壤。
- 酸性岩类：花岗岩、片麻岩、流纹岩等。

- 碱性岩类：石灰岩、白云岩、大理岩等。
- 泥质岩类：板岩、页岩、千枚岩等。
- 砂岩类：泥质砂岩、铁质砂岩、硅质砂岩壤。
- 变质岩类：角砾变质岩等。

⑤水文状况
- 地下水位：划分以下级别 <20 cm、60~20 cm、80~60 cm 及 >80cm。
- 地下水的矿化度：<0.01%、0.01%~0.05% 及 >0.05%。

6. 编制立地类型表

在德国援助小农户造林项目中，红安县项目区立地类型表的编制见表3-4。

表3-4 红安县项目区立地类型表

海 拔	坡 位	土层厚度	立地类型	立地类型代号
低山 (>500 m)	中上坡	薄土层	低山中上坡薄土层立地类型	SF1
	中下坡	薄土层	低山中下坡薄土层立地类型	SF2
		中土层	低山中下坡中土层立地类型	SF3
		厚土层	低山中下坡厚土层立地类型	SF4
	山凹	中土层	低山山凹中土层立地类型	SF5
		厚土层	低山山凹厚土层立地类型	SF6
	山脊	薄土层	低山山脊薄土层立地类型	SF7
丘陵 (100~500 m)	中上坡	薄土层	丘陵中上坡薄土层立地类型	SF8
	中下坡	薄土层	丘陵中下坡薄土层立地类型	SF9
		中土层	丘陵中下坡中土层立地类型	SF10
		厚土层	丘陵中下坡厚土层立地类型	SF11
	山凹	中土层	丘陵山凹中土层立地类型	SF12
		厚土层	丘陵山凹厚土层立地类型	SF13
	山脊	薄土层	丘陵山脊薄土层立地类型	SF14
平 原	—	厚土层	平原厚土层立地类型	SF15
河谷阶地		石砾质	河谷阶地石砾质立地类型	SF16
		砂泥质	河谷阶地砂泥质立地类型	SF17

7. 立地类型命名

立地类型命名一般直接用主导因子直接命名，此法简单，易于掌握，应用广泛，见表3-4中的"低河谷阶地石砾质立地类型"。

立地分类因子应该具备稳定、可靠及易于测定的特点，以方便在生产实践中应用。在编制立地类型表时，应该将主导立地因子从大到小排列。

四、作业与思考题

(1) 什么是立地条件？什么是立地质量？两者有什么区别和联系？

(2) 在林业生产实践中，进行森林立地分类和立地质量评价有什么意义？

（3）什么是立地类型？森林立地类型划分的主要途径有哪些？目前世界上应用最为广泛的是哪种途径？
（4）采用综合因子途径进行立地类型划分有哪些流派？
（5）简单说明我国森林立地分类系统情况。

实习 24　造林树种适地适树调查评价

一、实习目的

通过对不同环境条件下同一造林树种的生长情况和同一环境条件下不同造林树种生长情况的调查，要求学生了解不同树种的生态特性，加深林木生长与立地环境关系的理解，认识造林工作中适地适树（matching tree species with the site）的重要性。

二、实习材料与用具

1. 材料

同一树种生长在不同立地条件下的林分，同一立地条件下的不同树种。

2. 用具

（1）地形与土壤测定仪器：锄头、铁锹、土壤小铲、测绳、皮尺、钢卷尺、小刀、pH试剂、土钻、标签、测坡器等。

（2）植被测定仪器：标杆、经纬仪、测高器、测径尺、生长锥、木桩、角规、游标卡尺、林分多功能测定仪等。

（3）其他：方格纸、铅笔、橡皮、记录表格、记载板。

三、实习内容和方法

1. 路线调查

调查路线应通过不同的立地条件与不同树种的所有林地。

（1）土壤：分别不同土壤类型、不同母岩、不同土壤质地等，从深厚到瘠薄。

（2）地势：从平地到山脊。

（3）水分：从干旱到水湿。

2. 立地条件调查

（1）地形特征：坡向、坡位、坡度以及其他特殊立地记载。

（2）水分条件：水湿、潮湿、潮润、干旱。

（3）土壤：厚度、质地、pH值、含石量、侵蚀情况及新生体情况。

（4）植被：植物种类，特别是指示种、生长情况及盖度等。

3. 树木生长情况调查

针对不同树种，分径级调查。每个径级选 3~5 株有代表性的植株，测定年龄、树高、枝下高、胸径、冠幅等，并评定生长势级别和其他异常情况。

树木生长势一般可分为 4 级：
(1) 上等：顶端优势明显，生长健壮。
(2) 中等：顶端优势较明显，生长一般。
(3) 下等：顶端优势不明显，枯梢或未老先衰。
(4) 劣等：濒临死亡。

4. 树木发育情况调查

主要评定树木开花结实情况，一般可分为 4 级：
(1) 多：树冠中主要枝条结实多且分布均匀。
(2) 中：结实不甚密集且分布不太均匀。
(3) 少：结实稀疏，结实的主要枝条不到树冠的 1/3。
(4) 无：无果或偶尔挂果。

四、作业与思考题

(1) 统计并评价不同立地条件下同一造林树种的生长和发育状况的差异。
(2) 统计并评价同一立地条件下不同造林树种的生长和发育状况的差异。
(3) 根据调查数据，写一篇调查报告，并论述在林业生产中如何做到适地适树。

实习 25　立地质量评价

一、实习目的

立地条件是指造林地上凡是与森林生长发育有关的自然环境因子的综合，简称立地 (site)，包括气候、土壤、地形、水文、生物及人为影响。立地质量 (site quality) 是指某一立地上既定森林或其他植被类型的生产潜力。评价立地质量，对于选择有生产力的造林树种、制定适宜的育林技术措施，以及预估森林生产力及木材产量都有重要意义。

通过实习，要求学生了解立地质量评价的过程，掌握立地因子数量化评价方法；了解立地因子数量化得分表的编制和用法，加深学生对森林立地等课程内容的理解与消化。

二、实习材料与用具

1. 材料

选择不同立地条件的林分，最好是以不同坡向、坡位的各龄人工纯林作为实验林分，以总数量不少于 30 块为宜。

2. 用具

测绳、皮尺、测径尺、测高器、记录夹、数据本、铅笔、铁锹、GPS 或罗盘仪、计算器、彩色粉笔等。

三、实习内容和方法

数量化方法是目前使用最多的立地质量评价方法之一。本次实习主要步骤和内容如下。

1. 标准地调查

在选定的待测林分中，设置临时调查样地，调查每个样地内优势木的平均高、年龄、胸径，以及易于测量的环境因子，如坡向、坡位、坡度、土壤有机质层厚度、土壤湿度等，并进行记录。

用测高器测 5 株优势木的树高、胸径；用铁锹挖一个 1 m 深的土壤剖面，测定土壤有机质层厚度；用 GPS 测定坡向、坡位、海拔等因子，填写表 3-5。

表 3-5　　　　　　　人工林标准地调查表

地点：_____　　调查时间：_____　　树种：_____　　林龄：_____
样地面积：_____　　　　　　　　　　　记录者：_____

样地号	林龄	坡向	坡位	坡度	树 号	优势木高 (m)	土壤有机质层厚度 (cm)
1	20	西向	坡上	13	1	10.6	
	20				2	11.7	
	20				3	12.1	
	20				4	10.9	
	20				5	11.3	
2	15				1	9.6	
	15				…	…	
	13		坡下	4	1	7.7	
	13				…	…	
	16		坡上	11	1	9.2	
	16				2	9.8	

注：表中数据为虚拟数据，下表（表 3-7、表 3-8）同。

2. 建立立地指数与立地因子之间的函数关系

采用数量化理论 I 的方法建立立地指数与立地因子之间的函数关系，并填写立地指数数量化得分表。

（1）通过 Chapman-Richard 方程，将不同标准地的林分优势木平均树高统一成标准年龄时的对应树高。转换标准年龄时对应树高的方法较多，如采用胡希（Husch B）公式，但是目前来看 Chapman-Richard 方程对树高生长过程的描述具有更强的生物学意义，拟合精度也最好。

（2）对调查的林地条件进行分级，将环境因子中的定性变量转化为定量变量，区分项目与类目，例如，可把坡位划分为项目，坡上、坡中、坡下则为类目。详细的转化结果见示例（表3-6）。

表 3-6　某树种林分立地因子分级表

项目	类目（级别）		
	1	2	3
坡向	阴坡	阳坡	
坡位	下	中	上
坡度(°)	≤ 5	6～15	≥ 15
土壤有机质层厚(cm)	≤ 30	≥ 30	

（3）按照数量化理论 I 的要求，将不同的立地条件和对应优势木平均高编入反映表（表3-7）。数量化模型理论 I 方程可做如下表述，这里假定各项目、类目与立地指数呈线性关系。

表 3-7　某树种林分立地因子反映表

标准地号	立地指数 Y_i	坡向 X_1		坡位 X_2			坡度 X_3			土壤有机质层厚度 X_4	
		阴坡 X_{11}	阳坡 X_{12}	下 X_{21}	中 X_{22}	上 X_{23}	≤ 5 X_{31}	6～15 X_{32}	≥15 X_{33}	≤ 30 X_{41}	≥ 30 X_{42}
1	11.1	1	0	1	0	0	0	0	1	1	0
2	13.8	0	1	0	1	0	0	1	0	0	1
3	14.2	0	0	0	0	1	0	0	1	0	1
4	15.7	1	0	1	0	0	0	0	1	1	0
5	11.6	0	1	0	1	0	0	1	0	0	1
…	…	…	…	…	…	…	…	…	…	…	…

$$y_i = \sum_{j=1}^{m} \sum_{k=1}^{r_1} \beta_{jk} x_{i(j,k)} + e_i$$

式中，β 为仅依赖于 j 项目 k 类目的常数；e 为第 i 次抽样中的随机误差；$x_{i(j,k)}$ 为第 i 个样本第 j 个项目的反映系数，该系数由下式给出：

$$x_{i(j,k)} = \begin{cases} 1 & （第 i 个样本中第 j 项目是 k 类目时）\\ 0 & （否） \end{cases}$$

3. 建立立地指数与环境因子之间的回归关系

通过相应的统计软件（如 SPSS、SAS），可建立立地指数（y）与环境因子（x）之间的回归关系，如：

$$y = ax_1 + bx_2 + cx_3 + dx_4 + C$$

式中，C 为常数。

除了采用数量化理论Ⅰ的方法来建立回归模型,还有多元逐步回归的方法。有研究表明,不同的模型构建方法,对总回归方程的复相关系数影响并不是很大。

4. 运算得到立地指数的数量化得分表(表3-8)

在给定的立地条件下,通过将不同因子等级对应的得分值相加,可以得到该立地条件下的立地指数,即优势木平均高。例如,在阴坡坡上,小于5°坡位,有机质层不足30 cm时,对应的标准年龄树高(H)为:

$$H = 4.944 + 0.343 + 0.721 + 0.669 = 6.667(\text{m})$$

因此,从某种意义上说数量化立地指数评价方法,可以同时对有林地和无林地进行评价,在国内外的研究中都得到了更多的重视。

表3-8 某树种林分立地指数数量化得分表

项目	类目	各项目得分表				偏相关系数/数值范围
		1	2	3	4	
坡位	上	6.158	5.706	5.215	4.944	
	中	5.184	5.092	4.722	4.131	0.502/4.944
	下	0	0	0	0	
坡向	阴坡		1.236	0.696	0.343	…
	阳坡		0	0	0	
坡度(°)	≤5			0.892	0.721	
	6~15			0.721	0.664	
	>15			0	0	
土壤有机质层厚(cm)	≤30				0.669	
	≥30				0	…
复相关系数		0.67	0.69	0.72	0.73	
标准差		…	…	…	…	

5. 结果分析

描述回归函数和立地指数数量化得分表构建的过程,并且指出哪些立地条件下,实验林分具有最高的生产力;通过偏相关系数等指标,判断哪些因子对树木生长有重要的影响。

四、作业与思考题

(1)撰写实验报告,包括要上交的表3-6至表3-8以及回归函数关系式。

(2)要求各测量指标标清量纲,对实验结果进行详尽的描述,要结合造林地立地条件和立地质量评价等章节的内容,进行分析与评述,可指出哪部分实验结果加深了对某一理论内涵的理解。

实习 26 造林整地调查及施工

一、实习目的

通过实习,要求学生了解当地常用的几种整地方法,了解整地的合理劳动组织形式;掌握施工操作技术要点;根据设计进行造林整地现场施工,如林地清理与土壤垦覆。

二、实习材料与用具

1. 材料

待造林地、不同整地方法的已造林地。

2. 用具

皮尺、测绳、镐、铁锹、石灰等。

三、实习内容和方法

(一)造林整地调查

造林地种类多、面积大、分布广、自然条件复杂,或者地处偏远,决定了造林整地任务的艰巨性和方法的多样性。同时,由于林木树体高大,根系深广,生长周期长,所以对造林整地的质量要求很高。造林整地的调查内容包括植被清理方式方法调查和整地方式调查。

1. 植被清理方式方法调查

整地前对造林地应进行必要的清理。要把造林地上的藤条、灌木、杂草,以及采伐迹地上的枝桠、梢头、站杆、火烧木等清理干净。清理方式包括全面清理、带状清理或块状清理。清理方法可以是割除清理、火烧清理、化学药剂清理。割除清理可以是人工清理,也可以是机械清理。清理后归堆或平铺,并用火烧方法清除,也可以用喷洒化学除草剂杀死灌木和杂草。

2. 整地方式调查

整地方式分为全面整地和局部整地。局部整地又分为带状整地和块状整地。全面整地是翻垦造林地全部土壤,主要用于平坦地区。局部整地是翻垦造林地部分土壤的整地方式,包括带状整地和块状整地。

带状整地是呈长条状翻垦造林地的土壤,一般沿等高线进行。山地的带状整地方法有水平带状、水平阶、水平沟、反坡梯田、撩壕等;平坦地的整地方法有犁沟、带状、高垄等。

块状整地是呈块状的翻垦造林地的整地方法。山地应用的块状整地方法有：穴状整地、块状整地、鱼鳞坑整地等。

(二) 造林整地施工

1. 整地方式选择

实习的整地方式选择可参照《森林培育学》教材相关章节内容及当地的实际情况来定，也可以在对当地整地方式的调查和效果评价的基础上选择更好的整地方式。

2. 整地规格

整地规格参照《森林培育学》教材中相关内容及当地的实际经验来定。整地规格主要包括整地的深度、破土面的大小（长和宽）、破土断面的形状等。

3. 整地操作技术

整地操作技术根据不同整地方法的实际情况而定，以下以华北石质山地整地操作技术为例介绍。华北石质山地整地应按自上而下的顺序。为保证整地人员的安全，整地者应左右一字排开，自上而下逐行进行。具体操作步骤如下：

(1) 定点

根据设计规格进行定点，初次可用皮尺和测绳，熟练后可用目测或借助镐把比量。定点要求规整，即行应近于平行。山地整地时相邻行之各点上下错开成品字形排列，点之间的距离也要符合要求，但在石块较多的造林地上，也应因地制宜地定点，尽量保证密度。确定的点可用镐先刨一土印，对大规格的整地方法应画出其轮廓。定点可由整地者或专人完成。

(2) 植被清理

用镐在已定的点上按块地面积大小铲除草皮，杂草不多的造林地可免去此项工序。如果造林地上的杂草灌木非常茂密，则应事先进行割带清理。

(3) 土壤翻垦

先将表土挖出，置于一侧，再把底层心土翻松，将其中石块起出垒埂，石块不多时可用心土垒，然后加以镇压使之牢固；在整较长的水平条时应顺条挖掘，这样操作方便，石块又容易起出。翻挖深度应保证规格要求。一般都用镐挖，必要时可用铁锹。把表土铲入坑（阶或块）内，按要求的规格留出积水坑或反坡。平整阶（块）面，修整土石埂，最后按规格完成一切要求，再适当地铲去阶（块、坑）上方的植被。

在整地时面要平、土要松、埂要牢、石块草根要拣净，深度和大小要完全符合设计要求。整完地后可随即组织整地的验收工作。

四、作业与思考题

写出本次整地实习的工序及实习心得。

实习 27 树木根系的调查研究

一、实习目的

树木根系是林木获取水分和养分的最主要器官,不仅直接影响其地上部分的生长和发育,同时还影响林分的种内和种间关系,进而影响人工林的产量。不同立地条件、不同树种和不同造林技术措施对根系的生长发育都有深刻的影响。因此,了解树木根系的形态结构及其在土壤中的分布规律,对于造林树种的选择和造林技术措施的设计与实施具有重要意义。

通过实习,要求学生了解根系的形态结构和类型,学会树木根系研究的基本内容与方法。

二、实习材料与用具

1. 材料

林木。

2. 用具

锄头、铁锹、土壤刀、土壤筛、木桩、卷尺、游标卡尺、方格纸、铅笔、橡皮、记录表格、记载板等。

三、实习内容和方法

(一) 样地调查

可参照实习 23 调查方法。

(二) 调查对象的确定

根据根系调查的目的,先对所要研究的树木进行标准地调查,按树高、胸径和冠幅,选取平均木或径级标准木作为根系研究的对象,其离差范围不超过 5%。

(三) 根系挖掘与测量

挖根系是一项用工量大的工作,一般不太容易挖取完整的根系,可根据不同的研究目的,选择不同的挖根方法。

1. 跟踪挖根法

先从根颈处开始挖掘,找到最上层的一级侧根,按照从内向外、从上向下的顺序用小铲或土壤刀沿根系分布方向把根全部挖出来,有时还要用手指挖,这种方法能保存较完整的根系,但费工易伤根系。

2. 水枪冲洗法

用高压水泵抽水，用水龙头从根颈部分表土开始由上而下、由内向外冲洗，让土壤随水流走而保存完整的根系，这种方法的优点是速度快、根系完整。缺点是要有足够的水源，而且要能顺利排水，否则无法应用。

以上两种方法所挖的根系完整，适于进行以下内容的观察。

(1) 根的形态：根颈、主根、侧根、须根、吸收根、根毛和菌根等。

(2) 根系类型：直根系、须根系、深根系、浅根系等。

(3) 根系的分布：观测根系的分布，并用方格网框控制绘制根系的水平分布与垂直分布图，照相等。

3. 壕沟法或对称部分挖根法

从干基开始自内向外，每隔 1 m 挖 1 个宽 60 cm 的土壤剖面，剖面深度以根深为准。剖面数量取决于水平根伸展的长度，挖掘剖面先从树冠外围，估计在水平根末端处开始向树干方向挖掘，挖掘时要尽量减少外株根系的干扰。

挖掘前先用皮尺从干基向外拉一条直线，从距干基 1 m 处开始，每隔 1 m 在皮尺两边 30 cm 处打一小木桩，并在两木桩间拉一条线，标示剖面位置(图 3-2)。剖面挖好修平后将方格网框盖在剖面上，测定每个方格内根的数量、粗度和分布位置，按 10∶1 的比例，以一定的符号标记在坐标纸上。一般根的标记符号为：·，<2 mm 的细根；。，2~5 mm 的根；⊙，5~10 mm 的根；○，>10 mm 的粗根；⊗，死根。

同时标明每一剖面的特征，挖完最后一个剖面后，就可看出根系在土壤中分布的大概情况。

4. 扇形法

以干基为起点，在树木株间和行间方向作垂线并以所作垂线为角平分线，画一边长为 1 m 的正三角形，然后从另外 2 个正三角形点引出 2 条平行于角平分线的直线，向外延伸至根系水平分布可达到的最远距离，按边长 1 m 分成若干正方形。由外向内在每 1 m² 范围内仔细扒开 20 cm 深的土层露出根系，作为第一层根系的分布，在坐标纸上画出垂直和水平根系分布位置。然后由外向内、由上而下依次以同样的方法挖掘和标绘各层根系分布位置，得出根系的垂直分布和水平分布图。

5. 土样取根法

① 挖沟　以被调查的根颈髓心为交点，沿株间和行间 2 个方向引 2 条垂线，再以这两条垂线为沟壁垂向下的位置挖沟，沟的宽度以便于操作为准，而沟长则应达根系分布的最外端。

② 取土样　在沟壁上画 30 cm × 30 cm 的

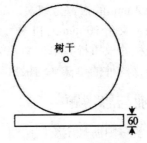

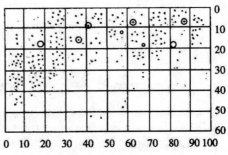

图 3-2　壕沟法剖面位置图(单位：cm)

方格网,在每一方格的相同位置用取样器取样,或用取 10 cm×10 cm×10 cm 的土块作样品,取样时遇到粗、细根都应用刀沿土样外缘截断。

③水洗取根

把株间方向深度和距离相同的 2 个土样分别合并。

把行间方向深度和距离相同的 2 个土样分别合并。

在有 0.1 mm 孔径的筛内分别冲洗合并后的土样,去掉土粒和杂物,避免细根流失。

④根的分级　用卡尺测定每条根的小头根粗,并按 2.0 mm 以下、2.0~5.0 mm、5.0~10.0 mm、10.0 mm 以上分级,统计每一级的根数。

⑤烘干称重　将各土样的根按粗度分级分类,在 105 ℃下烘至恒重,称其重量分别记载并换算成相应部位总根量。

⑥绘制水平、垂直根量分布示意图。

⑦绘制不同部分、不同粗度级根量分布百分率(以总根量为 100%)分布示意图。

⑧绘制株间、行间 2 个方向不同部位、不同粗度级根量百分率分布图。

6. 土柱取根法

这一方法最适于研究林分的根系生物量及其在不同土层的垂直分布状况。

土柱的设置为机械布点,样方之间的距离相等。若株行明显则要求样方均匀地分布于行间和行内。样方数量则视调查要求与可能情况而定,一般要求行间、行内各 3 块;若为混交林则要求在每个主要组成树种的行间和行内分别设置 3 块样方;若为竹林则可在标准地上划分方格网,再按抽样要求机械抽取一定数量的样方挖取土柱调查根系。

土柱的规格为 50 cm×50 cm×100 cm,按 0~10 cm、10~20 cm、20~30 cm、30~45 cm、45~60 cm、60~80 cm 及 80~100 cm 分层掘土装袋。再把相同层次的土样合并,在孔径为 0.1 mm 的土壤筛中把根冲洗干净,然后按树种(包括灌木和草本)分选:按 2.0 mm 以下、2.0~5.0 mm、5.0~10.0 mm、10.0 mm 以上的粗度分级,在气干状态下称重。小于 2 mm 的根称为细根,2~5 mm 的根称为中根,5~10 mm 的称为粗根,三者之和称为全根,大于 10 mm 的粗根另行统计。将各粗度级的根在 105 ℃下烘至恒重,求出吸湿水,用土柱的根重推算单位面积标准地各土层的根重,标准地各树种的根重除以该树种的株数,为该树种的单株平均根重。

四、作业与思考题

完成实习中所规定绘制的图,并描述根系在土壤中水平和垂直的分布规律。

实习 28　苗木栽植技术——小苗栽植

一、实习目的

苗木的栽植技术直接影响造林成活率和幼树的生长发育,因此是造林成活、成林、成材的关键环节。通过实习，要求学生掌握苗木栽植的技术规范和操作要领，为培育造林成活率高、生长健壮的优质人工林打下基础。

二、实习材料及用具

1. 材料

各种苗木。

2. 用具

锄头、铁锹、枝剪、测绳、皮尺、标杆、石灰、木桩、罗盘仪、测坡器、油漆或彩笔、草绳、塑料绳、斜距水平距换算表。

三、实习内容和方法

(一)定点

栽植穴的位置关系到能否落实造林设计中的密度和配置问题，也关系到幼林后续的抚育管理问题，特别是在机械抚育管理时、栽植穴的株行距正确与否直接影响作业的效率和质量，因此，准确的定点是挖穴前的一个重要环节。

1. 平缓地定点

(1)确定合适的基线，再按株距或行距在基线上用石灰定点。

(2)用罗盘仪或依据等腰三角形顶角平分线的原理，从基线上某一定植点开始，用测绳拉一条基线的垂线，再在测绳上定点。

(3)依上法在测绳另一端作基线的平行线，在平行线上定点。

(4)用测绳连接基线及其平行线的相应点，再在测绳上定点。

(5)按已定的点确定其他的点。

2. 坡地定点

坡地定点的方法与平缓地基本相同，但应注意如下几点：

(1)行的走向一般与等高线方向大体一致。

(2)坡度较大时，应将水平距换算成斜距，并在测绳上标记。

(3)视线不能直达时，应借助标杆予以延伸。

(4)当地形或方向发生明显变化，不能利用原有基线时，应另作基线。

(5)对于一些不规则的三角地带和残缺面积，应在参照原有株行距的基础上，作适当的调整和修补。

(二)挖穴

挖定植穴一般是在整地以后，植苗以前进行的。块状整地与挖定植穴可合为一个工序，按整地的具体要求进行，但在栽植时仍要进行适当修补。定植穴的大小，依土壤特征、环境条件和苗木规格而定。一般规格为边长 40~100 cm 的正方形，30~80 cm 深。土壤瘠薄的土地和栽植大苗都宜挖大穴。根据苗木根系的扩展情况，植穴的长、宽、深均应大于根幅和根深的1/3。挖穴时应以定植为中心,把表土和心土分开放置,剔除石块与杂根,要求土块细,穴壁平直,不要挖成锅底形。在有条件地方,如果土壤质地太差,可用客土造林,也可用土粪或其他腐熟的有机肥与土壤拌匀置于穴旁备用。

(三)苗木检查与处理

未经分级的苗木,栽植前应按苗木大小与根系好坏进行分级,把相同等级的苗木栽在一片,以利今后管理。

在分级中应检查苗木,剔除混杂苗、劣苗、死苗以及无顶芽的针叶树苗木。对根系损伤的苗木,可用泥浆蘸根(泥浆中可加入适量的过磷酸钙),从而提高造林成活率。

(四)栽植

采用"三埋两踩一提苗"方法栽植苗木。放苗以前应该根据主根深度先将穴底填适量的表土踩实,然后把苗木立于穴中央,对准株行方向,根系舒展后再回填表土。苗木的栽植深度一般应深于苗圃土印的2~3 cm,再根据树种、土壤及地下水情况给予调整。当填土2/3时,应轻轻提苗,以便细土填满根间空隙,使根系与土壤紧密接触,然后边填边踩。南方多雨地区苗木栽植后要进行根际培土成凸形,防止风拔和积水。北方地区填土可低于原土,以利于积存水分。填土后,在表层覆盖一层松土,减少土壤水分的蒸发。

四、作业与思考题

(1)通过植苗造林过程的观察与实践,您认为提高栽植成活率的关键是什么?应采取哪些具体措施?

(2)确定栽植穴大小的依据是什么?

实习29 苗木栽植技术——大树移栽

一、实习目的

大树移栽是城市、庭园和乡村四旁绿化的重要措施。它可以使现有树木得到合理利用,加快城乡建设的绿化速度。

通过实习,要求学生掌握大树移栽的基本技术要点,以提高移栽成活率、促进移栽树木的生长和发育。

二、实习材料与用具

1. 材料

待移栽大苗或大树。

2. 用具

锄、锹、草绳、枝剪等。

三、实习内容和方法

(一)移栽对象的选择

移植树木的绿化效果和移栽后的生长发育都取决于移植树木的选择是否恰当。移栽树木的选择应注意以下几点：

①符合造林、绿化要求；
②适应栽植地点的环境条件；
③树龄处于幼龄或中壮龄；
④生长健壮或剪除病、虫、伤、死枝条后不影响绿化效果；
⑤便于挖掘与运输；
⑥选定树木后，在树干北面胸高处用油漆标记。

(二)移栽的时间

晚秋至第二年早春，从树木开始落叶到第二年萌芽前，只要气温不低于 $-15\ ℃$，都可以移栽，但不耐严寒的树种一般不宜在秋冬移植。关于移栽时间还有两点需要说明：

①落叶树种的裸根移栽，只有在上述时间内进行才能保证较高的成活率，常绿大树不宜裸根移栽。

②带土移栽终年均可以进行，但以上述时间内进行为好。这样，不仅移栽成活率高、生长好，而且费工少、成本低。

(三)移栽前的准备

1. 树冠的修剪

适当地修剪可以减少苗木体内水分的消耗和进行树形的优化。适当修剪不但可以提高成活率，而且可以提高绿化效果。但在修剪强度上应考虑以下原则：

①再生能力强的树种如柳、杨、槐树等可以重剪；而再生能力弱的树种如雪松、云杉、龙柏等则只应弱剪或不剪。

②修剪时不能破坏树木的装饰效果。如松、龙柏等不宜贴干修剪下部枝条，以免露出树干。

③既要经济美观，又要保证成活，不可偏废。

2. 促进树木细根的生长

这是为了使须根聚生于一定的区域内，减少挖掘的范围和土球尺寸的大小，提高成活率。

①多次移栽法 适用于苗圃中观赏大苗的培育。

②回根法 适用于较大树木和名贵树木，其方法是在树木移栽前 2~3 年，以 2.5~3.0 倍胸径为半径，以干基为中心画圆或方形，将圆周或方形边分成 4 等分，然后在相对应的

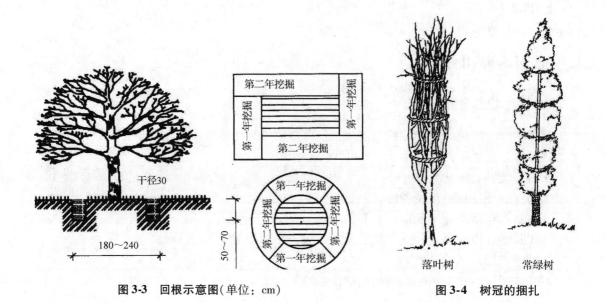

图 3-3 回根示意图(单位：cm)　　　　图 3-4 树冠的捆扎

2 段线外挖 30~40 cm 宽的沟，深度则应视主要侧根分布深度而定，一般为 50~80 cm。沟中的根应用利刀切断，再覆肥土踩实填平。第二年春秋季以上法挖另一半。第三年就可在沟内长满细根，准备移栽。挖掘时应从沟的外缘开始，在回根时可进行适当的树冠修剪（图 3-3）。

（四）大树的挖掘和包装

1. 根系的保留范围

挖掘大树时，先要确定保留根系的范围，这主要取决于树种（再生能力和根系类型）、树龄和根系在土壤中的分布状况。一般而言，树木主要根系的水平分布常在 10~15 倍胸径范围内；而垂直分布的根系则有 80% 分布在 60 cm 深的土层内。所以，从"生长、经济兼顾"的原则出发，保留根系的范围可为 6~10 倍胸径，发根力强的树种可小于 6 倍胸径。根深可保留 60 cm 左右。

2. 挖掘和包装

（1）树冠的捆扎

若树干基部着生枝条，则先用 1.5 cm 草绳将较粗树枝缚在主干上，再打几道横箍，捆住枝叶，而后纵向连牢横箍。树冠基部则应包稻草绳扎紧（图 3-4）。

（2）挖掘和包装

在挖掘大树时，先轻轻铲去保留根系范围内的表土层，但不要伤根。

3. 裸根挖掘和包装

按确定保留的根系范围，以干基为中心，划一个圆圈，顺圈开沟向下挖，不必考虑土块完整与否，但要保护根系。挖到保留根的深度以后向内切进，直到可以吊起或拉倒为止。如果树木太大，还应事先设立安全架，在吊、拦树木时，动作要慢。发现个别根未切断时,应及时锯剪。这样挖的树木带土多,挖后应用湿润材料包装或蘸泥浆。

4. 带土挖掘和包装

挖起大树所带土块的形状取决于包装材料的种类。若用硬材料如木板包装,则土块形状多为方形;而用软材料包装,土块多为球形。

用软材料包装时,先按预定带土尺寸在干基周围开沟,沟宽以便于操作为准,挖到预定深度以后用铲将土块表面修平,使之成圆柱形,然后包装。

这里只介绍草绳包装法。具体做法是:先用 1~1.5 cm 粗的草绳打腰箍,避免土块在包装时崩碎。开始打腰箍时,可将草绳一端压在第一道横箍下面,再继续横扎。包扎时要用力缚紧,并锤打拉紧的草绳。使其嵌入土块不易松脱。一圈圈紧接包扎,直到最后一圈时,将绳头压在该圈下面,拉紧后切去多余草绳。腰箍从土柱上面 1/3 的位置开始,由上到下直到土柱下面 1/3 的位置,整个腰箍的宽度为土柱高度的 1/3(图 3-5)。腰箍打好后,从土柱周围向内切,直到中心土留下 1/3 或 1/5 时用铲完全切断土柱。接着开始打花箍。打花箍的方法有井字(铜线)包、五角包和橘子包 3 种(图 3-6 至图 3-8)。

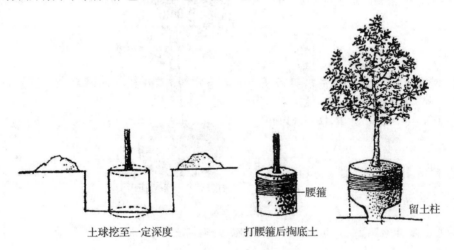

图 3-5 打好了腰箍的土球

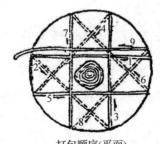

图 3-6 井字包示意图

(实绳表示土球面绳,虚绳表示土球底绳)

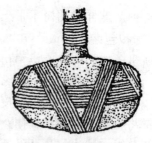

打包顺序(平面)　　　　　打包后的形状(立面)

图 3-7　五角包示意图

（实绳表示土球面绳，虚绳表示土球底绳）

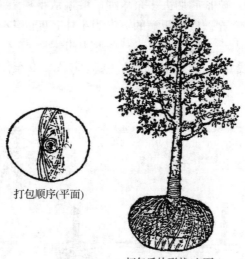

打包顺序(平面)

打包后的形状(立面)

图 3-8　橘子包示意图

（实绳表示土球面绳，虚绳表示土球底绳）

（五）栽植和管理

1. 栽植

根据株行距要求和根系范围挖定植穴。移栽裸根树可挖带沟栽植坑（图 3-9）。挖穴时要注意规格质量，并放入适量的腐熟肥料，每穴约 20 kg。在容易积水的地方，还应注意坑内积水外排的问题。

栽植时先在坑底填入 20~30 cm 厚混肥土，踩紧踏实。再将大树立于坑中并保持原来标记的方向。用软材料包装的树木，若包装材料不厚，土球外露部分较多，可不必拆除；否则应拆除并扔出坑外，以免包装材料腐烂时发热烧根。若有困难，也应部分拆除，露出部分土球与土壤密接。在裸根栽植填土过程中应轻摇树木，使土粒塞满每个根间空隙。在填土时要注意层层夯实土壤，保护原有土球和根系。栽后应浇定根水，待水下渗后在干基培 20 cm 高的土壤，并设立支架防止摇动。

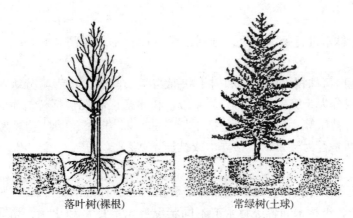

图 3-9　移植裸根树带沟栽植坑

2. 栽后的抚育管理

主要是及时浇水、施肥、松土、除草和培蔸，并注意防止人畜危害和防止病虫等。

四、作业与思考题

通过实际苗木移栽操作，写出大树移栽时挖掘和包装的要点。

实习30　林木分级调查

一、实习目的

林木是森林培育的主要对象，而林木分化(tree differentiation)是森林培育过程中的普遍自然现象。在林业生产上，常根据林木的分化程度对林木进行分级(classification)，为森林的经营管理提供依据。

通过实习，要求学生熟悉林木分级的理论和方法，能对现实林分进行林木分级，同时根据调查结果制订合适的林木抚育间伐方案。

二、实习材料与用具

1. 材料

林木个体发生分化的林分。

2. 用具

测绳、皮尺、记录夹、数据记录表、铅笔、计算器、彩色粉笔、三角板等。

三、实习内容和方法

1. 外业调查

（1）分别选择同龄针叶树纯林和阔叶树纯林作为实验材料，在选定的林分中设置调查样地。

(2)对样地的林木进行每木检尺,分别记录每株林木的树高和胸径,填写林木分级调查表(表3-9)。

(3)记录样地内每株树木的冠层和树干状况与生长状况,按寺崎分级法对其进行初步分级,其中针叶树分为5级,阔叶树分为4级。树木冠层状况包括树冠生长是否良好、树冠形状、树冠是否被压等;树干状况包括干形弯曲、断梢弯头、细长(径高比大于1:150)等;生长状况包括是否为濒死木、枯立木或被压木等。

2. 内业分析

(1)根据样地林木分级调查结果以及各级林木的分级标准对全部林木进行分级。

(2)分别统计各级林木和各级林木下不同状况林木的株数和比例,填写林木形质分类表(表3-10)。

表3-9 林木分级调查表

地点:_____ 林型:_____ 林龄:_____ 时间:_____ 记录者:_____

树号	胸径(cm)	树高(m)	冠层状况	树干状况	生长状况	林木级别
1	12	8	被压	弯曲	衰弱	
2	15	10	良好	断梢	良好	
3	8	7	被压	细长	濒死	
4	17	12	扁平	细长	良好	
…						

注:表中数据为虚拟数据。

表3-10 林木形质分类表

级别		Ⅰ	Ⅱ	Ⅲ	Ⅳ	Ⅴ	合计	备注
	良好							
树冠缺陷	发育过强							
	发育过弱							
	被压							
树干缺陷	细长							
	弯曲							
	折、弯梢							
生长缺陷	倾倒木							
	濒死木							
	枯立木							
缺陷木合计								
合计								
各级林木所占比例(%)								
缺陷木占该级别的比例(%)								
缺陷木所占比例(%)								

（3）分别统计各级林木的直径和树高的平均值及离散度，填写各级林木生长状况表（表3-11）。

表3-11 各级林木生长状况表

林木级别	平均胸径(cm)	胸径离散度	平均树高(m)	树高离散度
Ⅰ				
Ⅱ				
Ⅲ				
Ⅳ				
Ⅴ				

四、作业与思考题

（1）填写调查表3-9至表3-11。

（2）根据表3-10的数据，分析林分中Ⅳ级和Ⅴ级林木所占比例，确定林分是否需要进行抚育间伐（当Ⅳ级和Ⅴ级木比例占30%以上时需进行抚育）。

（3）同时根据表3-10中各类缺陷所占比例，分析林分的冠层和树干状况，并对缺陷木产生的主要原因进行分析。另外，结合表3-11中各级林木的生长状况，为今后的经营提供合理的建议。

实习31 林分密度与林木生长关系调查

一、实习目的

森林是由许多林木构成的生态系统，具有特有的林分结构，林分密度（stand density）是影响林木生长的主要因子。

通过实习，要求学生通过林分调查，分析密度对林木生长的影响，认识密度的作用规律。

二、实习材料与用具

1. 材料

林木空间分布不均匀的林分。

2. 用具

围尺、卷尺、皮尺、测高器、记录夹、数据记录表、铅笔、计算器、坐标纸、三角板、彩色粉笔等。

三、实习内容和方法

1. 数据收集

(1)在选定的林分中设置调查样地,面积为 30 m×30 m,样地内林木空间分布最好不均匀(有疏有密),这样在分析中能够显现密度作用的效果。

(2)在样地内随机选择 30~40 株树木并进行编号。然后确定对象木和竞争木,每株林木在林分中既是对象木,又是竞争木。

(3)测定方法如图 3-10 所示。首先选择对象木 A,然后确定周围距离最近的 4 株竞争木 B_1、B_2、B_3 和 B_4,测定对象木和 4 株竞争木的直径、树高、冠幅(4 个方向),对象木与竞争木的距离 d_1、d_2、d_3 和 d_4。将各个测定结果记录在表 3-12 各个栏目中。

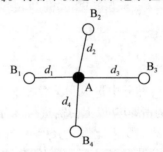

图 3-10 对象木和 4 株竞争木测定示意图(1)

表 3-12 密度对直径、树高、材积和冠幅生长影响调查表

地点:_____ 调查时间:_____ 树种:_____ 林龄:_____ 记录者:_____

树号	对象木	竞争木	直径(cm)	树高(m)	材积(m^3)	冠幅(m) 东	西	南	北	距离 d_i(m)
1	1		31.4	14.5		2.4	3.2	4.1	2.6	
		1	23.4	12.4		3.1	2.3	3.6	3.2	3.2
		2	22.6	11.1		2.4	1.5	4.2	2.3	4.2
		3	21.8	13.2		1.8	3.2	1.5	4.1	3.5
		4	32.6	13.6		1.6	2.5	2.4	2.2	2.9
2	2									
		1								
		2								

注:(1)表中数据为虚拟数据。
(2)对象木与竞争木之间的距离 $d_i(i=1,2,3,4)$ 是 4 个方向上最近距离,测定时要注意每株树的位置与距离相对应,避免混淆。
(3)直径、树高、冠幅和距离的测定精度均保留小数点后 2 位。
(4)每株树的材积在实验室通过《立木材积表》查算得到。

(4)当第一株对象木和竞争木测定后,其他林木的测定采用相同的方法。这样有的树木在上一个测定中是竞争木,但是在这次测定中可能成为对象木,如图 3-11 所示。这样

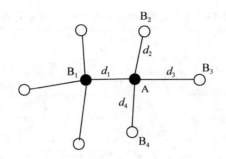

图 3-11 对象木和 4 株竞争木测定示意图(2)

反复测定,直到测定完 30~40 株对象木为止。

(5)如果调查多个树种,每个树种单独一套表格,各个树种的调查数据不能混淆。

2. 数据处理

(1)计算每株对象木与 4 株竞争木的平均距离,根据 30~40 株树木平均距离的计算结果,将这些树木按平均距离分成 2~3 组。

(2)计算每一组中树木的平均直径、平均树高、平均材积、平均冠幅,得到平均值和标准误差,将计算结果列在表 3-13 中。

(3)计算每株对象木的竞争指数。对根据平均距离已经分成的 3 组,计算每组树木的竞争指数。例如,利用表 3-12 中的虚拟数据计算树号 1 对象木的竞争指数(CI_1)如下:

$CI_1 = [(23.4/31.4) \times 3.2^{-1} + (22.6/31.4) \times 4.2^{-1} + (21.8/31.4) \times 3.5^{-1} + (32.6/31.4) \times 2.9^{-1}] = 0.96$

表 3-13 不同密度(距离)林木直径、树高、材积和冠幅汇总表

	平均距离(m)	直径(cm)	树高(m)	材积(m³)	冠幅(m)	样本数
树种 1						
1						
2						
3						
树种 2						
1						
2						

注:(1)表中 1、2、3 代表 3 种密度,如 1:平均距离 3.5 m,代表低密度;2:平均距离 3.1 m,代表中等密度;3:平均距离 2.5 m,代表高密度。

(2)表中数据为虚拟数据,下表同。

(4)计算完每株对象木的竞争指数,再计算每组平均竞争指数(平均数和标准误差)。由于每组都代表了不同密度(距离),因此每组的平均竞争指数的大小,也代表了不同密度(距离)林木之间的竞争程度。将计算结果汇总于表 3-14。

表 3-14 不同密度(距离)上林木竞争指数汇总表

	平均距离(m)	平均竞争指数	样本数	备注
树种 1				
1	3.5	0.81±0.13	13	
2	3.1	1.45±0.22	10	
3	2.5	2.21±0.31	12	
树种 2				
1				
2				

3. 结果计算和图的绘制

(1)最好用图表示计算结果。作图可采用 Excel 等软件，也可以采用坐标纸绘制。

(2)对于不同密度(距离)对树木生长的影响，需要绘出 4 个图：直径、树高、材积和冠幅。如果调查 3 个树种，在每个图中把各个树种的生长指标一并绘制出来。例如，图 3-12 是采用 Sigma Plot 软件绘制的图。该图表示不同密度(距离)条件下，3 个树种平均直径的变化。仿照该制图过程，可以得到树高、材积和冠幅的图。

(3)仿照同样的方法，也可以绘制出不同密度(距离)上，各个树种的竞争指数的变化。竞争指数的图仅需要作出 1 个，如图 3-13 所示。

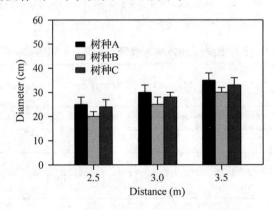

图 3-12 不同密度(距离，Distance)上 3 个树种平均直径(Diameter)的变化

4. 结果分析

(1)根据实验结果，分析不同密度(距离)对不同树种直径、树高、材积和冠幅生长的影响。分析过程最好分生长指标(直径、树高、材积和冠幅)论述，要从密度(距离)的变化与生长指标的变化方面去论述。例如，以图 3-12 为例，随着密度增加，林木之间的平均距离减小，3 个树种的平均直径降低，表明密度对直径生长有重要的影响。

(2)对各个树种的竞争指数，仿照同样的方法进行分析和论述。例如，以图 3-13 为例，随着密度增加，即林木之间的平均距离减小，3 个树种的竞争指数上升，表明林木之间的竞争增加，密度与竞争指数大小呈正相关。

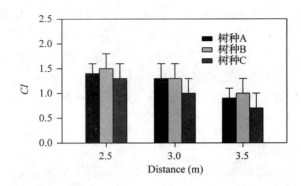

图 3-13 不同密度(距离，Distance)上 3 个树种平均竞争指数(CI)的变化

四、注意事项

(1)选择树种时，最好包括针叶树种和阔叶树种。因为不同树种对密度的反应不同，这样在实验中可以进行比较。

(2)在同一树种内进行林木调查时，应该在不同密度的林木中选择对象木和竞争木，这样才能从不同距离上分析密度对树木生长指标的影响。

(3)每木调查时，测定和记录过程要准确，不遗漏或错记。在数据处理时，各个指标的计算过程也要准确，否则可能得到相反的结果。

(4)图表绘制要仔细，图表大小要合适，用坐标纸绘图要干净。

(5)实习报告撰写要清楚、简洁明了，结论要准确。

(6)各个调查数据、各种计算过程原稿要保存，不要丢失，出现错误时，可以核对原始数据和计算过程。

五、作业与思考题

(1)完成相关图表的制作。
(2)论述密度对不同树种直径、树高、材积、冠幅和竞争指数 5 个方面的影响。

实习 32　树种混交效果分析与评价

一、实习目的

混交林指林冠由两个或多个优势乔木树种或不同生活型的乔木所组成的森林。混交林可以形成层次多或冠层厚的林分结构，对于提高防护效能和稳定性具有重要作用。混交林树种之间的种间关系复杂，混交林的生产力及生态功能等与树种特性、立地条件、混交方法及经营管理技术水平等都有关系。

合理的混交能够充分利用林地空间和营养，改善立地条件，提高林产品的数量和质量，发挥防护效益，而且抗御外界不良环境因子的能力较强。但是混交林营造技术复杂，如树种配置不适当，结构不合理，抚育不及时，便不能发挥其优越性；一般单位面积上目的树种的蓄积量较小；而且不宜于特殊的立地条件。

通过实习，深刻理解树种混交的基本理论基础和应用条件，初步掌握评价树种混交效果的方法。

二、实习材料与用具

1. 材料

地区典型的混交林和纯林。

2. 用具

①标准地设置与调查工具　罗盘、标杆、测绳、测高仪、测径尺、皮尺等。

②土壤取样分析工具　封口袋、记号笔、标签纸、土壤钻、土壤筛、环刀、天平、烘箱、土壤养分水分速测仪器等。

③林分小气候测定仪　风速仪、照度计、空气温度计、空气湿度计、土壤温湿度测定仪等。

三、实习内容和方法

1. 林分选择与标准地设置

选择区域典型的混交林，并以混交树种的纯林为对照，要求各林分所处地形、坡度、坡向、坡位、土壤厚度等基本一致。根据林分密度及林木分化情况，选择典型地段设置 15 m×20 m 或 15 m×20 m 标准地。

2. 标准地调查

调查记录混交林标准地的树种组成，各树种的混交的比例，种植点的配置方式等。调查纯林和混交林各标准地的林龄、密度等。各标准地每木检尺，调查树高、胸径、冠幅、枝下高等生长指标及林相状况，并用二元材积表计算蓄积量。计算各测树因子平均值，并填写表3-15。

表3-15　混交林及纯林生长情况

林分类型	树种	现存密度 （株/hm²）	平均树高 （m）	平均胸径 （cm）	冠幅 （m）	枝下高 （m）	单株材积 （m³）	蓄积量 （m³/hm²）
混交林	树种1							
	树种2							
	合计							
纯林	树种1							
	树种2							

在每标准地内机械设置 2 m×2 m 样方 3 个，用"样方收获法"测定各林分林下枯枝落叶量及林下植被生物量，同时采集地上部分各组分样品，带回室内测定持水量。

3. 根系垂直分布调查

采用土壤钻法,在各标准地内随机选择样点,分 0~10cm、10~20cm、20~30cm、30~40cm 分别钻取土样,用土壤筛筛出根系,将根系带回实验室洗净,烘干称重,计算各林分中各树种单位面积的根系生物量。填写表 3-16。

表 3-16 不同林分各树种根系生物量分布

林分类型	树种	根系生物量(g/m^2)			
		0~10cm	10~20cm	20~30cm	合计
混交林	树种1				
	树种2				
	合计				
纯林	树种1				
	树种2				

4. 林下小气候调查

用光照计,同时多点测定林分及空旷地离地面 40 cm 处的照度;用温湿度计测定林内温度和湿度;用土壤温湿度计测定 30 cm 林地土壤温度和湿度。每标准地至少随机重复测量 5 个点,计算平均值和标准差,方差分析和多重比较分析不同林分小气候因子的差异显著性。并填写表 3-17。

表 3-17 混交林与纯林林分小气候特征

林分类型		林内温度(℃)	空气湿度(%)	地温(℃)	土壤含水量(%)	相对照度(%)
混交林						
纯林	树种1					
	树种2					

5. 林分土壤理化性质

并"环刀法"采集原状土测土壤水分物理性状。采用"环刀法"测定土壤的容重、最大持水量、最小持水量、毛管持水量等水分—物理性质,填写表 3-18。各标准地随机采集 0~30cm 土层的混合土样,采用土壤养分速测仪测定土壤养分,填写表 3-19。

表 3-18 混交林与纯林土壤水分—物理性状

林分类型		容重(g/cm^3)	最大持水量(%)	毛管持水量(%)	田间持水量(%)	毛管孔隙(%)	非毛管孔隙(%)	总孔隙(%)
混交林								
纯林	树种1							
	树种2							

表 3-19　混交林与纯林枯落物及土壤化学性质

林分类型		有机质（mg/kg）	全氮（mg/kg）	水解氮（mg/kg）	速效磷（mg/kg）	速效钾（mg/kg）
混交林						
纯林	树种 1					
	树种 2					

四、作业与思考题

（1）分别计算并对比分析纯林、混交林林分测树因子的差异。

（2）调查分析混交树种之间的主要作用方式。

（3）通过混交林林分小气候、根系分布、土壤特征等综合分析混交林的效益机理。

实习 33　森林生物量的测定

一、实习目的

森林生物量（forest biomass）是森林植物群落在其生命过程中所生产干物质的累积量，它的测定以树木生物量测定最为重要。森林的生物量受到林龄、密度、立地条件和经营措施的影响。

森林生物量是森林生态系统的最基本数量特征。它既表明森林的经营水平和开发利用的价值，同时又反映森林与其环境在物质循环和能量流动上的复杂关系。

通过实习，要求学生理解森林生物量的调查意义，掌握生物量调查的方法。

二、实习材料与用具

1. 材料

林分。

2. 用具

罗盘仪、坡度计、围尺、生长锥、GPS、铁铲、锄头、测高仪、标本夹、记录本、剪刀、海拔仪、光度计、望远镜、烘干箱、天平、电刨、锯刀、放大镜等。

三、实习内容和方法

1. 样地设置

对所调查林分作全面踏查，在掌握林分特点的基础上选出具有代表性、林分特征及立地条件一致的地段设置标准地。标准地不能跨越河流、道路或伐开的调查线，且应远离林缘。样地可取 20 m×20 m、30 m×30 m 或更大，根据具体群落而定，在树种组成单一，林相整齐而又较密的中、幼林中，可适当减少到 100～200 m²。在斜坡上可采用长方形的样地，长边与山坡等高线平行。

2. 乔木层生物量的测定

(1) 样地调查和每木检尺

样地确定后，记录群落的层次结构、主要林木林龄、郁闭度、板根、藤本、附生植物等。测定调查样地的物种，对样地内全部立木(4 cm 径阶以上)进行调查，确定种类，测定其胸高直径，有条件时可测定其高度。在坡地上应统一测上坡一侧离地面 1.3 m 处胸径。

(2) 标准木选取和测定

标准木应在样地内选择，如果该样地是固定样地需要长期观察研究，则标准木可从邻近的地段条件一致或类似的林分中选取，对林缘木、被压木、病虫危害大和其他受自然或人为因素干扰破坏的立木，都不应选为标准木。标准木选择可根据样地调查结果采用径级代表木法或平均标准木法。

对伐倒的标准木，首先要用卷尺和围尺，分别将树高、第一活枝高、最下叶层高、树冠直径、地表直径、地上部分 0.3 m 处直径、胸径和 1/10 树高处的直径等进行测量记录。

分不同高度或层次测定干、枝、叶和果实的鲜重，测定其鲜重后，均匀取部分样品称重，放入密封袋。部分新鲜样拿回实验室置于 105 ℃ 的烘箱中烘干至恒重，求出各部分的含水量。

(3) 生物量计算

根据所测标准木各部分含水量和鲜重，换算出叶、枝、干、果等各部分的干重。根据所测标准木各部分生物量，建立胸径与各部分生物量的相关回归方程，将每木调查胸径代入方程，根据回归方程计算林地内每株树木各部分的生物量，累加计算出林分内乔木层地上部分的生物量总和。

(4) 根系生物量的测定

以所选标准木树干基部为中心向四周辐射，将该标准木所有粗根挖出，除去泥土称鲜重。取一定量的粗根样品，烘干称干重并计算含水率。同样采用根系生物量与胸径建立回归方程法，求出单位面积粗根的现存量。

细根采用随机挖土取样，每样地可挖取 10 个 20 cm×20 cm 的土柱，深度以细根分布和土层厚度而定。用清水洗去泥土，烘干称重，并换算为单位面积上的细根生物量。标准木各部分生物量的调查数据，可填入表 3-20。

3. 林下灌木层生物量的测定

在样地内按对角线或品字形设置 2 m×2 m 或 4 m×4 m 的样方 4～5 块，也可以在样地内随机设置 20 块 0.5 m×2 m 的样方来进行测定。样方面积的大小和数量视林分的具体情况而定。一般下木种类多、分布不均匀的，样方面积可稍大或样方数量可增多；反之，下木种类贫乏、分布均匀的，则样方面积可缩小或样方数量可减少。

表3-20　标准木生物量测定记录表

样号	种名	径级	高度	树干重(g)		枝重(g)		叶重(g)		根重(g)		总重(g)	
				鲜	干	鲜	干	鲜	干	鲜	干	鲜	干
1													
2													
3													
4													
5													
合计													

测定时首先统计每块样方内下木的(包括每木调查时不足起始检尺的 $D \leqslant 4.0$ cm 上层乔木树种的幼树在内)种类和数量。然后砍倒直接称其鲜重，分种类或混合采取部分植株的样品，拿回实验室在 105 ℃下烘干至恒重，求出含水量和干重，累积相加得样方面积的下木生物量，并换算为单位面积上的灌木生物量。

4. 林下草本地被层生物量的测定

在样地中随机设置 1 m×1 m 的小样方若干块，先按小样方逐个统计在该样方内的草本植物(包括苔藓、地衣等)的种类和数量，然后切割下来直接称其茎叶鲜重。根系采用挖掘法，并如下木层生物量的推算方法一样，换算成单位面积上的草本地被层和根系的生物量。

乔木层、灌木层和草本层生物量相加之和即为森林群落现存生物量。生物量测定结果记录于表3-21 中。

表3-21　生物量测定记录表

层次	茎(g)		枝(g)		叶(g)		果(g)		根(g)		总量(g)	
	鲜重	干重	鲜重	干重	鲜重	干重	鲜重	干重	鲜重	干重	鲜重	干重
乔木层												
灌木层												
草本层												
合计												

四、作业与思考题

完成调查林分生物量的计算流程，写实习报告。

实习 34　林农复合经营模式调查与效益评价

一、实习目的

林农复合经营(agroforestry)又称农用林业、混农林业、农林业。它是以生态学、经济学和系统工程为基本理论，并根据生物学特性进行物种的时空合理搭配，形成多物种、多层次、多时序、多产业的人工农林复合生态系统。

林农复合系统中存在多种生物，一种生物可直接或间接地影响相邻生物，即种间互作。其种间作用方式有很多种，根据种间互作发生的空间位置可分为地上部分互作和地下部分互作两大类。

能量流动是林农复合系统的基本功能之一，但各种系统中各组分及量比关系不同，其能流路径、效率也不同，进而决定整个系统生产力的高低。

林农复合系统中物质循环主要体现在养分、水分的循环，物质的循环与平衡直接影响生产力的高低和系统的稳定与持续，是系统中各生物得以生存和发展的基础。通过研究林农复合系统的物质循环过程，揭示其循环的特点及其与各因素的相互关系，不仅可以丰富林农复合系统的理论，而且可以指导生产实践。

林农复合经营能够提高土地利用效率、提高单位面积的物质产出和经济效益、改善生态环境、以短养长、扩大林业生产、缓解林农争地的矛盾，是实现生态效益和经济效益双赢的战略措施。通过实习，要求学生了解区域农林复合经营的主要类型，了解不同复合经营类型的物种组成结构、空间结构和时间结构特征；能够分析评价农林复合经营系统的生态和经济效益。

二、实习材料与用具

1. 调查对象

典型林农复合经营模式。

2. 用具

相机、记录本、铅笔等。

三、实习内容和方法

(一) 典型林农复合经营模式选择

采用走访，问询等方式了解当地主要的农林复合经营模式，林农复合经营类型有：
(1) 林农结合型：如林农间作、绿篱型、农田林网、农林轮作及其他。
(2) 林牧(渔)结合型。
(3) 林农牧(渔)结合型。

(4)特种农林复合型：如林木混交型、林药间作型、林食用菌结合型、林木资源昆虫结合型等。

在走访、问询的基础上，选择其中最具有典型代表性的经营模式展开调查。

(二)典型林农复合经营系统的结构调查

主要调查记录以下内容：

1. 复合经营的物种结构调查

乔、灌、草、家畜、鱼、菌类及其他物种的种类、配置比例、配置方式等。

2. 复合经营的空间结构调查

①垂直结构　包括地上空间、地下土壤和水域等的空间结构；

②水平结构　有带状、团状、均匀混交、水陆交互式、景观布局式、等高带混交种植、镶嵌式混交等，可以用示意图表示出来。

3. 复合经营的时间结构调查

主要有：轮作、连续间作、短期间作、替代式间作、间断间作、套种型、复合搭配型，可以用时间线段图表示出来。

(三)典型林农复合经营系统的生态和经济效益调查

1. 生态效益

主要是指林农复合经营在水土保持、土壤肥力、防风、净化空气及保护生物多样性等方面发挥着重要作用。通过对比调查复合经营及纯农经营的土壤凋落物多少、有机质含量、土壤养分含量、林地生物多样性等对系统的生态功能进行综合评价。

一般实行林农复合经营后，树冠能有效地拦截降雨，从而改变雨滴落地的方式，枯落物和低矮农作物构成的地表覆盖物还可降低雨滴的冲击力及片蚀。同时枯落物也是土壤养分来源之一，其分解后可提高土壤肥力和增加土壤有机质含量，并增大土壤团聚体大小、稳定性和孔隙度，提高土壤渗透性，减少土壤水分和养分的流失，从而改善林下层农作物的生长环境。

2. 经济效益

根据复合经营方式，记录复合经营不同阶段的投入(如人力、物料、机具等)与产出(产品产量、质量、价格等)，计算复合经营在不同阶段的经济效益。

林农复合经营是以系统性、社会经济可行性、效益最高及长短利益结合为原则，根据经营目的主要从物种组成、空间结构及时间变化等方面来设计的，因此农林复合经营可实现一地多用和一年多收的目标，促进了资源的高效利用，尤其在造林初期间农作物能充分利用林地中空间、气候和土壤等资源，可取得近期经济效益，达到以短养长的目的。同时对林下农作物进行中耕、除草、施肥等管理可以耕代抚，改善了幼树的生长环境，提高了幼树的成活率，也可降低抚育成本。

3. 社会效益

主要调查林农复合经营系统提供产量的种类、提供就业岗位、提高农民经营技术水平及带动经济发展等方面的效益。

首先，林农复合经营有多种产品输出，如粮食、油料、畜禽、果品、蔬菜、药材、木材等，可满足社会多方面的需求；其次，林农复合经营具有集约性的特点，要求投入密集的劳动力，有利于安排农村的剩余劳动力，增加就业机会；此类经营不但能够增加长期收入，而且还可增加短期收入，从而调动农民的积极性；再次，通过农林复合经营还可以培养一批农业和林业的科技人员。另外，可为国家增加了税源，带动了区域经济发展。

四、作业与思考题

(1) 总结当地主要农林复合经营模式有哪些？其时间、空间、物种结构组成如何？
(2) 分析当地农林复合经营模式存在的问题与对策。

实习 35　不同方法确定抚育间伐强度

一、实习目的

抚育间伐(tending felling)是调整林分结构、提高林分生产力和质量、加快后续资源培育的重要手段，是森林经营的一项重要措施。开展中幼林抚育，对巩固造林绿化成果、提高森林质量和林地生产力等都具有十分重要的意义。

通过实习，要求学生学会采用不同的方法确定间伐强度，比较其特点，评价其实用性，掌握 2~3 种确定间伐强度的具体方法，并应用所学的专业知识综合分析论证确定间伐强度。

二、实习材料与用具

1. 材料

进入竞争分化阶段的幼龄林或中龄林。

2. 用具

标杆、经纬仪、测高器、测径尺、生长锥、木桩、角规、游标卡尺、林分多功能测定仪、方格纸、铅笔、橡皮、记录表格、记载板等。

三、实习内容和方法

1. 抚育间伐林分选择

①年龄　幼龄至壮龄林分。
②林分状况　人工林纯林，林分内林木个体分化严重且没有进行抚育间伐。

2. 样地设置

在有代表性林分内，按常规设置样地，面积依据地形而定，一般 20 m×20 m。也可依据地形实际情况设置圆形样地。

3. 样地调查

对样地内林木进行每木检尺，测定立木胸径($D_{1.3}$)、冠幅(CW)、树高(H)、枝下高(h)。胸径以 2 cm 为单位进行分组，冠径以 0.5 m 为单位进行分组，胸径、冠幅、树高必须一一对应，记入每木调查表3-22中。

表3-22 标准地每木调查表

_____乡镇(林场)_____村(林班)_____小班_____标准地号_____标准地面积_____

树种									调查结论
径阶	保留木		有害木		保留木		有害木		
	株数	材积	株数	材积	株数	材积	株数	材积	

径阶	保留木		有害木		保留木		有害木		保留木		有害木		调查结论
	株数	材积	株数	材积	株数	材积	株数	材积	株数	材积	株数	材积	
6													一、林分现状：
8													1. 树种组成
10													2. 林龄　　年
12													3. 平均树高　m
14													4. 平均胸径　cm
16													5. 郁闭度
18													6. 公顷株数
20													7. 公顷蓄积　m^3
22													二、采伐强度：
24													1. 按株数　%
26													2. 按蓄积　%
28													三、保留：
30													1. 树种组成
32													2. 平均胸径　cm
34													3. 郁闭度
36													4. 公顷株数　株
平均直径													5. 公顷蓄积　m^3
平均树高													
每公顷蓄积													

计算：　　　　　　　　　　检查：　　　　　　　　　　　　年　月　日

4. 用不同的方法确定间伐强度

(1) 依据胸高直径确定间伐强度(乌道特方法)

由林木胸径计算林分适宜密度 $N_{适}$(株/hm²)，由现实林分密度 $N_{现}$ 与 $N_{适}$ 计算间伐强度 ΔN：

适宜密度

$$N_{适} = \frac{10\,000}{0.164 d^{\frac{3}{2}}}$$

间伐株数 $\quad\Delta N = N_{\text{现}} - N_{\text{适}}$

(2) 依据树冠系数确定间伐强度

由样地资料计算树冠系数：树冠系数 $= H/D$，再由树冠系数计算林分适宜密度 $N_{\text{适}}$ (株/hm²)，由现实林分密度 $N_{\text{现}}$ 与 $N_{\text{适}}$ 求间伐强度 ΔN。

适宜密度 $\quad N_{\text{适}} = \dfrac{10\,000}{\left(\dfrac{H}{5}\right)^2}$

间伐株数 $\quad\Delta N = N_{\text{现}} - N_{\text{适}}$

(3) 依据冠幅大小确定间伐强度

依据样地资料，求出林分的平均树冠大小，进而计算林分适宜密度 $N_{\text{适}}$ (株/hm²)，由现实林分密度 $N_{\text{现}}$ 与 $N_{\text{适}}$ 计算间伐强度 ΔN。

平均树冠 $\quad CW = \dfrac{\sum_{i=1}^{n} CW_i}{n}$

平均树冠面积 $\quad S = \dfrac{\pi \cdot CW^2}{4}$

适宜密度 $\quad N_{\text{适}} = \dfrac{10\,000}{S}$

间伐株数 $\quad\Delta N = N_{\text{现}} - N_{\text{适}}$

ΔN 可为正值，也可为负值。ΔN 为正值时为每公顷砍伐株数；ΔN 为负值时为每公顷补植株数。

5. 间伐强度论证

根据立地条件、造林目的、树种特性、生长阶段、林分特性、集约经营程度、轮伐期、劳力、小径材销路、交通等因素综合进行论证，最终确定间伐方式与最合适的间伐强度。

四、作业与思考题

(1) 树种调查的原始记录表。
(2) 做胸径、冠幅相关散点图及经验方程。
(3) 比较 3 种不同方法确定间伐强度的特点及其实用性。
(4) 填写 3 种方法确定的间伐强度表。

实习 36 不同间伐强度对立地条件的影响调查

一、实习目的

通过实习，要求学生掌握森林抚育间伐的方法及其应用条件。评价抚育间伐对改善林木生长环境、促进林木生长发育的作用，评价抚育间伐对提高森林生态、经济和社会效益的影响。

二、实习材料与用具

1. 材料

不同强度进行抚育间伐后的林分。

2. 用具

(1) 气象因素测定仪器

风速计、照度计、温度计、相对湿度计、土壤温度计、气压计、辐射热计、自计降雨计、双目解剖镜、记录用品等。

(2) 地形与土壤测定仪器

锄头、铁锹、土壤小铲、测绳、皮尺、钢卷尺、小刀、pH试剂、小瓷板、土壤袋、地质锤、土壤筛、环刀、铝盒、土钻、标签、野外土壤氮磷钾等元素分析仪、野外天平、测坡器、倾斜仪等。

(3) 植被测定仪器

标杆、经纬仪、测高器、测径尺、生长锥、木桩、角规、游标卡尺、林分多功能测定仪等。

(4) 其他

方格纸、铅笔、橡皮、记录表格、记载板。

三、实习内容和方法

(一) 实习内容

①地形因子　包括海拔高度、坡向、地形、坡位、坡度和小地形等。

②土壤因子　包括土壤种类、土层厚度、腐殖质层厚度及含量，土壤水分含量及肥力、质地、结构及石砾含量、酸碱度、盐碱含量、土壤侵蚀或沙化程度、基岩和成土母质的种类与性质等。

③水文因子　包括地下水位深度及季节变化，地下水矿化程度及其盐分组成，土地被水淹没的可能性等。

④生物因子　主要包括植物群落名称、组成、盖度、年龄、高度、分布及其生长情况，森林植物的病虫害情况等。

(二) 实习方法

1. 样地设置

选择不同抚育间伐强度(对照：0%；弱度：15%~25%；中度：26%~35%；强度：>35%)的林分为调查对象，在每种林分内分别设置样地。

2. 样地调查

对样地内林木进行每木检尺：包括胸径、树高、枝下高、冠幅、树冠投影图、胸高断面积、单株材积和单位面积、总断面积、蓄积量等。

通过样地资料评价抚育间伐对各测树因子的影响。

3. 小样方设置和生物多样性的调查

在 20 m×20 m 的标准地内，每间隔 4 m 机械布置 1 m×1 m 小样方，样方布设可参照图3-14。在每个小样方内调查植物种类、数量、盖度、平均高度等。

4. 森林土壤肥力调查

森林土壤肥力调查包括土壤厚度调查、凋落种类及其分解状况调查。在植物多样性调查的同时，在每个小样方内用环刀取土壤样品用于土壤养分测定，另取部分样品用于土壤含水量等物理指标测定。将林分内所取土壤样品带回实验室，用烘干法测定土壤含水量，土壤养分速测仪测定土壤速效氮、磷、钾含量和有机质含量。

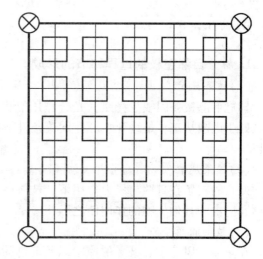

图 3-14　样方布设示意图
（相互垂直的交叉线是测绳，交叉点上的方框是小样方，
⊗为林地四角的木桩）

5. 森林小环境调查

森林小环境调查包括土壤温度、湿度、大气温度、湿度、风速，林地照度等。

四、作业与思考题

依据样地数据分析以上调查因子的相关性，分析评价抚育间伐对森林立地条件和森林生产力的影响，写实习报告。

实习 37　人工整枝

一、实习目的

实施人工整枝能减少活节，消灭死节，提高无节良材的比重；提高木材的质量，增加出材率。人工整枝后，特别是修除部分活的绿枝后，树冠以下的树干有增粗现象，因此，人工整枝可增加树干的饱满度。通过人工整枝砍除了林冠下部受光极差的枝条，消除了妨碍主干生长的因素，因此，人工整枝提高林木胸径、树高及单株生长量。人工整枝还可收获燃料、饲料及肥料。

通过实习，要求学生了解人工整枝的作用；理解自然整枝的过程与伤口愈合原理；掌握人工整枝开始期、整枝强度与整枝间隔期技术三要素。

二、实习原理

1. 林分自然整枝的过程和节的形成

(1) 枝条死亡

林冠下部枝条因缺少光照，光合作用能力低下，光合作用产物不能维持其枝条生活，使之处于饥饿状态，最终死亡。在同等条件下，林分密度越大林木下部枝条出现死亡的时间越早。

(2) 枝条腐朽

死亡的枝条在日照与风力作用下，枝体内水分逐渐蒸发后干枯。干枯的枝条受各种微生物、昆虫和其他生物的作用使之腐朽。

(3) 枝条脱落

在重力、风、雪、枝条的撞击以及动物的接触等各种外力作用下，腐朽枝条脱落。

(4) 残桩包被

因树干的形成层不断进行平周分裂与垂周分裂，不断向外分裂韧皮部加在树皮的内部，向内形成木质部加在木质部外部，从而使树干增粗。树干不断生长的结果，残桩最终被新形成的木质部所包被。

(5) 疤的形成

伤口愈合速度以及疤的形态受树种特性、立地条件及人工生产技术措施的制约。

2. 人工整枝切口的愈合

(1) 切口愈合速度

在正常情况下，切口两侧愈合最快，上面次之，下部最慢。

(2) 切口愈合原理

直径生长对两侧压力大，而上下部则不变，有机质运输到上缘容易。

(3) 切口种类

可将切口分为平切、斜切与留桩种类。在同等立地条件、相同树种及相同生长阶段的情况下，平切伤口愈合所需的时间最少，最易愈合；斜切不留桩伤口所需的时间介于平切和留桩之间；留桩伤口所需的时间最长，且随伤口大小与留桩的长度而定。

另外，树种的生物学特性与枝的大小对切口愈合产生深刻的影响。一般地说来，在同等的条件下，阔叶树比针叶树的切口易愈合；枝条越小，切口越易愈合；立地条件好易愈合。

3. 林木整枝与木材质量

林木整枝能对干材无节、死节与活节部分的比例产生影响。

三、实习材料与用具

围径尺、测高器、记录板、坐标纸、皮尺、相关表格、砍刀、手锯等。

四、实习内容和方法

1. 人工整枝林分和林木的选择

①林分　林分有价值，中幼龄林，自然整枝不良的林木。

②立地 立地条件好,林木生长旺盛。

2. 人工整枝技术

(1) 开始期

人工整枝开始期受树种特性、立地条件、造林密度等因素的影响,当树干下部出现死亡枝条时就应开始进行人工整枝。

(2) 整枝强度

人工整枝强度一般用整枝的高度与树的高度之比表示。或用树冠的长度与树高之比。可分为3级:

①弱度整枝 砍去树高1/3以下的枝条,保留冠高比为2/3。
②中度整枝 砍去树高的1/2以下的枝条,保留冠高比为1/2。
③强度整枝 砍去树高2/3以下的枝条,仅保留冠高比为1/3。

(3) 间隔期

人工整枝间隔期受树种特性、立地条件、上次整枝的强度的影响。当又重新出现新的枯枝时,就应该再次进行人工整枝了。

3. 整枝季节

一般人工整枝在晚秋或早春进行。因这时期的树液尚未流动,或停止流动。此期人工整枝不影响树木的正常生长,并能减少木材的变色,早春整枝伤口易愈合。

4. 人工整枝的高度

人工整枝高度视树种而定,一般人工整枝所能到达高度为 6~7 m,很少超过 10 m 以上。通过人工整枝可使主干满足普遍锯材对原木的要求。

五、作业与思考题

(1) 了解人工整枝适用的林分,理解人工整枝在人工林定向培育中的作用。
(2) 观察生活环境中林木伤口的愈合与疤的形态类型。
(3) 分析生产实践中,人工整枝技术要素与整枝季节对人工整枝的效果和影响。

实习38 近自然林经营林分的划分与林木分类

一、实习目的

森林的生态效益和社会效益与人们对木材和其他林产品的利用需求存在矛盾,这是世界林业发展的基本问题。针对人工林经营过程中出现的问题,如何经营好森林已经成为林业生产的核心问题。世界上形成了三大森林经营体系:以德国为代表的近自然森林经营(near natural forest management)理论和技术体系;美国首倡的森林生态系统经营(forest ecosystem management)思想和方法;加拿大的模式森林经营计划和管理体系。

我国的国情适合近自然森林经营体系，在近自然经营中存在两条途径：一是天然林近自然林经营途径；二是人工林近自然化改造。近自然森林经营理论和技术体系就是将现实林分导入恒续林状态。

通过实习，要求学生了解人工林经营的历史、现状及发展趋势；理解近自然森林经营思想体系；掌握近自然森林经营技术作业体系。

二、实习材料与用具

1. 材料

不同生长发育阶段的林分。

2. 用具

标杆、经纬仪、测高器、测径尺、生长锥、木桩、角规、游标卡尺、方格纸、铅笔、橡皮、记录表格、记载板、红黄蓝油漆（或彩绳）。

三、实习内容和方法

（一）样地设置与林木分类

样地面积一般为 50 m×50 m，对样地内的所有胸径大于 5 cm 的林木编号并做每木检尺。由所有参加调查的人员按目标树经营体系中林木分类的原则独立地对样地内每株林木进行分类：目标树、特殊目标树、干扰树及一般林木；对每株林木进行相应标记。

（二）现实林分生长阶段划分及其林分特征（图 3-15）

1. 建群阶段（幼林阶段）

林分中的大部分林木高度 >5 m，并且胸径 <5 cm（这个阶段发生在较老林分的小范围的补植区或采伐强度过大的林分中），林分树冠还没有郁闭，在林分中森林微环境气候还没有形成。优势树种主要是一些更新的先锋树种和灌木。

2. 质量形成阶段（主干形成阶段）

林分树冠已郁闭（郁闭度 >0.8），优势木高度 >3 m，且平均胸径 >5 cm，在林分中林木高度是不同的，优势树种仍是先锋树种。在林冠下，喜光的灌木和草本植物开始死亡，一些耐阴树种在优势木的树冠下开始生长。

森林建群阶段　　质量形成阶段　　竞争选择阶段　　恒续林阶段

图 3-15　林分近自然林演替阶段划分图

（引自 DB11/T 842—2011《近自然林经营技术规程》）

3. 竞争选择阶段(森林成熟前的阶段)

林分树冠已郁闭,高度大于 10 m 且胸径 10~12 cm 的树木占据林冠的主林层,林分中树木高度差异显著,单个的林木或块状分布的林木群更多地出现在主林层,在林分中处于中下层的林木开始生长,有较好材质(好的市场价格)的目标树很明显可以被看到。

4. 恒续林阶段(森林成熟阶段)

在主林层中林木的一般胸径 > 30 cm,树高的差异变化开始停止,林分拥有许多不同层次,已形成良好的垂直结构。还处于质量形成阶段的林木充满小的林隙,林分中物种的多样性良好。在主林层不仅有先锋树种,而且还有许多具有先锋特性的耐阴树种。先锋树种的更新非常有限,仅仅出现在发生自然干扰或收获行为过后的空置地。

(三)现实林分中的林木分类

1. 目标树

目标树是长期保留、完成天然下种更新并达到目标直径后才利用的林木,标记为"Z"类林木。目标树的选择不仅考虑材质,而且也考虑其空间排列和距离远近(图 3-16)。目标树能够为当地市场提供有经济价值、有优良材质的林木,它起源于种子更新、有活力且树干通直,至少有 4 m 的无分叉的树干,没有病虫害,树冠及树干形质优良。目标树在距我们双眼的高度用红尼龙绳标记。当这些树的胸高直径达到 40 cm 时,就可售出好的市场价格。

2. 干扰树

干扰树是影响目标树生长的、需要在近期或下一个检查期择伐利用的林木,记为"B"。干扰树属于主林层(最高层)的树,且胸径在 10 cm 以上。材质较低(如起源萌生,有大树枝,主干弯曲,主干受到损害)或者属于不能生产高材质树种。生长紧靠目标树,两者树冠接触形成竞争,且比目标树更高或与之等高。当目标树和干扰树生长在同一林冠层并形成竞争时,应伐除干扰树。换言之,目标树和干扰树都属于森林的大径阶树木。将林地内干扰树用黄尼龙绳标记。

3. 特殊目标树

特殊目标树是为增加混交树种、保持林分结构或生物多样性等目标服务的林木,记为"S",如不同物种的林木,有鸟雀或动物洞穴的林木等。特殊目标树用蓝尼龙绳标记。

4. 一般林木

除上述以外的林木。一般林木不用标记。

四、作业与思考题

(1)分组交样地原始调查记录。
(2)依据调查结果写实习报告。

目标树(左)和干扰树(右)的树冠形成紧密地接触,且比目标树更高,但有较低的材质,因此应伐除

有4 m长树干的目标树(左)和有2 m明显树干的正常树,较小的树并没有与之形成竞争,可以在它的胸径达到20 cm以后再将其伐除

3株生长力旺盛的目标树生长在一起,都具有良好的材质。不能砍伐,应等这些树的胸径达到20~30 cm时再作决定

1株像灌木的树紧贴目标树生长,由于两者之间没有形成竞争关系,应该保留

图 3-16　目标树与干扰树识别

(陆元昌,2006)

实习 39　森林更新调查及其评定

一、实习目的

森林经过采伐、火烧或其他自然灾害破坏后,重新在这些迹地上通过自然力或人力恢

复森林的过程称为森林更新(forest regeneration)。森林更新有天然更新、人工促进天然更新及人工更新 3 种方式。

森林更新调查是在成熟林内以及采伐迹地上,通过调查更新的幼苗幼树的种类、数量、苗龄、分布状况、生长速度、生活强度等,研究各种更新方式的适宜条件、生态特征以及自然演替规律,为正确制定采伐方式、更新方式及其他营林措施提供可靠依据,并寻求使森林越采越多、越采越好、可持续经营的途径。

通过实习,要求学生分析不同采伐迹地以及不同立地条件对森林更新的影响,并理解不同树种的更新特点。

二、实习材料与用具

1. 材料

经过采伐、火烧或其他自然灾害破坏后的更新迹地。

2. 用具

标杆、经纬仪、测高器、测径尺、生长锥、木桩、角规、游标卡尺、方格纸、铅笔、橡皮、记录表格、记载板。

三、实习内容和方法

(一) 更新地段选择与样地设置

天然更新调查的对象,可分为成熟林林冠下的更新调查,各种择伐、渐伐及皆伐迹地的更新调查等。

1. 成熟林林冠下的更新调查样地设置

天然林内的更新情况,可分别按不同森林类型选设标准地,每一类型调查的标准地数量应不少于 3 块,调查前应先了解整个调查地段的一般情况和周围条件,然后开始选设标准地,选设标准地应注意 3 个方面的一致性:

①标准地内林木、下木、活地被物的种类及其分布要基本一致。

②森林结构和林层分布要基本一致。

③立地条件要基本一致。

样地设置时尽可能在同一森林类型的中间部分选取,因其边缘可能为过渡地带,标准地面积规定不应小于 0.1 hm^2。样地可以根据具体情况确定为正方形、长方形或圆形。

在区划好的样地上均匀设置样方,如果时间不足,可用测绳拉两条对角线,在线上等距设置样方。

2. 择伐和渐伐迹地的更新调查

调查并记载采伐年份、季节及采伐强度,采伐、集材与林地清理的方法等。分森林类型,根据不同采伐强度设置样地,森林类型和采伐强度的鉴定可由相邻的成熟林和迹地伐根加以确定。

还应了解或对比采伐前林分郁闭状态,下木与活地被物变化情况及其对更新的影响等，可用文字简单记录在调查表附记栏里。

3. 皆伐迹地的更新调查

了解伐前林分状况（根据林墙或伐根确定）、皆伐年月、集材方法、林地清理方法、伐区长度、伐区宽度、保留母树情况、水土流失情况等，调查灌木层、草本层和土壤。调查应着重了解不同类型迹地的特征、不同采伐年限的植被变化、发展趋势及其与更新的关系。

调查时每一伐区应选择地形基本一致的地段，设置3~4块标准地进行样方调查，或者对角线上均匀设置样方，样方数量依据伐区大小而定，每个伐区最好设20~50个样地。如果伐区上有保留母树，应调查母树周围下种更新情况，其样方分布参见图3-14。

（二）样地调查测定与数据计算

1. 调查方法

在选定的标准地上，采用机械抽样方法，等距离地用测绳拉出若干调查线，在调查线上均匀设置样方或者用步量的方法使样方均匀分布在调查地段上。样方面积可视具体情况采用$1 m \times 1 m$、$1 m \times 2 m$或$2 m \times 2 m$，设置标准地块数不得少于25块，标准地面积不得少于$0.1 hm^2$。

样地选好后，在样地四角设立临时标记（可钉一木桩或插一标杆），并在样地相对的两边拉两根测绳（这两根测绳上的分划要求一致），再用另外一根测绳沿垂直于两边测绳的方向，按两边测绳上的分划，等距离地逐次拉出十字交叉点为25个小样方的中心点，然后用钢卷尺以小木桩为中心，设置小样方，进行样方调查（图3-14）。

2. 记载方法

进行更新幼苗幼树的频率调查时，不管更新幼苗幼树在每个样方内出现的个体多少，只要出现即在相应小样方记录中做记号（如"√"），或将出现的样方记为"1"，不出现的记为"0"。

在样方调查的同时，应了解调查地段的一般情况和四周环境并作记载。记载项目包括调查地点、地形地势、林地植被物以及各种幼树分布状况、平均年龄、平均苗高、生活力（分强、中、弱）等。如果在林冠下调查，则应记载林分特征，可目测林分组成、郁闭度、林龄、平均高、平均胸径、每公顷蓄积量等（外业调查时，表3-23和表3-24同时记录）。每个调查地段都应进行土壤调查。

3. 计算方法

每个调查地段要计算出天然更新幼树的组成百分比、更新频度（取小数点后2位）、相对频度、每公顷更新株数，并作出更新评定。

（1）更新组成

$$更新组成(\%) = \frac{某树种有效更新株数}{有效更新总株数} \times 100$$

（2）更新频度和相对频度

频度是指一个种在一定面积内的样方中出现的机会，是用以说明一个种在群落中分布均匀程度的一个指标，频度越高，说明分布越均匀。

表 3-23　更新等级评定指标　　　　　　　　　　　千株/hm²

等级	主要树种幼树高 1.5 m 以下	主要树种幼树高 1.5 m 以上
良好	>3.5 m	>3 m
合格	2.5~3.5 m	1.5~3 m
差	<2.5 m	<1.5 m

注：1. 凡胸高直径 6 cm 以下乔木树种均为幼树。

2. 评定主要树种更新等级时，如果次要树种超过主要树种 1/2，更新等级应降一级。

表 3-24　更新等级评定指标　　　　　　　　　　　千株/hm²

等级	1~5 年的采伐迹地或火烧迹地	6~10 年的采伐迹地或火烧迹地	11~15 年的采伐迹地或火烧迹地
良好	>10	>5	>3
中等	5~10	3~5	1~3
不良	3~5	1~3	0.5~1
没有更新	<3	<1	<0.5

注：1. 幼树分布团状或者 1/2 以上的面积没有更新时，应降低一级。

2. 如果是萌芽更新，计数时要以伐根为单位。

3. 幼苗(1 年生)的数量，应按 1/2 计算。

$$更新频度(\%) = \frac{某种幼苗幼树出现的样方数}{全部样方数} \times 100$$

求出每种更新幼苗幼树的频度后，还可求算出相对频度：

$$相对频度(\%) = \frac{一个种的频度}{所有种的总频度} \times 100$$

(3) 每公顷幼苗幼树更新株数

$$N = \frac{n}{P} \times 10\,000$$

式中，N 为每公顷幼苗幼树更新株数；n 为全部样方内的幼苗幼树数；P 为全部样方的面积(m^2)。

(4) 按调查地段作出更新评定

(5) 郁闭度

如果是择伐或渐伐迹地调查，则应调查林分郁闭度。

$$郁闭度 = \frac{树冠所截的样线长度的总和}{样线总长}$$

或

$$郁闭度 = \frac{样线总长 - 林冠空隙总长}{样线总长}（样线法）$$

或

$$郁闭度 = \frac{林冠垂直投影面积}{样地面积}（绘制树冠投影图法）$$

(三) 调查资料的整理

在某一林场或地区森林更新调查结束后，需要将这些收集到的大量外业调查资料加以整理与分析，从中找出一些规律。

首先需将各标准地更新调查材料进行归类，全部汇总在一个更新调查综合表里，然后根据综合表分别按森林类型和要统计的项目制成许多分表进行统计。例如，各种主要树种林冠下天然更新统计表就是根据综合表，按马尾松林、落叶阔叶林等森林类别，统计出平均每公顷更新的树种及其株数、更新组成及更新评定；各主要树种林冠下天然更新幼树各龄组统计表，是根据综合表按森林类型，分别求出每公顷更新的株数和树种及其各龄组的株数百分比。同样，还可根据综合表，按马尾松各林型分别统计每公顷更新的树种及株数、更新树种的龄组分配等，或按马尾松林的不同龄级、地位级、郁闭度、下木及活地被物盖度、坡位、坡向等调查因子，用列表法分别统计每公顷更新树种及株数等，揭示两个变量之间的相关性。最后，为了更清晰地了解各调查因子与更新的数量和质量的相互关系，还可以用图示法作出各种分析图表。通过这些变量的分析，可以找出各树种更新与林型、龄级、地位级、郁闭度、活地被物、坡度、坡向等因子的相互关系，从而找出某树种更新的规律。

通过对更新调查材料的系统整理与分析，对主要树种的更新情况作出结论或判断，并提出适宜的更新树种、林种配置以及合理的营林措施，森林更新调查的成果还可作为森林更新规划设计的组成部分之一。

四、作业与思考题

（1）根据调查数据分析林分更新现状。
（2）分析立地条件、采伐剩余物、林分状况等对更新的影响。
（3）说明树种特性与更新关系。

实习40 森林质量健康度评价

一、实习目的

森林健康评价是指采用完善的健康评价指标体系，借助合理的指标权重，运用适宜的评价方法和评价模型对现有森林健康状况进行科学地诊断和评估，是对森林生产力水平、森林结构、森林抵抗恢复力以及生态服务功能等方面综合能力进行综合的与全面评价评估。森林生态系统健康评价不仅让经营管理者对目前森林状况有一个直观的认识和了解，也为制定营林造林与护林经营管理方案提供科学依据。

目前国内外森林健康评价方法主要有单项评价和综合评价两种。单项评价是指只选择一个指标进行健康评价，而综合评价是从不同方面入手选用多个指标来综合地判断森林健康状况。由于单项评价选取的指标过少，不能全面地反映森林健康状况，现在国内外学者大都采用综合评价方法。综合评价方法有主成分分析法、层析分析法、健康距离法、模糊综合评价法、聚类分析法等。综合评价避免了单一指标法与主观经验方法在对森林健康评价时所带来的片面影响，实现了定性与定量相结合，提高了评价精度。

稳定性、可持续性和整合性是生态系统健康的基础，也是森林健康评价的标准。结合相关研究和森林资源连续清查监测因子的实际情况，评价要素主要包括森林的生长活力、林分结构、森林恢复能力和抵抗力3个方面。森林健康评价指标体系是由若干个森林健康关键因子组成的模型。可选取森林净生产力、树种多样性指数、群落结构类型、林层结构、树种结构、森林自然度、森林郁闭度、森林灾害等级、林木蓄积枯损率9个评价因子来构建森林健康评价体系。在结合国内外学者研究理论和成果的基础上，设计出了专家打分表，根据专家反馈意见确定指标权重值（表3-25）。

通过实验，要求学生：①了解森林健康评价的主要方法，掌握森林健康评价的整体流程，掌握森林健康指标体系的建立方法。②运用层次分析法评价森林健康状况。

二、实习材料与用具

测绳、罗盘、花杆、胸径尺、红绳、油漆、铲子、锯、砍刀、烘箱、卷尺、记录本等。

三、实习内容和方法

1. 构建森林健康评价体系

本研究采用层次分析法，确定各森林健康指标及其权重值（表3-25）。

表3-25 森林健康评价指标及权重

评价类型	制约层	权重	指标层	指标权重	指标总排序权重
森林健康综合评价	林分活力	0.4	年平均净生产力	1.0	0.400
	林分结构	0.3	树种多样性	0.2	0.060
			群落结构	0.3	0.090
			树种结构	0.3	0.090
			林层结构	0.2	0.060
	森林恢复能力和抵抗力	0.3	森林自然度	0.2	0.060
			林木蓄积枯损率	0.2	0.060
			森林灾害等级	0.4	0.120
			郁闭度	0.2	0.060

2. 样地调查

（1）标准地设置

在待进行森林健康评价的林分中，选择有代表性的地段按常规设置标准地，面积20 m×20 m。

(2) 标准地调查

①乔木调查　按常规对标准地进行每木检尺调查，起始径阶为 6 cm。主要调查因子包括树种、距离（每株定位）、胸径、树高、枝下高、冠幅、优势度、郁闭度、损伤状况、干型质量、病虫害状况。

②灌木调查　样地四角设置 4 m×4 m 样方进行调查。调查因子主要包含灌木的种类、高度、地径、生长状况和分布状况。

③草本调查　在样地内设置 2 m×2 m 样方进行调查。调查因子包括草木的种类、高度、生长状况和分布状况。

3. 评价模型构建

通过森林的健康指数 H_i 大小来反映森林健康状况，其评价模型为：

$$H_i = \sum_{i=1}^{n} V_i \cdot W_i$$

式中，H_i 为森林健康综合评分值（0~10）；V_i 为各因子评分值（0~10）；W_i 为因子的权重；n 为指标层指标个数。

4. 评价指标因子获取

(1) 林分活力

选择林分年净生产力反映森林健康的测度指标——活力，而林分年净生产力通过林分年均净生长量反映，林分年均净生长量通过实验调查数据计算得到。

(2) 林分结构

用样地内树种 Simpson 多样性指数（S）来表示林分结构。

$$S = \frac{N(N-1)}{\sum_{i=1}^{m} n_i(n_i - 1)}$$

式中，S 为调查样地林分中树种 Simpson 多样性指数；N 为总个体数；n_i 为第 i 个树种的株数；m 为种数。

关于树种结构、林层结构和群落结构等指标直接通过森林资源清查样地数据中的有关调查因子获得。

(3) 林分恢复能力和抵抗力

直接测量恢复力和抵抗力比较困难，选用森林自然度、森林郁闭度、森林灾害等级、林木蓄积枯损率等指标来反映林分的恢复力和抵抗力。森林自然度、森林郁闭度、森林灾害等级和林木蓄积枯损率直接通过森林一类清查样地数据获取，林木蓄积枯损率是指样地林木枯损蓄积与样地林木蓄积的比值。

5. 评价因子赋值

从定性指标和定量指标两方面来对健康评价指标因子赋值。对于定性指标如树种结构、群落结构、林层结构、森林自然度、森林灾害等级等，依据专家意见对每个评价指标因子各等级进行赋值（表3-26）；对于定量指标，如森林郁闭度、树种多样性指数、林木蓄积枯损率和林分年均净生长量等，通过计算指标区域范围（最大值、最小值和平均值），合理地设定等级阈值，从而对这些指标进行划分等级并赋值（表3-27）。

表 3-26　森林健康定性指标等级与分值

等级分值	森林自然度	树种结构(代码)	群落结构	森林灾害等级	林层结构
10	Ⅰ	6,7	完整结构	无	
9					复层林
8	Ⅱ	5		轻	
7			较完整		
6	Ⅲ	3,4		中	
5					
4	Ⅳ	2			单层林
3			简单结构	较重	
2	Ⅴ	1			
1				重	

表 3-27　森林健康定量指标等级与分值

等级分值	郁闭度	树种多样性指数	林分年净生长量	林分蓄积枯损率
10	0.6~0.7	>4	>8	≤0.3
9				
8	0.5~0.6	3~4	5~8	0.3~0.5
7	0.7~0.8			
6	0.4~0.5			
5	0.8~0.9	2~3	3~5	0.5~1.0
4	0.3~0.4			
3	>0.9	1~2	1~3	1.0~2.0
2	<0.3	≤1	≤1	>2.0
1				

6. 森林健康状况等级划分标准

根据以上评价方法和指标体系,在系统分析和整合国内外现有研究成果的基础上,构建了森林健康等级划分标准,见表3-28。计算出最终结果,对森林健康等级进行划分和评价。

表 3-28　森林健康等级划分标准

等级划分	健康等级		
	差	中	好
分布范围	[0, 4.0)	[4.0, 7.0)	[7.0, 10.0)
健康状况	不健康	亚健康	健康

四、作业与思考题

(1) 结合本实验内容查阅相关文献,建立森林健康评价指标体系模型。

(2) 列举出常用的 3 种森林健康评价方法及其优缺点。

第四篇
课程设计

第四篇

土壤管理

课程设计 1　苗圃调查规划设计

一、课程设计目的

通过苗圃(seedling nursery)调查规划设计实习,要求学生运用苗木培育的理论及所学过的专业基础知识,结合生产实践、苗圃生产目的及拟建苗圃的实际条件,进行苗圃规划设计。包括以下几个方面:对苗圃的自然条件与经营条件进行调查,并分析这些条件的特点以及其与育苗技术措施的关系;进行苗木成本计算,填写相应的计算表;绘制苗圃平面区划图;撰写调查规划设计说明书。

二、课程设计材料与用具

1. 测绘用具

1∶10 000 地形图、GPS、罗盘仪、标杆、测绳、记录板、坐标纸、皮尺、各种测量记录用表。

2. 土壤测定用具

土壤小铲、小刀、pH 试剂、小瓷板、土壤袋、地质锤、土壤筛、环刀、铝盒、锄头、铁锹、土钻、标签。

3. 其他

方格纸、铅笔、橡皮、记录表格、记载板。

三、课程设计内容

(1)苗圃设计地点及自然经济条件概况调查。
(2)苗圃生产任务及面积计算。
(3)苗圃地区划。
(4)各树种育苗技术措施设计说明。
(5)育苗直接成本估算。

四、课程设计方法与步骤

苗圃是林业生产的基本建设项目之一,育苗工作又是一种集约经营事业,各个育苗环节前后衔接,且受环境条件制约。因此,在苗圃设计时,要对苗圃的环境条件进行全面调查与综合分析;根据培育苗木的生物学特性与生态学特性,拟定各项育苗技术措施及其他有关工作,设计步骤和方法如下。

(一)苗圃地的调查

建立苗圃是一项慎重的工作,必须对拟建苗圃地进行调查。调查的目的首先是结合各方面的情况，得出该处是否适于作苗圃的结论；另外，通过调查，为设计提供客观依据。调查一般分为准备工作和详细勘测2个步骤。

1. 准备工作

准备工作是做好勘测工作的前提，一般在建立苗圃之前应做好下列准备工作：

(1) 了解概况

对拟建苗圃进行概况了解，包括苗圃建立的期限、苗圃大小、经费来源、苗圃生产任务、苗木种类、生产方式和必要的建筑工程及设备等。

(2) 收集资料

地形图、土地利用规划图、土壤分布图、植被分布图、气象资料、病虫害资料、社会经济条件的资料等，以及育苗经验总结和新技术资料。

(3) 踏查

通过踏查，了解拟建苗圃地的特点，为详细勘测打下基础。在进行踏查时，应取得当地有关部门的协助，并聘请当地有经验的人协同进行，有相关专业人员参与并携带必要的工具和仪器。

踏查采取全面了解，必要时配合路线调查的方法进行，通过踏查完成如下工作：

①了解拟建苗圃的范围和界线，并校对原有图面材料的正确性，以此作为安排测量工作的基础。

②了解拟建苗圃地区的土壤、植被、病虫害及土壤利用(包括前作)情况。

③了解拟建苗圃或附近的水源情况，能否用于满足育苗灌溉及加以利用的设施。

④了解拟建苗圃周围农业生产(包括使用的机具)情况与其他生产概况，为征得临时劳力、修理机具提供信息。

(4) 情况通报

除向上级汇报外，还须向全体参加建圃人员介绍情况，然后学习有关材料和制订勘测计划。

2. 详细勘测

苗圃地详细勘测为苗圃设计提供资料依据，其工作内容、步骤、方法和要求简述如下：

(1) 圃地测量

测量工作是根据拟建苗圃地区的地形情况，按一定的精度和比例尺测绘平面图或地形图，以便为其他调查项目和苗圃区划时应用。一般比例尺为 1:2000~1:5000，其等高线间隔距离为 0.5~1.0 m。

(2) 土壤调查

目的是查明苗圃地土壤的类型和分布规律，并为苗圃区划、土壤改良、整地和施肥等工作提供资料。土壤调查是按路线调查进行的，调查时按踏查及图面材料所提供信息初步确定调查路线。

到达现场后，先对照地图确定自己所在位置，然后按拟好的路线进行调查。剖面位置应在不同的植物群落和地形部位上，要求有代表性，不宜在沟边、路旁、坟基和建筑物附近等处设置剖面。挖土壤剖面的数量，应根据苗圃地土壤的复杂性而定，一般是在

100 km² 的面积上,挖 10~15 个主副剖面。所有的剖面是要标定在图面材料相应的位置上,并标注土壤剖面号。同时,以土壤变种为单位进行土壤分布草图的勾绘工作。勾绘时,按地形与植物群落的相互关系,依次对照剖面,确定边界或明显的自然界线,目测勾绘在地形图(或平面图)上。作土壤分布图时,若比例尺为 1:2000,其小区最小面积为 0.4 hm²,小于 0.4 hm² 的地段可划为复区,但必须指出复区土壤成分的百分比。

土壤调查外业结束后,还应进行以下工作:

① 为了说明苗圃地的土壤情况,应选取代表面最广,发生层次完整和剖面形态特征明显的样本进行分析,以确定腐殖质、氮、磷、钾等的含量,若是水渍化土壤,还要确定水浸出物的含量。

② 将外业调查记录加以整理使之系统化,并根据外业资料及实验室分析结果,确定土壤名称,土壤理化性质与肥力状况,同时绘制出土壤分布图。

(3) *水文调查*

目的在于确定苗圃地的地下水位和水的化学成分。调查时可与土壤调查同时进行,其方法是将剖面钻到一定深度,注意观察出水深度以确定地下水位的深度,选取水样,测定其化学成分。

若圃地内或附近有井时,应将井的位置勾绘在地形图上,并记载水井位置、地表与井水区的距离、井水深度、井底岩石。根据分析结果确定水的质量、井的出水量、水井的情况及用途等。

(4) *植被调查*

通过调查拟建苗圃区域内草本植物,了解在不同自然条件下主要植物群落,种类组成及其生长情况,以及与培育苗木的关系,为拟定清除杂草措施提供依据。

植被调查一般可与土壤调查同时进行。当对某些植物的生物学特性不够了解时,可利用土壤剖面确定其根系分布情况,并勾绘植物分布图。

植物调查的方法,有经验者多用目测法进行。若为了更准确地确定杂草的种类、覆盖度和生长情况,宜采用样地调查。样地的面积为 1 m × 1 m,样地调查与记载按下列顺序进行:地类、坡向、坡度、土壤类型、植物群落名称、覆盖度等。再分别记载各种植物的名称、覆盖度或高度(用密集、稀少、单株表示)、平均高、几年生、根茎性、根蘖性、根系分布情况等。

在勾绘植物分布图时,若土壤有几种类型,要了解这些土壤种植过什么。若是农耕地,要了解前茬种植的作物种类;若是撂荒地,要了解撂荒地的年限;若是荒草地,要了解居民的经济活动和放牧情况。

(5) *病虫害调查*

在于查明苗圃地及其周围有哪些病虫害,其蔓延程度及进一步扩大的可能性,以便拟定土壤消毒的方法,并为确定防治措施提供依据。

详细勘测结束后,应对勘测和收集材料进行整理,以备苗圃设计时用。同时编写调查设计说明书,并对苗圃的生产任务、建筑工程、设备、灌溉等主要问题提出建议。待有关部门批示后,即可进行设计工作。

(二)苗圃地设计

苗圃设计要根据最新的科学技术成就，拟定苗圃若干年内的业务工作。其目的在于更好地开展和安排苗圃工作，以便在最短的时间内，用最低的成本培育出优质高产的苗木。

1. 苗圃设计要明确的前提

①苗圃面积与任务。
②培育苗木的种类，每年培育的数量和出圃规格。
③生产方式和灌溉方式。
④必要的建筑工程和设备。
⑤苗圃的人员编制。
⑥人工日、畜工日和机工日的单价。
⑦各种机具的折旧规定。

2. 苗圃设计的根据

①建立苗圃的任务。
②各种图面材料(地形图或平面图、土壤图、植被图等)。
③苗圃所在地区自然条件的资料。
④苗圃所在地区的育苗技术资料。
⑤苗圃附近气象台(站)的有关气象资料。
⑥有关育苗的最新科学技术成就和科研资料。

3. 苗圃调查规划设计内容和方法

根据苗圃课程设计内容，应编写设计说明书。说明书可分以下 3 部分：总论、设计部分和苗木成本计算。

1)总论

主要分析苗圃的经营条件和自然条件，以及对育苗工作的有利因素和不利因素，并提出在育苗技术上应注意的主要问题。

(1)经营条件分析

在经营条件中分析的问题包括：

①苗圃所在地区的位置　说明苗圃的名称，所在省、县、乡和具体地名；说明苗圃距居民点的距离，对于苗圃基本建设的影响；说明季节工人的来源等。

②苗圃的交通条件　说明苗圃距铁路、公路、河流的距离，分析其对苗圃运输工作的作用。

③苗圃的水电条件　说明水源地位置、类型、储水及季节性供水等；分析与苗圃基本建设的关系等。

④苗圃机械化的可能条件　包括自然条件和经济条件的分析，如是否借用和购置机械等问题；另外还应说明在整个育苗过程中可达到机械化的程度等。

⑤苗圃地附近有无天然屏障　如天然林或防护林带等，并指出有无必要设置防护林带。

（2）自然条件

根据调查得到的气候条件、土壤、水文、病虫害情况、地形特点、地类及杂草等资料，指出育苗技术的重要问题，如整地、轮作、施肥以及其他育苗技术应注意的主要问题。例如，论述到整地问题时，只指出根据什么特点，应采取什么耕作制即可，至于具体何时耕，耕多深，将在每年的育苗技术中详细说明。

①气候　根据离苗圃最近的气象站 10 年来的观测资料，说明当地气候条件的特征。其中包括以下因子：每月均气温与气温在 0 ℃以上的天数、每月降水量及降水天数、每月土壤温度（不同深度）、每月蒸发量及相对湿度、降雪开始和终止的日期、降雪厚度及地面封冰的起止日期、初霜和终霜的日期、每月主风方向和风速。

除了以上气象资料外，如果当地科学研究单位及试验单位有物候观测方面的材料，也应采用。

综合所收集的材料，便可确定当地气候条件，如年平均降水量、降水特点、植物生长期的降水量、全年及植物生长期的蒸发量、气温在 0 ℃以上的天数、植物生长期的平均气温等。根据这些资料，就可说明气候条件对培育苗木的影响，提出防止各种不良气候因子的必要措施。

②土壤　根据土壤分布图和土壤分析资料，说明圃地的土壤种类，分布特点和不同土壤的 A 土层厚度、质地、结构及土壤养分等。从而确定土壤的适用性，并拟定在土壤管理上应采取的措施。如耕作、换茬、施肥等的原则和改善土壤结构等。

③地形与水源　说明地形条件及其与育苗的关系，可利用水源（如河流、湖泊等）的情况及分布位置、地下水位及其与育苗的关系等。

④病虫害　根据调查圃地及其周围病虫害的种类、蔓延程度及进一步扩大的可能性，拟定在培育苗木前应采取哪些措施及土壤消毒的方法，在培育苗木过程中应怎样预防，一旦发现应采取的措施等。

⑤杂草　根据圃地的杂草种类及其覆盖度，拟定消灭杂草的措施，如采用除草剂整地、轮作或半休闲等，在育苗过程中应进行中耕除草的次数和时间等。

2）设计部分

（1）苗圃的生产任务与面积计算

①苗圃的生产任务　苗圃的生产任务应根据它的专门用途来决定，任务中要指出育苗的种类、数量、要求达到的标准或规格，以及其他技术要求等。

如果上述任务在建立苗圃任务书中没有明确提出来，就应由设计者根据苗圃的主要任务和苗木供应地区的造林与绿化计划加以确定。

苗圃除了生产苗木的任务外，还应有提供营养繁殖种条供本苗圃使用的任务。为此，还可能要设置采条母树区，其面积大小根据插穗或接穗的需要量、每株母树可能采集的数量、采集周期等来决定。

②苗圃面积的计算　计算苗圃面积前须先确定各种苗木培育的年限、苗木培育期内所经历的技术过程、轮作制以及单位面积的产苗量等。

苗圃地的总面积包括生产用地面积和非生产用地面积两部分。直接用于育苗和休闲的土地面积称为生产用地面积，而道路、房舍、固定灌溉排水系统、蓄水池、积肥场、苗木窖、场院、防风林、沟篱等所占用的土地面积为非生产用地面积。非生产用地的面积不高于苗圃总面积的20%~25%。在计算各种苗木所需生产用地面积时，要考虑到在培育苗木的过程中可能会受到损失，因此应将计划产苗量增加3%~5%。各个育苗树种所占面积的总和，即为生产用地的总面积，将其加上非生产用地的面积即为苗圃面积。

播种区面积计算：在计算播种区面积之前，要考虑整个育苗生产过程，根据育苗树种的生物学特征、圃地环境条件，确定是否采用轮作及轮作制，同时还要根据上述条件及育苗技术、将来使用的机器与机具，以及单位面积（或长度）的产苗量等条件来确定作业方式和育苗图式（株行距、组距、带距等），确定后即可计算面积。计算结果填入表4-1。

表4-1 播种区面积计算表

次序	育苗树种	育苗年龄	育苗图式(cm)	每公顷带的总长度(m)	每公顷播种沟总长度(m)	每米长产苗量(株)	每公顷产苗量(万株)	生产任务(万株)	育苗和休闲区所需面积(hm^2)			
									1年生	2年生	休闲地	合计
1	2	3	4	5	6	7	8	9	10	11	12	13
总计												

移植区（或插条区）的面积计算：计算移植区和插条区的面积和播种区一样，要根据树种的生物学特性、环境条件及抚育时所使用的工具等，确定育苗图式（如株行距）和轮作制，然后根据任务书中所规定的苗木年龄即可计算面积。具体方法是：先根据育苗图式计算单位面积产量，然后计算面积。计算时，为了补充育苗过程中损失的苗木数，要增加6%的生产任务。计算结果填入表4-2。

在移植区或插条区一般不必采用复杂的轮作制，只设休闲区，种植农作物及绿肥作物即可。将以上各类苗木生产区的面积相加即得苗圃生产区的总面积。

表4-2 移植苗区（或插条苗区）面积计算

次序	育苗树种	苗木年龄	育苗图式(株行距或行组距)(cm)	每公顷苗木产量(株)	生产任务(万株)	育苗和休闲区所需要的面积(hm^2)			
						第一年	第二年	休闲	合计
1	2	3	4	5	6	7	8	9	10

辅助用地面积计算：辅助用地面积包括道路、建筑物、灌溉沟、排水沟、蓄水池、防护林、生篱、场院及积肥场等。用地规格（如宽度、长度、大小等）应参照定额表、笔记或参考书等来确定，在不影响育苗工作需要的原则下，辅助用地面积越小越好。根据国家林

表 4-3　辅助用地面积计算表

序号	名　称	长度(m)	宽度(m)	面积(m²)	合　计
1					
2					
3					
…					
合计					

业局在国有苗圃技术规程中的规定,苗圃辅助用地面积不得超过苗圃总面积的20%~25%。计算结果填入表4-3。

(2)区划

通过苗圃地区划,充分合理地利用土地,便于生产管理。区划时首先熟悉各种图面材料,结合生产任务、各树种苗木特性、所需面积、苗木培育期内各技术过程及应用的机具与自然条件等进行综合考虑,可得出一个区划的初步方案,将此初步方案勾绘成草图。在对初步方案征求意见修改之后,即可进行正式区划。苗圃区划时,还应注意以下事项:

①道路网的设置要结合经营条件和交通的需要,无论已有的或将要设置的道路,需要保证能通到苗圃的各个生产区。苗圃的道路网应保证在苗圃内所用的车辆、机器和机具通行方便,而且有能转弯的地方(最好用周围圃道)。运输较大的苗圃主干道应保证两辆对开的汽车或拖拉机通行。其支干道能供一辆汽车或拖拉机通行即可。在保证上述原则下,应尽量使其占地面积达到最小。

②苗圃场院的面积无一定规定,应根据具体情况设置,一般为 0.2~1 hm^2。

③灌溉和排水渠道的设置要根据地形、水文等因子进行安排,灌溉的方向必须与耕作方向一致,输水的距离不宜太远。

④苗圃建筑物不应占用好地,但以选择地势高、排水良好且全圃使用方便的地段为宜。为了便于运输工作,苗圃建筑物应设在重要交通线附近以便汽车和其他交通工具能直接到达。

⑤苗圃耕作区的面积一般以 1~3 hm^2 为宜。在耕作区中为了灌溉方便,还应区划出几个灌溉水区,灌水长度一般以 50 m 左右为宜,如灌水距离太长,会给灌溉工作带来许多困难。

⑥苗圃的防护林生物篱或死篱等根据需要而设,原有的能利用则尽量利用。

(3)绘制平面图

根据区划的结果绘制苗圃区划平面图,比例尺用 1∶2000。平面图上要标示出各类苗木生产区和轮作区、道路、井、灌溉和排水渠道、建筑物、场院及防护林等的位置。对于道路和排灌系统的规格以及区划原则等,应有简单的说明。

(4)各树种育苗技术措施设计

该部分是课程设计的核心部分,设计的中心思想是:以最少的费用,从单位面积上获得优质高产的苗木。为此要充分运用所学理论,根据苗圃地的条件和树种特性,借鉴生产实践中现有的先进经验,拟定出先进、正确的技术措施。

技术设计要按树种分别说明育苗各个工序的技术措施，并扼要说明采取这些措施的理由。如某个树种育苗工序在措施上与另一树种相同时可略，提出"参照××树种"便可。

① 1年生播种苗一般培育工序设计

整地、施基肥、作床：要说明整地时间与要求，施用基肥种类、数量和方法，苗床长度、宽度、高度、步道沟、边沟、中沟的宽度和深度。

播种和播种地管理：制定播种前种子处理的方法、播种方法、播种时期、播种量等，播种地管理主要拟定覆盖物、灌溉、除草、揭草等措施。

苗木抚育：拟定除草、松土、灌溉、追肥、间苗、遮阴和病虫害防治等抚育措施，要说明各项措施进行的具体要求。

苗木出圃：拟定起苗、分级、统计、假植、包装等措施。

② 1年生扦插苗一般培育工序

枝条的采集和制穗：说明采条母树来源和选择标准、采集时期、插穗截取方法（长度、粗度、切口部位、形状等）。

整地、施基肥和作床：叙述和分析的项目同播种苗培育。

扦插：说明扦插前对插穗的处理、扦插时期、扦插株行距、扦插深度等。

苗木抚育：根据扦插苗培育特点，在抚育内容中有针对性地选择叙述抚育方法。

苗木出圃：拟定起苗、分级、统计、假植、包装等措施。

根据接受的设计任务和所规定的育苗树种及其特性，与圃地条件密切结合，将各树种的育苗技术措施安排妥当。然后把拟定好的育苗措施按完成的年、月及旬的次序填入表4-4，并结合使用的机具写好技术措施要点说明书。

表4-4以亩为设计单位，计算时必须按照相关部门所批准的劳动定额和物料定额与定价进行，依据育苗技术措施的要求，分别填入表4-4内，即可计算各项育苗技术措施的育苗费。

育苗技术措施是对表4-4的说明。设计时，要按作业年度、作业顺序逐项说明其要点，基本技术不再赘述。每一作业年度结束时，要空1格，在第3栏写"小计"。并将7～15栏内的数字分项进行累计。全部作业年度结束时，将各小计进行合计，即可得出某树种育苗措施所需的各种工日及其价值。

3）成本估算

在苗木生产过程中，如何提高苗木单位面积产量、质量和降低成本，是苗圃经营管理的中心环节。成本计划就是计划管理中的一项重要内容。

苗木成本可分为直接成本和间接成本两部分。凡是根据能够直接记入某种苗木生产的人工、畜工、机工、种子、肥料、物料、药料等费用计算出来的苗木成本为直接成本；凡是根据不能直接记入某种苗木，而又必须分摊到各种苗木上的费用（如各项折旧费、人员工资、公杂费、管理费、维修费等）计算出来的成本为间接成本。直接成本和间接成本加在一起叫作综合成本，或简称成本。通常所说的苗木成本，就是指的综合成本。苗木成本一般用元/千株或元/亩来表示。

（1）每年育苗费用计算

根据任务书中所规定的育苗特点及苗圃地的环境条件，进行全面设计，并且附有各项技术的说明。

做每年育苗技术设计时,根据表4-4的格式将育苗全年的生产过程,如施肥、整地、播种、抚育和苗木出圃等项进行全面具体的设计。填表的顺序要根据作业的顺序年、月及旬逐天填写。

表4-4 育苗技术措施及劳、畜、机力支出表

编号	工作时间		工作名称	计算单位	总工作量	小组每日的工作定额	小组人数	所需的总劳动日			每日工资(元)			合计(元)		
	年	月/旬						拖拉机	畜工	人工	拖拉机	畜工	人工	拖拉机	畜工	人工
1	2	3	4	5	6	7	8	9	10	11	12	13	14	15	16	17

表4-4的内容要按树种和苗木种类分别填写,具体内容如第4栏要根据各项育苗技术实际生产工序的先后,按年、月及旬的次序分别填入,其他各栏根据表中的规定参考定额表填写和计算。

苗圃辅助地的除草和修排水沟等的开支,要列在表4-4之后单独计算,因为这些费用将分摊到各种树种的苗木。

在表4-4之后要有一个既有理论又有具体措施的设计说明。说明书的主要内容包括培育苗木全部生产过程中的育苗技术说明。例如,施肥和整地,说明在何时用何种肥料、用量、施用方法、深度、使用的工具及其必要的事项说明。

至于苗木的抚育保护工作,要说明目的、技术要求、开始与停止时期和必要的理论分析以及有关项目总的次数等。

说明的内容要全面且有必要的理论分析,不能简单地照抄笔记和教科书。

此外,在说明中要指出对于苗圃辅助用地的管理要求和次数。

(2)种苗量和三料用量的计算

将每年对各树种的育苗技术设计完成了之后,根据设计的内容去计算所需要的种子、苗木、肥料、药料和物料的数量及其费用。

①种子量的计算 种子的数量和费用可利用前面计算出的播种地的面积计算(表4-5),种子的价格可通过调查市场或相关人员获得。播种量可根据公式计算。

表4-5 种子用量及费用计算表

编号	树种名称	面积(hm^2)	1 hm^2 面积上播种行总长(m)	播种区播种行的总长(m)	1 m长的播种量(g)	需要的种子总量(kg)	1 kg种子的价格(元)	种子总价(元)
1	2	3	4	5	6	7	8	9

②苗木的计算　培育移植苗时，要计算苗木的数量及其所需的费用(表4-6)。

③三料的计算　三料是指肥料、药品和其他表中不能列入的物品，如荫棚、草类作物或牧草的种子等。根据所设计的每年育苗的技术内容，计算三料的用量和价格，计算结果填入表4-7。

表4-6　苗木(或插穗)用量及费用计算表

编号	苗木(或插穗)的名称	面积(hm^2)	育苗图式	每公顷所需要的苗木(或插穗)数	总面积共需苗木(或插穗)数	每千株苗木(或插穗)的价格(元)	总价(元)
1	2	3	4	5	6	7	8

表4-7　三料用量及费用计算表

编号	品名	单位	每公顷的用量	施用面积(hm^2)	施用总量	单价(元)	总价(元)	备注
1	2	3	4	5	6	7	8	9

(3)全年工作计划及人员编制

①全年工作计划(表4-8)　根据每年育苗技术设计中各种工作名称、时期，所需的拖拉机日、畜工日和人工日编写全年工作计划，将表4-4中的作业名称转入本表中，但拖拉机日、畜工日、人工日要记在完成该项工作的相应月份栏内，将相同工作名称的拖拉机日、畜工日、人工日加到一起转到本表的相应月份中。

全年的工作计划表要按年编制，以说明每年工作对拖拉机、畜工和人工的需要量，在各月栏内算出总数，根据总数可以计算出每月所需的拖拉机、畜力及人力，并计划怎样来满足这些需要。

表4-8　苗圃全年工作计划表

编号	作业名称	1月			2月			3月			4月			5月			6月		
		拖拉机日	畜工日	人工日	拖拉机日	畜工日	人工日	拖拉机日	畜工日	人工日	拖拉机日	畜工日	人工日	拖拉机日	畜工日	人工日	拖拉机日	畜工日	人工日
1	2	3	4	5	6	7	8	9	10	11	12	13	14	15	16	17	18	19	20

(续)

编号	作业名称	7月			8月			9月			10月			11月			12月		
		拖拉机日	畜工日	人工日	拖拉机日	畜工日	人工日	拖拉机日	畜工日	人工日	拖拉机日	畜工日	人工日	拖拉机日	畜工日	人工日	拖拉机日	畜工日	人工日
		21	22	23	24	25	26	27	28	29	30	31	32	33	34	35	36	37	38

② 工具计划　根据固定工人的人数和全年工作计划表中每月的用工量和畜工日来确定手工具和畜力工具的数量，并计划其总价和 1 年折旧费。计算折旧费用填入表 4-9，该表的折旧费的分配原则见建圃开支费用计算部分。

③ 人员编制　一个固定苗圃应有固定工人，固定工人的人数见表 4-10。

表 4-9　手工具和畜力工具等费用表

编号	工具名称	数　量	单价(元)	总价(元)	使用年限(年)	1 年的折旧费总额(元)

表 4-10　苗圃工作人员编制表

职　别	人数	每月工资	每年工资	备注
苗圃主任				
技术员				
会计员				
勤杂人员				
合　计				

(4) 建圃开支费用计算

建圃开支费用指建圃时所需要做的，在以后育苗工作中不再每年重复进行的工作项目的设计。如建筑物、道路、灌溉和排水渠道、修建蓄水池，营造防护林或生篱，开荒整地及农耕地，不再每年重复进行的浅耕灭茬等工作项目所用之费用。除了上述项目之外，在新建苗圃的工作中，还要考虑圃地测量、平整圃地、苗圃区划和改良土壤等工作。计算建圃开支时，可参照表 4-11。

表 4-11　建圃一次性开支及其折旧费表

编号	项目	计算单位	总工作量	单位价格（元）	总价（元）	折旧期（年）	1 年的折旧总价（元）	各种苗木应得的折旧费（元）			
1	2	3	4	5	6	7	8	9	10	11	12

（5）苗木成本的计算及说明

苗木成本包括直接成本和间接成本，直接成本是直接用于该苗木的生产费用，如育苗费和三料费等。而间接成本不是直接用于该种苗木的费用，如建圃开支、苗圃支出预算、工具折旧费（如手工具和畜力工具折旧费）等。

苗圃支出预算包括干部和勤杂人员的工资、办公费、建筑物的每年修缮费和工人的福利费等开支。计算时可参照表 4-12、表 4-13。

苗圃支出预算，在实际生产中有时每个项目都要单独编制预算，但在本课程设计中大概计算总额即可。

表 4-12　苗圃支出预算表　　　　　　　　　　　　　　　元

支出项目	总　　价
工资	
办公费	
建筑物每年修缮费	
其他	
合计	

表 4-13　苗木成本估算　　　　　　　　　　　　　　　元

开支项目	苗木的成本				
1	2	3	4	5	6

支出预算计算完之后，可计算苗木的生产成本。计算苗木成本时应用表 4-13，将表 4-4 至表 4-7 的费用转到表 4-13 有关的苗木栏内，将表 4-9 和表 4-11 两表的 1 年折旧总额和表 4-12 的合计，按苗木每年所占地的面积或每年育苗费的总额成正比地分配给有关的

苗木。如此将各种苗木的直接生产费和间接生产费相加即得苗木的成本。播种以千株为计算单位，移植苗和插条苗以百株为计算单位。

五、课程设计报告

(1) 撰写苗圃调查规划设计说明书。
(2) 完成相关表格的计算、填写。
(3) 完成苗圃规划设计图制作。
(4) 撰写实习总结。

> **附：苗圃调查规划设计说明书编写提纲**
>
> 设计说明书是苗圃规划设计的文字材料，它与设计图是苗圃设计2个不可缺少的组成部分。图纸上表达不出的内容，都必须在说明书中加以阐述。一般分为总论和设计两部分进行编写。
>
> 1 总论
>
> 主要叙述该地区的经营条件和自然条件，并分析其对育苗工作的有利和不利因素，以及相应的改造措施。
>
> 1.1 经营条件
> ①苗圃位置及当地居民的经济、生产及劳动力情况；
> ②苗圃的交通条件；
> ③动力和机械化条件；
> ④周围的环境条件(如有无天然屏障、天然水源等)。
>
> 1.2 自然条件
> ①气候条件；
> ②土壤条件；
> ③地形与水源；
> ④病虫害及植被情况。
>
> 2 设计部分
> 2.1 苗圃的面积计算
> 2.2 苗圃的区划说明
> ①耕作区的大小；
> ②各育苗区的配置；
> ③道路系统的设计；
> ④排、灌系统的设计；
> ⑤防护林带及篱垣的设计。
> 2.3 育苗技术设计
> 2.4 建圃的投资和苗木成本计算
>
> 3 结语

课程设计 2　造林调查规划设计

一、课程设计目的

　　工程造林是把植树造林当作工程项目,需要建立一整套先进、集约、科学的管理体系,包括立项、论证、审批、招标、造林规划设计、施工、工程管理、质量验收、监理等过程。它是一个系统工程,首先要进行造林调查规划设计。

　　造林(afforestation)调查规划设计是工程造林前一项极其重要的工作,它可以统筹安排工程造林工作中的各个方面,如合理安排造林树种、密度、配置、幼林抚育、年度计划等。

　　本次设计是进行造林调查设计。造林调查规划设计是林学专业学生的基本功。通过实习,要求学生了解林业在国计民生、生态环境建设中的作用;掌握造林调查规划设计方法、步骤及关键技术要点;学会编写造林调查规划设计说明书。

二、课程设计材料与用具

1. 定位工具

1:10 000 地形图、GPS。

2. 植被测定用具

罗盘、标杆、测绳、围尺、测高器、角规、坐标纸、皮尺、各种林木测量用表。

3. 土壤测定用具

土壤小铲、小刀、pH 试剂、小瓷板、土壤袋、地质锤、土壤筛、环刀、铝盒、锄头、铁锹、土钻、标签。

4. 气象观测用具

风速计、照度计、温度计、相对湿度计、土壤温度计、气压计、辐射热计、自记降雨计。

5. 其他

方格纸、铅笔、橡皮、记录表格、记载板。

三、课程设计内容

　　(1)调查规划设计的准备。
　　(2)造林地区概况调查。
　　(3)经营区划。
　　(4)造林规划设计,包括林种规划、树种选择、各项造林技术要求和指标。
　　(5)附属工程规划设计。

(6)成本概算和经济效益分析。

四、课程设计方法与步骤

(一)准备阶段

1. 明确任务

(1)了解造林面积大小、地理位置、林业相关方针政策、营造林种、资金来源与额度、年度安排。

(2)座谈了解造林区域范围内乡土造林树种、病虫害、火灾、雪灾等,立地特点(气候、土壤、地形),常规生产技术措施。

(3)进行完成设计任务的可行性论证,必要时通过踏查及典型调查以验证原立项文件和设计任务书中规定内容的可行性,编制总体设计原则方案,报主管部门审批并得以制定本次调查设计工作细则及进度计划。

2. 收集资料

(1)林业经营的历史资料,如林业区划图、地形图、土壤类型图、植被分布图、乡土造林树种及其生物学特性与生态学特性;气象、地形、土壤、地质、水文、病虫害及森林火灾。

(2)劳力来源与单价、交通状况、小径材销路及价格、木材价格等。

(3)1:10 000 地形图、植被调查、土壤测定及气象观测等仪器。

3. 人员组织与培训

(1)人员组织

根据任务大小组织技术人员,要求参与人员具有林业专业背景,受过林学专业教育。

(2)培训

学习有关方针政策和林业技术规程,明确任务和要求,对组织的人员进行专业培训(立地类型划分主导因子选择、植被调查、土壤测定),要求统一调查项目、方法、表格、精度等,制订工作计划与步骤。

组织稳定队伍,明确分工,在进行技术培训的前提下进行现场试点练习及考核。

(二)外业阶段

1. 补充测绘工作

一般用 1:10 000 比例尺地形图,并配以比例尺的航片、卫片作宏观参考。如上述地形图或航片图不能满足外业调查的要求,或图片陈旧,则要求补充测绘。

2. 土地利用规划

将调查区内的山、水、林、田、路,农、林、牧、副、渔业进行全面合理的安排并落实到地块。与当地政府部门反复研究,明确土地利用规划的原则,把土地利用方向落实到地块。明确宜林地的林种布局规划。

3. 实地踏查

(1)确定造林调查规划设计区域范围及界线,并在地形图上进行标注。

(2)选择踏查路线。在地形图上选择一至多条踏查路线。踏查路线选择要通过造林区内所有不同的立地条件;在满足上述条件下,踏查路线要最短。

(3)通过踏查了解造林区域内地貌、土壤、母岩、植被、森林经营概况、病虫害、社会经济状况;掌握设计区内立地因子的变化规律;初步确定立地条件类型划分的依据。了解并记载如下内容:

①造林地地类　分为荒山荒地、农耕地、采伐迹地、火烧迹地、已局部更新的造林地、林冠下造林地、采矿迹地等。

②造林地的地形条件　记载坡度、坡向、坡位、海拔因子,对造林地上的立地类型与分布进行目测并记载。

③造林地小气候特征　结合造林地地形、地势与植被状况,分析记载造林地光照条件、温湿度条件。

④幼树组成、数量及分布　采用样方调查方法确定。

⑤地表植被状况　灌木、杂草种类、频度、盖度等,采用样方调查方法进行。

⑥具有指示意义的地表植被。

⑦可能的限制因子　依位置、地形、地势、土壤、海拔、植被等分析造林地上是否存在如下限制因子:

干旱:坡地上部、山脊、土壤瘠薄、岩石裸露及坡度较大的地段;

水湿:坡地下部、谷地、坡度平缓或山地反坡地段;

霜害:空气流动不畅的沟谷地段、平缓坡地地表植被稀少地段;

风害:依地形分析是否位于风口;

雪害:依地形分析是否为冬季积雪地段;

动物危害:包括啮齿类动物、牲畜、病虫害,依造林地位置分析牲畜活动,由地表植被受害症状分析病虫害种类及程度;

人类活动频度:依位置和造林地上的迹象分析人为活动;

作业难度:由地形、地势、海拔、位置、交通状况等分析。

4. 土壤调查

在有代表性的地段,挖掘3个土壤剖面:其中1个主要剖面,2个辅助剖面。

观察并记载如下内容:

①腐殖质层厚度(A层)　依厚度分为3个等级:薄层(<10 cm);中层(10~20 cm);厚层(>20 cm)。

②土层厚度(A+B)　分为3个等级:薄层(>30 cm);中层(30~60 cm);厚层(>60 cm)。

③石砾含量　依石砾含量分为:轻石质(<40%);中石质(40~60%),中石质(>60%)。

④土壤湿度　分5级:

干:无凉意,吹时有飞尘;

润:有凉意,吹时无飞尘;

湿润:有潮湿感,能捏成团,能使纸变湿;

潮湿：使手湿润，能揉成团，无水流出，黏手；
湿：用手压时，有水流出。

⑤土壤质地　分为5级：

沙土：松散，湿时不成团，捏时沙性感强，有沙沙声；

沙壤土：易散，捏时有沙性感，湿时能成团但不成条，有轻微沙沙声；

壤土：湿捏无沙沙声，微有沙性感，揉成条易断；

黏土：面粉感觉，可搓成条，或压成土片，有裂痕；

重黏土：黏性、韧性强，手捏时光滑，可塑性强，可压成大片，无断裂。

⑥土壤紧实度　依土壤刀插入和拔出的用力程度分为4级：

疏松：稍加压力即可插入；

松散：加压力时顺利插入；

紧实：用力能插入，拔出稍难；

极紧：用大力时能插入，取出很困难。

⑦记载土壤新生体　包括假菌丝体、石灰结核、铁锰胶膜、锈斑等。

⑧生物活动　根系分布层次、深度、菌丝体、土壤害虫、土壤有益动物等。

⑨土壤pH值和碳酸盐反应　用pH试纸测定土壤酸度，分为：

酸性土：pH<5.5；

微酸性土：pH 5.5~6.5；

中性土：pH 6.5~7.5；

微碱性土：pH 7.5~8.5；

碱性土：pH >8.5。

用10%稀盐酸测定碳酸盐反应，依声音、气泡有无和反应强弱分为无石灰、含量中等和含量高。

⑩水文状况　观察记载地下水位高低，分析季节性积水的可能性。

由以上调查结果分析造林地的主导因子、限制因子和潜在生产力高低。

5. 立地类型划分

(1) 根据踏查及土壤植被调查结果，找出该区域内影响林木生长发育的主导因子作为划分立地类型的依据，主导因子可以是一至多个。

(2) 进行立地质量的评定和立地的类型划分。

(3) 分析各立地因子对林木生长的影响，找出影响林木生长发育的主导因子。对入选的各个主导因子进行等级划分，如：

海拔：>3000 m，3000~1500 m，1500~800 m，>800 m；

坡向：东坡、南坡、西坡、北坡、东南坡、东北坡、西南坡、西北坡等；

坡位：上坡、中坡及下坡；

土壤类型：第四纪红壤、红壤、黄壤、棕壤、冲积土、紫色土、石灰土等；

土壤厚度：>100 cm，100~40 cm，<40 cm；

母岩：花岗岩、板岩、石灰岩、页岩、砂岩等；

地下水位：>80 cm，80~60 cm，60~20 cm，<20 cm。

立地类型命名一般直接用主导因子命名，此法简单、易于掌握、应用广泛，如：

上坡—干旱—薄土层

中坡—板岩—中土层

北亚热带—低山—页岩—厚土层

依据造林范围与面积大小，主导因子可能是一个，也可能是多个。如果范围较大，立地类型划分则可以形成立地分类系统。

(4) 编制立地类型表。

(5) 初步典型造林设计。

6. 林班区划、小班勾绘与小班调查

为了管理方便及把设计落实到适当地块，在造林区域范围内进行林班区划。对一个县来说，区划系统为：乡—村—林班—小班。现场绘制在图上，工区一级的边界最好与地方行政边界一致。

(1) 林班区划

面积 $100 \sim 300 \, hm^2$，林班界应尽量利用明显的地形地物标志进行区划，如河流、道路、铁路、山脊线。

(2) 小班勾绘

小班是造林设计和施工的基本单位。小班内条件基本一致，如地类相同、权属一致、立地条件相近、林分结构(林分组成、年龄、密度)基本一致、生产技术措施相同，小班面积一般为 $0.5 \sim 3.0 \, hm^2$。一般同一小班属于同一林分。

(3) 小班专业调查

包括林分与植被调查、土壤调查、进行小班专业调查。填写造林地小班调查表(表4-14)和造林作业区现状调查表(表4-15)。

表4-14 造林地小班调查表

县____ 乡____ 村____ 林班：

小班号	面积(hm^2)	地形			土壤				植被				散生木			立地类型号	造林典型设计	备注
		坡度(°)	坡向	坡位	土层厚(cm)	质地	干湿度	石砾含量(%)	草本		灌木		树种	高度(m)	胸径(cm)	每亩株数			
									总盖度(%)	优势种	总盖度(%)	优势种							

调查者： 调查日期：

表 4-15 造林作业区现状调查表(正面)

编号:	日期: 年 月 日		调查者:	
位置 县(市、区) 乡镇(苏木、林场) 分场 村屯(工区) 林班 小班 细班					
地形图图幅号:	比例尺:		公里网范围: 东 南 西 北	
作业区实测面积: hm²(精确到 0.01),相当于 亩(精确到 0.1)				
造林作业区立地特征:				
地貌类型:①山地阳坡;②山地阴坡;③山地脊部;④山地沟谷;⑤丘陵;⑥岗地;⑦阶地;⑧河漫滩;⑨平原;⑩其他(具体说明)				
海拔: m	坡度: °	坡向:		坡位:
地类:①宜林地;②湿润区沙地;③皆伐迹地;④火烧迹地;⑤疏林地;⑥低价低效林地;⑦退耕还林地;⑧干旱区有灌溉条件的沙荒地;⑨道路河流沟渠两侧;⑩其他(沼泽地、滩涂、盐碱地等)				
母岩类型:①第四纪红色或黄色黏土类;②花岗岩类;③页岩、砂页岩类;④砂岩类;⑤紫色砂页岩类;⑥板岩等页岩变质岩类;⑦石灰岩类;⑧玄武岩类				
土壤类型:		土层厚度(cm):A1 层____,AB 层____,B 层____,C 层____。		
石砾含量(%):	pH 值:	质地:①砂土 ②砂壤土 ③轻壤土 ④中壤土 ⑤重壤土 ⑥黏土		
植被类型:		盖度(%):总盖度 ;乔木层 灌木层 草本层		
主要植物种类中文名(拉丁名)	生活型	多度	盖度(%)	分布状况	高度(cm)
小气候述评(光照、湿度、风害、寒害等):				
需要保护的对象:				
树木生长状况及树种选择建议:				
社会、经济情况:				
总评价(立地条件好坏、利用现状、造林难易程度、有无水土流失风险、有无需要保护的对象,权属是否清楚、交通是否方便、退耕地的耕作制度与收成、适宜的树种、整地方式、栽植配置等);				

表 4-15　造林作业区现状调查表(背面)

面积测量野账与略图：

填表说明：

1. 造林作业区立地特征中地貌类型、地类、母岩、土壤质地等项用选择法填写，选择其一，将前面的号码涂黑。其他各项填写实际数。

2. 植物种类的生活型分为：高大乔木、乔木、小乔木、灌木、小灌木(处于草本层)、半灌木(冬季部分枝条脱落)、多年生草本、1年生草本、藤本、附生、寄生。

3. 主要植物的多度记载采用目测法确定，用符号或文字表示各级多度：soc. 为植株密集成背景化，cop3 为植株数量很多，cop2 为植株数量多，cop1 为植株尚多，sp 为数量少呈散生状，sol 为稀少，un 为个别。

4. 主要植物分布状况分为 5 级：均匀，密布，团状，片状，散生。

(4) 小班归并

依据小班专业调查的结果将小班归并到不同立地类型。

7. 专项工程规划设计

苗圃、林场布局、防火措施、多种经营项目等。

8. 外业检查和初步整理

检查核对资料，对漏、缺、错项及时返工或补充。

(三)内业阶段

1. 修正与调整

修正立地类型表及造林设计，平衡林种比例、树种比例，确定或修正各小班的设计方案及各项规划设计方案。

2. 典型造林设计

依据立地类型进行典型造林设计和替代典型造林设计。填写表 4-16 或表 4-17。

表 4-16　造林典型技术设计表

立地类型	编号	树种	造林时间方法	混交方式	整地方法	苗木规格	株行距及每亩株数	每亩需苗量	抚育管理	其他

表 4-17 湿地松(马尾松)×栎类混交用材防护林造林设计示例

造林设计		图 示
立地类型号	中山区花岗岩中坡厚土层立地类型	
造林树种	湿地松(马尾松)×栎类(或枫香、枫杨、刺槐)	
株行距	2.2 m×2.2 m	
初植密度	2000 株/hm²(133 株/亩)	
混交方式	小块状混交或带状混交	
混交比例	湿地松(马尾松)70%,栎类(或枫香、枫杨、刺槐)30%	
配置方式	品字形配置	
林地清理	不进行林地清理	
整地方式及规格	穴状整地,50 cm × 50 cm × 50 cm	
造林方式	植苗造林	
苗木类型	实生苗	
苗木年龄	1~0	
苗木等级	Ⅰ、Ⅱ级	注:沿等高线作业,种植点品字形配置
幼林抚育	穴抚	

3. 统计表格

包括劳力、种苗、资金、面积、物资(表 4-18 至表 4-21)。

表 4-18 种苗需要量表

林场:　　　　　　　营林区:　　　　　　　林班:

小班	面积(hm²)	树种	种 子		苗龄(年生)	每亩用量(株)	总计用量(株)	备注
			每亩用量(kg)	总计用量(kg)				

计算者:　　　　　　　　　　　　　　　　　年　　月　　日

表 4-19 劳力畜力机械用工量统计表

林场：　　　　　营林区：　　　　　林班：

小班作业面积项目	用工量			备注
	人工日	畜工日	机工日	

计算者：　　　　　　　　　　　　　　　　　　　年　月　日

表 4-20 造林用工经费概算表

营林区	林班/小班	面积（亩）	作业内容													病虫鼠害防治	准备工作	辅助作业	金额总计（元）
			割带		整地		造林		幼林抚育										
							植苗（直播）		第一年		第二年		第三年						
			需工数	金额（元）	需工数	金额（元）	需工数	金额（元）	需工数	金额（元）	需工数	金额（元）	需工数	金额（元）					

表 4-21 经费预算表

序号	项目	计算说明	数量	单位	计算指标	指标组成	经费预算(万元)				
							种苗	物资	劳力	其他	合计
合计											

4. 小班卡制作

依据小班调查结果制作小班卡片，并进行小班卡编号。

5. 基本图绘制

在 1∶10 000 地形图上根据林班区划及小班调查结果绘制土地利用现状图、立地类型分布图和造林设计图。

6. 造林任务年度安排

进行造林顺序、年度任务及劳力安排。在年度任务分配时依据先效益高地段后效益低地段、先易后难地段、先近后远地段、先集中后分散地段的原则进行安排。

7. 造林调查规划说明书编制

造林调查规划设计说明书由题目、前言、造林设计原则、自然及社会经济概况、造林设计、年度作业、结语等部分组成。各部分基本要求如下：

(1)题目：××××造林调查规划设计说明书。一般以造林区域地名加"造林调查规划设计说明书"即可。

(2)前言：在此说明任务来源(资金来源)、造林目的(林种)及意义、面积及区域范围、完成造林任务期限等。

(3)造林设计原则：主要依据造林目的制定造林设计原则。

(4)造林区域自然概况：分别表述气候、水文、土壤、母岩、地形等立地条件。

(5)造林区域社会经济概况：分别表述行政区域、范围、面积、人口、土地利用、交通、劳力、农业产品构成等。

(6)造林调查规划设计：包括立地类型划分(表 4-22)、立地类型命名、立地类型表编制、典型造林设计。

表 4-22 麻城立地类型表

母岩	坡位	土层厚度	立地类型	立地类型号
花岗岩（片麻岩）	上坡	薄土层	中山区花岗岩上坡薄土层立地类型	1
	中坡、下坡	薄土层	中山区花岗岩中坡薄土层立地类型	2
		中土层	中山区花岗岩中坡中土层立地类型	3
		厚土层	中山区花岗岩中坡厚土层立地类型	4
	山凹	中土层	中山区花岗岩山凹中土层立地类型	5
		厚土层	中山区花岗岩山凹厚土层立地类型	6
	山脊	薄土层	中山区花岗岩山脊薄土层立地类型	7
石英岩	上坡	薄土层	低山区石英岩上坡薄土层立地类型	8
	中坡、下坡	薄土层	低山区石英岩中坡薄土层立地类型	9
		中土层	低山区石英岩中坡中土层立地类型	10
		厚土层	低山区石英岩中坡厚土层立地类型	11
	山凹	中土层	低山区石英岩山凹中土层立地类型	12
		厚土层	低山区石英岩山凹厚土层立地类型	13
	山脊	薄土层	低山区石英岩山脊薄土层立地类型	14
第四纪黏土	中下坡	厚土层	低丘区第四纪黏土中下坡中土层立地类型	15
		薄土层	低丘区第四纪黏土中下坡厚土层立地类型	16

(7)年度作业：根据造林任务分配到不同年份，列出各年造林面积、小班号、苗木、劳力、资金等。填写相应的表格(表4-23)。

表 4-23　年度造林作业设计一览表

乡镇(林场、经营所)：

作业区	村屯	面积		苗木(株)			种子(kg)			化肥农药(kg)			其他		用工量	经费
		(hm²)	(亩)	苗木1	苗木2	…	种子1	种子2	…	名称1	名称2	…			(工日)	(万元)

(8)后语：在此主要表述造林调查规划设计过程及将来施工过程存在的问题，提出可能解决的方法；森林经营意见与建议。

8. 终审造林调查设计成果

在调查设计全部内业成果初稿完成以后，由上级主管部门对设计全面审查，修正后上报，批准后实施。

五、课程设计报告

(1)绘制相关的图纸：土地利用现状图，造林规划设计图，林班、小班区划图。
(2)计算完成相关土地面积、三料、资金等表格。
(3)撰写造林规划设计说明书。

附：造林作业设计说明书编写提纲

1　总论

1.1　位置与范围：所在的行政区域、林班、小班、界限、面积。

1.2　经营权所有人、现在的承包人。

1.3　施工单位：单位名称、法人。如系个人应注明姓名、性别、年龄、职业与住址。

1.4　设计单位与设计负责人：单位名称、资质，设计负责人姓名、职称。

1.5　造林作业区现状：

立地条件：海拔、地形地貌、土壤、母岩、小气候等及其对造林的影响；

植被现状：群落名称，主要植物(优势种与建群种)种类及其多度、盖度、高度、分布状况、对造林整地的影响等，如为农田要说明近期耕作制度、作物种类、收成、退耕的理由。

1.6 指导思想与原则
2 设计部分
2.1 造林种草设计：林种、树种(草种)、种苗规格，整地方式方法、规格，造林季节、造林方式方法、更新改造方式，结构配置(树种及混交方式、造林密度、林带宽度或行数)。
2.2 幼林抚育设计：抚育次数、时间与具体要求等。
2.3 辅助工程设计：林道、灌溉渠等辅助工程的结构、规格、材料、数量与位置；防护林带沙障的数量、形状、规格、走向、设置方法。
2.4 工程进度：整地、造林的年度、季节。
2.5 工程量统计：各树种草种种苗量，整地穴的数量，肥料、农药等物资数量，辅助工程的数量(个、座、kg、hm^2、km、m、m^2、m^3等)。
2.6 用工量测算：分别计算造林种草和辅助工程所需用工量，按造林季节长短折算劳力。
2.7 经费预算：分苗木、物资、劳力和其他四大类计算。
3 结语

课程设计3 抚育间伐作业设计与施工

一、课程设计目的

抚育间伐是森林培育技术中重要的管理措施，是按森林经营目标调整林分组成、降低林分密度、改善林木生长条件、促进林木生长、缩短林木培育期、清除劣质林木、提高林分质量、实现早期利用、增强林分抗性的经营措施。抚育间伐要求在对林分全面调查基础上，依据森林经营目标、树种特性及所处生长阶段、立地条件、社会经济状况等方面情况，确定抚育间伐方式与强度，并从作业量、技术措施、作业设施、投资收益等方面对间伐作业进行设计。因此，抚育间伐作业设计不仅是抚育间伐作业施工的依据，而且是保证森林抚育质量和成效最为重要的管理环节，在森林经营中占重要地位。

抚育间伐作业设计应遵循现场调查原则，坚持生态优先，以提高林分质量为宗旨，在充分考虑森林经营目标基础上，合理确定抚育间伐方式与间伐强度，做到技术上合理、方法上可行、经济上合算，从而指导林业生产、安排设备劳力以及下拨经营经费的依据，避免施工的盲目性。

本实习属《森林培育学》课程教学实习，目的是在《森林培育学》"森林培育技术"各章节理论教学基础上，通过森林抚育间伐作业设计的实践，了解森林抚育间伐的一般过程和方法，加深对森林抚育管理措施的理解，学习森林抚育间伐作业设计方法，掌握应用森林培育学理论知识指导林业生产实践的手段。

二、课程设计时间分配

本课程设计时间为1.5周，具体时间分配见表4-24。

表4-24 课程设计时间安排

序号	实习工作内容	时间(d)	实习工作要求
1	实习内容讲解和进度安排 实习资料和用具准备说明	0.5	(1)了解实习目的、意义、方法和步骤 (2)培养阅读资料和准备实习用具的能力
2	野外调查实践	4	完成各项外业调查工作
3	数据计算和资料整理	1.5	完成各项数据的计算和分析
4	撰写实习报告	2	完成实习报告
	合　计	8	

三、课程设计材料与用具

(一)文字资料准备

(1)规划设计地区的地质、地貌、水文、气象、土壤、植被等方面的资料。

(2)规划设计地区的社会经济情况，如人口、劳力、工农业生产、各类土地面积、交通、能源、国民经济建设对林业发展的要求等情况。

(3)当地林业经营的历史与现状，包括林业资源状况、主要林种、造林树种生长状况、林业生产的经验等情况。

(4)森林经营数表等(包括立地指数表、林分生长过程表等)。

(二)工具用品准备

(1)所需仪器

罗盘仪、GPS、1∶10 000地形图、测高器、计算器等。

(2)常规工具

锄头、砍刀、皮尺、标杆、角规、钢卷尺、围径尺、土壤刀、记录板、工具包等。

(3)必备文具

铅笔、橡皮擦、削笔刀、坐标纸、三角板、直尺、记录表格等。

四、课程设计内容

(一)资料和用具准备

相关文字资料的准备、必需的调查工具准备。

(二)野外实地调查

(1)林分踏查和初步调查。

(2)林分类型划分。
(3)样地调查。
(4)采伐木确定。
(5)质量检查。

(三)内业规划设计与数据统计

(1)调查资料检查与整理。
(2)间伐强度计算。
(3)投资概算和效益核算。

(四)实习报告撰写(森林抚育间伐设计说明书)

五、课程设计操作过程

课程设计过程按图4-1进行。

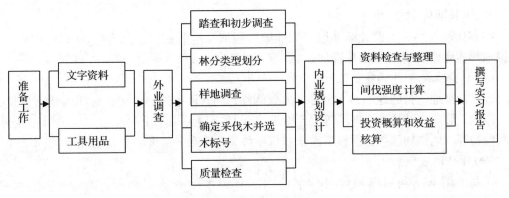

图4-1 课程设计过程导图

六、课程设计方法与步骤

(一)准备工作

(1)明确任务要求(培训调查学生,学习有关林业政策、规程、标准等)。
(2)成立调查设计小组(工程技术人员、经营者参加)。
(3)收集有关文字图表资料(林相图、地形图、森林资源状况、自然条件和社会经济条件等)。
(4)仪器、用具、物资准备。

(二)野外实地调查

抚育间伐作业设计的调查因子包括权属、林种、林分起源、树种组成、年龄、郁闭度、胸径、树高、林分密度、蓄积量、小班面积、乔木树种萌蘖、目的树种更新的幼苗幼树、立地因子以及灾害情况等。

1. 现有林分踏查

以森林资源调查数据为基础，根据集中连片原则确定踏查范围。从宏观角度判断现有林分是否应该进行间伐，初步确定间伐强度。并了解现有林分经营历史、当地社会经济状况和间伐材销路等情况。

在实地踏查基础上，根据森林经营目的、林分起源、树种组成、林龄、郁闭度、抚育方式、立地条件等，确定需要抚育间伐的边界及其作业区。间伐作业小班面积原则上不大于 20 hm^2，间伐作业小班面积测量采用 1:10 000 地形图调绘与 GPS 绕测。对每个作业小班应实测 1~4 个 GPS 控制点，并绘制到地形图上，至少拍摄一张反映林分现实状况的照片备查。同时进行间伐作业小班的初步区划、间伐方式选择、集运材道路和楞场的确定等。

2. 间伐林分类型划分

间伐林分的生长状况受所处立地条件和经营措施等方面的影响存在一定差异，因此，要对拟间伐的林分进行类型划分，可将间伐林分划分为好、中、差 3 个等级，针对不同的林分类型，制订相应的抚育间伐方案。

3. 标准地调查

在有代表性林分内设置标准地，标准地面积依据地形而定，一般为 20 m × 20 m。也可依据地形实际情况设置圆形标准地。

（1）林分立地条件调查

记录标准地所处的地名、小班号、地理位置，同时调查地形地势，标明山地、丘陵、平原、沙地、坡向、坡位及小地形等。土壤调查包括土壤种类、土层厚度、成土母岩及母质、土壤生物等。地被物调查包括林下灌木和草本种类、分布、盖度、生长情况等（表4-25）。

（2）林分调查

①每木调查　利用围径尺对标准地内所有树木逐株测定胸径，起测径级：幼龄林 4 cm，中龄林 6 cm，近熟林 8 cm；利用测高器测定标准地内所有林木高（临时标准地可按径阶抽测部分树木树高，每个径阶选测 1~3 株，中央径阶可测 3~5 株，以便绘制树高曲线）；利用皮尺测定东西冠幅（$CW_{东西}$）和南北冠幅（$CW_{南北}$）；并测定从地面到主干第一个活枝高。

②郁闭度　郁闭度是指林冠投影所占面积与林地总面积之比，是确定抚育间伐起始时间、重复期和间伐强度的参考指标之一。一般采用树冠投影法测定郁闭度。在标准地内先取有代表性的地段，设 10 m × 10 m 的样方，四边用测绳围好并设标桩，每边的测绳分十等分，然后在两对应的边上，每隔 1 m 拉一根测绳，则得 100 块 1 m^2 的方格，在方格内将所有林木分别进行定位，并逐株测量上、下、左、右 4 个方向的冠幅和活枝枝下高。在方格坐标纸上按 1:50 的比例将样方内的树木位置，按比例定位在方格纸上，用符号 △ 代表该林木的投影位置，再将该林木 4 个方向测得的冠幅按比例定 4 个点，用封闭曲线将 4 个点连接起来，即为该林木之间的树冠投影。

③林木分级　对标准地内的所有林木按生长分级法分级（按克拉夫特分级法分成五级、或按三级分类法分成三级）。

④健康及干形调查　调查标准地内各林木的健康状况或病虫害程度及干形情况（有无

枯梢、断梢、弯曲等)。

对标准地内林木进行每木检尺,测定立木胸径($D_{1.3}$)、冠幅(CW)、树高(H)、枝下高(h)。胸径以2 cm为单位进行分组,冠径以0.5 m为单位进行分组,胸径、冠幅、树高必须一一对应,记入每木调查表中(表4-26)。

表4-25 中幼龄林抚育小班调查设计表

调查日期: 　年　月　日　　　　　　　　调查者:

位置: 乡镇(林场) 村(林班) 小班号:			
小班面积(hm^2):			
地貌类型:①山地阳坡　②山地阴坡　③山地脊部　④山地沟谷　⑤丘陵 ⑥岗地　⑦阶地　⑧河漫滩　⑨平原　⑩其他			
海拔(m):	坡度(°):	坡向:	坡位:
林分因子 树种组成:			
郁闭度:	平均年龄:	平均胸径(cm):	平均树高(m):
公顷株数(株/hm^2):	公顷蓄积(m^3/hm^2):	保留木株数:	有害木株数:
目的树种天然更新情况调查 幼苗、幼树更新频度(株/hm^2):　　　　　　　　平均年龄: 生长状况:①良好　②较好　③一般　④较差			
土壤类型:		土层厚度(cm):	
林下植被种类		总盖度	高度(m)	分布状况
主要灌木:				
主要草本:				
抚育间伐作业设计:			
作业总面积(hm^2):	培育树种:	伐后培育树种株数百分比(%):	
伐前树种组成:		伐后树种组成:	
伐前郁闭度:		伐后郁闭度:	
伐前平均胸径(cm):		伐后平均胸径(cm):	
伐前平均树高(m):		伐后平均树高(m):	
伐前公顷株数(株/hm^2):		伐后公顷株数(株/hm^2):	
伐前公顷蓄积(m^3/hm^2):		伐后公顷蓄积(m^3/hm^2):	
株数间伐强度(%):		蓄积间伐强度(%):	
出材量:			
抚育投资概算			
总用工量:	总投资金额:	每公顷金额:	
人力用工量:	人员工资:		
畜力日数:	金额:		
机械台数:	金额:		
物质材料费:			

表 4-26　样地每木调查表

_____乡镇(林场)　_____村(林班)　_____小班　样地号_____　样地面积_____

树种											调查结论
径阶	保留木		有害木		保留木		有害木		保留木		有害木	
	株数	材积	株数	材积	株数	材积	株数	材积	株数	材积	株数	材积	

径阶	株数	材积	株数	材积	株数	材积	株数	材积	株数	材积	株数	材积	调查结论
6													一、林分现状:
8													1. 树种组成
10													2. 林龄　　　年
12													3. 平均树高　　　m
14													4. 平均胸径　　　cm
16													5. 郁闭度
18													6. 公顷株数　　　株
20													7. 公顷蓄积　　　m³
22													二、采伐强度:
24													1. 按株数　　　%
26													2. 按蓄积　　　%
28													三、保留:
30													1. 树种组成
32													2. 平均胸径　　　cm
34													3. 郁闭度
36													4. 公顷株数　　　株
平均直径													5. 公顷蓄积　　　m³
平均树高													
每公顷蓄积													

计算:　　　　　　　检查:　　　　　　　年　月　日

(3)标准地各林分因子的计算

①林龄　天然林中各林木的年龄不超过一个龄级时,划分为同龄林;超过一个龄级时,划分为异龄林。

林木平均年龄的计算:断面积加权平均法。

$$A = \frac{a_1 G_1 + a_2 G_2 + \cdots + a_n G_n}{G_1 + G_2 + \cdots + G_n} = \frac{\sum\limits_{i=1}^{n} aG}{\sum\limits_{i=1}^{n}}$$

式中,A 为平均年龄;a_i 为第 i 径级树木年龄;G_i 为第 i 径级树木的断面积合计;n 为径级个数。

②平均直径　根据每木测定的结果,依 2 cm 为一径阶,按径阶统计株数,小数点后的数字按四舍五入法处理,统计时按径阶表示株数的记号可用画"正"字法,每一"正"字表示 5 株,统计好后得各个径阶的株数合计,在"圆面积合计表"(森林调查常用表)中直

接查得每个径阶的圆面积,把各个径阶的圆面积合计相加,得标准地总断面积,被标准地总株数除,得平均断面积,依据平均断面积,反查圆面积—直径表,其相应的直径,即标准地平均直径。

$$g = \frac{G_1 + G_2 + \cdots + G_n}{N} = \frac{\sum_{i=1}^{n} G_i}{N}$$

式中,g 为平均面积;G_i 为第 i 径级断面积合计;n 为径级的个数;N 为林木总数。

根据平均断面积求得或查出平均直径。

③平均树高　按径阶求出每个径阶内树高平均值,在方格坐标纸上以横轴表示直径,纵轴表示树高,把各个径阶树高平均值点上,绘一条匀滑曲线,根据已求出的林分平均直径,在曲线上读出相应树高,即标准地林分平均高。

④郁闭度　将方格纸上绘测样方林冠投影图取出,先计算林冠投影所占方格面积与样方在方格纸上所应占有的方格面积之比,即为标准地总郁闭度。再从方格纸上计算林冠重叠部分面积,与样方林冠投影总面积之比,即得树冠重叠度。

⑤树冠长度　林木全高与活枝下高之差即为树冠长度。

⑥材积　根据树木平均高(H)和总断面积(G),按实验形数公式,算出标准地蓄积量(M)。

$$M = G(H + 3) + F_2$$

F_2 参见主要乔木树种实验形数表。

⑦疏密度　疏密度是现实林分的单位面积蓄积量(或断面积)与模式林分每公顷蓄积量(或断面积)相比求得,即疏密度。

4. 标准木的选择与伐倒测定

为确定该林分是否需要进行抚育间伐,需测定林分的生长量。林分生长量的测定要选取 3~5 株标准木作树干解析,可根据标准地平均树高和平均直径选取标准木,也可以采用径阶法选定标准木。

5. 间伐强度的确定

(1)依据胸高直径确定间伐强度(乌道特方法)

由林木胸径计算林分适宜密度 $N_{适}$(株/hm²),由现实林分密度 $N_{现}$ 与 $N_{适}$ 求间伐强度 ΔN。

$$N_{适} = \frac{10\,000}{0.164 d^{\frac{3}{2}}}$$

$$\Delta N = N_{适} - N_{现}$$

(2)依据树冠系数确定间伐强度

由标准地资料计算树冠系数:树冠系数 = H/D,再由树冠系数计算林分适宜密度 $N_{适}$(株/hm²),由现实林分密度 $N_{现}$ 与 $N_{适}$ 求间伐强度 ΔN。

$$N_{适} = \frac{10\,000}{\left(\frac{h}{5}\right)^2}$$

$$\Delta N = N_{适} - N_{现}$$

(3) 依据冠幅大小确定间伐强度

依据标准地资料，计算林分的平均树冠(CW)与树冠面积(S)大小，进而计算林分适宜密度 $N_{适}$(株/hm^2)，由现实林分密度 $N_{现}$ 与 $N_{适}$ 求间伐强度 ΔN。

$$CW = \frac{\sum_{i=1}^{n} CW_i}{n}$$

$$S = \frac{\pi \cdot CW^2}{4}$$

$$N_{适} = \frac{10\,000}{S}$$

$$\Delta N = N_{适} - N_{现}$$

ΔN 可为正值，也可为负值。ΔN 为正值时，即为砍伐每公顷株数；为负值时即为补植每公顷株数。

6. 间伐方式与间伐强度论证

(1) 采伐木确定原则

① 砍除非目的树种，保留目的树种。

② 砍除弯曲树木，保留直立树木，砍除品质低劣木（双杈木、多梢木、霸王木）、生长落后林木（弯曲木、偏冠木、多节木），保留生长快、高大、圆满通直、少节林木。

③ 砍除小径级树木，保留大径级树木。

④ 砍除病腐木、枯立木、濒死木、被压木、弯曲木、分杈木、老狼木、病虫害木等。

(2) 间伐强度

根据造林目的、立地条件、树种特性、生长阶段、林分特性、集约经营程度、轮伐期、劳力及其价格、小径材销路及其价格、交通等因素，综合确定间伐方式与间伐强度。可用采伐木的株数或材积表示间伐强度。

按株数计算采伐强度：

$$采伐强度 = \frac{采伐木株数}{标准地总株数} \times 100\%，即 P_n = \frac{n}{N} \times 100\%;$$

按材积计算采伐强度：

$$采伐强度 = \frac{采伐木材积}{标准地总蓄积} \times 100\%，即 P_v = \frac{v}{V} \times 100\%;$$

7. 间伐抚育作业施工

施工工序包括伐木、打枝、造材、检尺、集材、间伐迹地清理等工作。间伐时，应严格掌握倒树方向，不要损伤保留木，一般在山地倒树方向是朝下坡。造材时，应根据本地区常用材种规格进行合理造材。按不同材种规格要求，进行造材并检尺小头直径，记入采伐木造材表（表4-27），将造材全部收集到运材道旁。枝材、梢头材可作薪柴用，一般以重量计，经秤称重后，移出林地利用。在施工过程中应分别工序测定施工定额和总用工量，以便核算收益。

表 4-27　采伐木造材表

距树干底断面的高度(m)	直径（cm）			最近( )年内直径生长(cm)	材积(m³)			材种名称	长度(m)	小头直径(cm)		大头直径(cm)		占带皮树干材积百分比(%)	
	带皮	去皮	( )年前		带皮	去皮	( )年前			带皮	去皮	带皮	去皮	带皮	去皮
根径			×	×		×	×								
伐根					×	×	×								
胸径					×	×	×								
								用材部分合计		×	×				
								用材部分树皮材积		×	×				
								薪材部分合计		×	×				
								梢头木		×	×				
								总计		×	×				
总　计								材种缺陷的简要记载(绘图说明)： 测定日期：　年　月　日　调查员：							

8. 标准地调查材料的汇总

按标准地调查汇总表（表 4-28）逐项计算填写。

表 4-28　标准地调查资料汇总表

标准地号	组成树种(株数/蓄积)				平均年龄	平均胸径	平均树高	郁闭度	采伐强度(%)		出材率(%)
									株数	蓄积	
总计											
平均											

调查员：　　　　　计算员：　　　　　　年　月　日

9. 抚育措施的确定

(1) 生长抚育

一般在中龄林中进行，加速目的树种生长。根据林分特点，可选用下列抚育方法。

①下层抚育伐　适合单层林。按自然稀疏规律，伐除生长不良的被压木、濒死木和病腐木，保留有利于目的树种更新的小乔木。

②上层抚育伐　适合复层林。伐除影响目的树种生长的上层次要树种、被压木、濒死木，保留有利于目的树种生长的大部分中径级次要树种。

③综合抚育伐　适合择伐后形成的复层林。调整林木的组成，间密留均，留优去劣，促进各层林木的生长。

④机械抚育伐　适合林木分化不明显的人工林。根据林分情况，采取隔行或隔株间伐的方法调整林木的营养面积。

(2) 人工整枝

在天然整枝不良的林分中进行整枝。通过砍去林冠下部的枯枝和濒死枝，培育通直的优质木材。幼龄林保持枝下高占树高的 1/3，中龄林保持枝下高占树高的 1/2。整枝切口要平滑，不能留短枝和损伤树皮。

10. 集材作业设计

(1) 集运材线路的选择

充分利用作业区原有的林区公路干线、支线，力求线路少、集运距离短、经济实用。

(2) 楞场的选择

根据木材产量和运输条件，确定山场集材点和中间集材点。楞场设在地势平坦、排水良好、与集运材道路相衔接；面积大小与作业区出材量相适应，出材量不大可不需设置专门的楞场，尽量考虑缩短集材距离，避免逆坡集材。

(3) 工棚房屋的修筑

作业区内或附近有房屋时，尽量加以利用，如需修建应注意将工棚、房屋设置在交通方便、靠近水源、干燥通风、生产生活方便的地段。

(三) 内业工作

内业工作包括不同作业设计图、作业设计表及设计说明书等。

1. 调查资料检查与整理

重点检查和整理小班调查表，特别要注意各调查项目有无错误和遗漏。

2. 作业设计图的绘制

根据作业设计调查记录、草图和林分调查因子绘制作业区平面图，它是实施作业的主要材料之一，比例尺一般为 1:5000 或 1:10 000，图例要清晰明确，图内应包括各种测线、明显的地标物、山脉河流、道路、主要集运材道路、工棚、山楞及标准地位置等。各小班的标记图式为：

$$\frac{小班号、面积、出材量}{树种、林龄、蓄积量}$$

3. 编制作业设计表

根据外业调查和收集的有关资料，进行整理、计算、分析、设计。

(1) 计算作业面积、出材量

按区划作业小班计算面积，确定抚育方法和间伐木选择的原则，把间伐强度和出材等填入表内(表 4-29)，同时根据生产条件和劳力来源情况，确定适宜的作业时间，并编制作业进度表，以便指导生产。

(2)编制各项作业设施的数量、用工量和造价(表4-30)。

(3)编制工具及作业物质需要量(表4-31)。

(4)计算劳力需要量(表4-32)。

(5)计算各项作业费用和收支概算(表4-33)。

4. 撰写作业设计说明书

说明书是作业设计的重要文字材料,编写作业设计说明书应简明扼要。

表4-29 抚育间伐作业区一览表

小班号	小班面积(hm^2)	伐前林分情况							间伐情况			间伐后			
		林龄(年)	林木组成	株数	平均胸径(cm)	平均高(m)	郁闭度	蓄积量(m^3)	间伐方法	间伐株数	间伐蓄积(m^3)	出材量(m^3)	株数	蓄积量(m^3)	郁闭度

表4-30 作业施工一览表

项目	位置或起止点	新修	补修	规格	数量	控制量		用工量	造价			完成期限	说明
						容纳人数	木材量		单价	单位	合计		

表 4-31 工具及作业物资需要量

名称	计算单位	数量	规格	金额		说明
				单价	合计	

表 4-32 劳力需要量

项目	作业工作量	定额	需用工日	作业天数	折合劳力	最多参加人数	说明

表 4-33 收支概算表　　　　　　　　　　　　　　　　元

收入			支出								盈亏情况
间伐材	薪材	合计	工资		作业施工费用	物资材料费	管理费	运杂费	作业费合计	成本	
			基本工资	补助工资							

(四)抚育间伐的施工

作业设计经上级主管部门批准后,应认真贯彻执行,不得随意变更。如因特殊情况,必须变更原设计时,须报请原审批单位同意。施工工序如下:

1. 号树
砍伐前在采伐木胸高处用油漆或石灰做记号(简称号树),以免错砍、漏砍。

2. 伐木
做到按标号砍伐,正确掌握倒树方向,尽量降低伐根,注意安全。

3. 打枝
打枝平滑,不留桩,不撕裂。

4. 造材
合理造材。人工林第一次间伐主要是小径材,去梢头后,可用作农用材和民用建筑材。

5. 集材
一般以人工集材为主,有条件的林区可采用动力索道和无动力索道进行集材。

6. 归楞(归堆)
归楞时大小头分开,堆放整齐,便于检尺和装车。

7. 清理迹地
在薪炭材需求量大的地区,采伐剩余物可移出利用。有条件情况下,提倡将剩余物进行机械粉碎,撒铺于林内加快腐烂。

七、课程设计报告及要求

(1)实习数据以小组为单位进行统计,作为附件材料附在报告之后。
(2)撰写抚育间伐作业设计说明书。
(3)撰写实习总结报告,内容完整,每人提交1份。

八、注意事项

本次教学实习分为外业调查、内业数据整理和实习报告撰写3个阶段,为更好地完成本门课程的教学实习任务,加强学生对课堂教学内容的理解,提高学生的实际动手能力,防止意外事故的发生,特规定如下事项:

(1)外业调查期间,严格遵守时间规定,在指定地点集合,统一乘车,不得擅自离开实习地点。
(2)实习区为林区,必须严格遵守林区有关安全规定,严禁带火种进入林区,严禁在林区内燃烧任何物品。
(3)爱护林区内林木,严禁在实习区内从事任何与实习无关的活动。
(4)按照实习安排,以小组为单位进行各项实习调查工作,严禁擅自单独行动。
(5)应爱护仪器设备,非正常原因造成损坏或遗失的,除给予批评外,必须照价赔偿。

(6)教学实习为本课程教学中不可缺少的环节,未参加实习者视为缺课,在未补充完成实习的各个环节前,不得参加本门课程的考试。

(7)注意人身安全。

附:抚育间伐作业设计说明书撰写提纲

1. 前言

简要说明设计的目的、意义、任务来源、原则及设计工作的时间、地点、主要内容、目的要求以及规划设计的概况等。

2. 作业区的基本情况

说明抚育间伐林分的情况(地理位置、自然历史条件、林分特征、既往森林经营活动等)、作业区所在地的社会经济条件、劳动力、林业生产、森林资源现状、交通运输条件,分析抚育间伐的必要性与可能性等。

3. 抚育间伐技术措施设计的依据

说明调查设计时间、调查设计依据、调查方法及其精确度、抚育间伐方法、间伐强度、出材量、作业设计情况、采伐木分配利用意见、下次抚育间伐的时间等。

4. 施工方面的说明

说明抚育间伐的时间、劳力来源、劳动力报酬支付方式、施工中应注意事项,以及其他有关生产和物资方面的意见。

5. 成本预算与效益分析

说明抚育间伐作业费用的计算依据、产品值及纯收益等,计算各项作业的费用,分析抚育间伐的经济、社会、生态效益。抚育间伐作业设计初步完成后,要呈报上级主管部门批准后,方可根据此设计进行施工。

课程设计4 农林复合经营方案设计

一、课程设计目的

农林复合经营(agroforestry management)是森林培育过程中的一项重要营林措施之一,是在同一土地上分别从空间位置与时间顺序上将多年生木本植物与农作物或家畜动物结合在一起而形成的土地利用系统的集合,是一种高效利用的人工生态系统,在经济、生态与社会效益上都有重要现实意义。为建成高效稳定的农林复合经营系统,充分发挥其最大的经济效益、生态效益和社会效益,必须进行科学合理的规划设计,才能实现农林复合系统的高效经营。

农林复合经营不同于传统的农业和林业经营,在进行规划设计时需要综合考虑自然环境条件、社会经济条件、农林牧业情况、经营目标等众多因素。在设计农林复合经营方案时应遵循以下原则:

（1）复合性原则

农林复合经营系统不是单一对象的常规农业经营，至少包括 2 个以上的成分，由此导致系统的结构向多组分、多层次、多时序方向发展。在农林复合经营系统的设计与管理过程中要求跨部门和跨学科的合作。

（2）系统性原则

农林复合经营系统是一种人工生态系统，有其整体的结构与功能，要追求整体效益，注重组分间的相互关系和动态联系。在农林复合经营系统的设计中必须遵循系统性方法，把取得系统的整体效益作为系统管理的目标。

（3）群众参与原则

农林复合经营系统是围绕广大农民为主体的农林生产活动，在规划设计时应引导广大群众参与方案的制订、参与决策、参与管理。

（4）因地制宜原则

农林复合经营系统设计时应针对不同的立地条件类型制订不同的经营模式。

（5）长短结合原则

农林复合经营系统本身在时序上是短、中、长结合，在系统组成上也应做到长、短、中结合。

（6）社会经济可行性原则

农林复合经营要量力而行，如果没有良好的生产技术与管理水平，无论农林复合经营方案设计多么完善，也难取得好效益。

（7）效益综合性原则

农林复合经营设计的最终目标是经济效益、社会效益、生态效益的协调发展。

通过规划设计和方案制订，使学生全面地掌握农林复合经营系统规划设计的理论与方法，明确农林复合经营系统的经济效益、生态效益和社会效益。

二、课程设计材料与用具

1. 文字资料

（1）规划设计地区的地质、地貌、水文、气象、土壤、植被等方面的资料。

（2）规划设计地区的社会经济情况，如人口、劳力、工农业生产、各类土地面积、交通、能源、国民经济对林业发展的要求等。

（3）当地林业生产的历史与现状，包括林业资源状况、主要林种、树种生长状况、林业生产的经验等情况。

（4）森林经营数表等（包括立地指数表、林分生长过程表等）。

2. 工具用品

所需仪器：罗盘仪、GPS、1:10 000 地形图、计算器等；常规工具：锄头、砍刀、皮尺、标杆、角规、钢卷尺、围径尺、土壤刀、记录板、工具包等；必备文具：铅笔、橡皮擦、削笔刀、坐标纸、三角板、直尺等；有关数据记录表格等。

三、课程设计内容

（1）基本情况与社会需求调查。

(2) 土地利用系统诊断与可行性分析。
(3) 方案规划与模式设计。
(4) 农林复合经营方案设计说明书的撰写。

四、课程设计方法与步骤

农林复合经营系统的规划设计分为 2 个层次，即总体规划与各个地块的调查设计，其经营和管理方案的设计包括基本情况与社会需求调查、土地利用系统诊断与可行性分析、方案规划与模式设计 3 个阶段。

1. 基本情况与社会需求调查

在对规划地区基本情况全面调查基础上，收集该地区的地形图、林相图、土地分布图、气象、水文、经济等图表资料，并进行以下调查：

(1) 自然条件

调查了解当地的气候、地形、土壤、水文、植被状况、动植物资源、资源开发状况等。对农林复合经营有明显限制的环境因素（如积温、最低气温、最高气温、土壤水分和 pH 值等）进行详细调查。

(2) 不同产业的生产状况

调查规划地区农业、林业、牧业、渔业的面积、产量、质量、产业链、经营加工状况、农林牧渔业经营水平及习惯、地方政府及经营者的经营积极性等。

(3) 社会经济状况与社会需求

调查规划地区的人口的分布与密度、劳力数量及素质、人均收入、生活习俗、宗教信仰等，还要了解当地的主要生产方式、生产布局、产业结构、交通运输、科技水平、农林牧渔副产品供销关系、社会需求与市场供需状况、市场运营等情况。

2. 土地利用系统诊断与可行性分析

分析规划地区现有土地利用模式存在的问题与发展潜力。在掌握大量自然条件、社会经济状况和现有农林复合经营模式基础上，进行土地利用系统的诊断，评估本地区自然资源利用和开发中存在的问题与潜力，并结合当地农民和市场对产品的需求以及社会经济状况，对规划地区的土地利用模式进行全面布局，判断土地利用方式及经营模式是否得当，产品结构、物种选择、结构设计是否合理，制定合理的产品结构，优化土地和其他资源开发利用的可能性，改进土地和其他资源开发的农林复合经营方案，制定出不同的农林复合经营模式，包括与不同立地条件相适应的树种与农作物选择、经营方针和不同经营模式的发展规模等。

3. 方案规划与模式设计

在对规划地区基本情况与社会需求调查、土地利用系统诊断与分析基础上，对区域的总体布局与近、中、远期进行安排，包括不同年份农林复合经营系统的布局、发展规模、经营类型与管理要求、各年度用种苗、劳力、机械与油脂燃料、化肥、农药以及经济与生态效益预估等。通过科学的安排与各项数据的统计，提交规划图、规划设计说明书、农林牧渔副分类面积统计表、树种与农作物的种苗用量统计表、用工量与投入预算统计表等。

农林复合经营模式要通过不同的方案设计比较，筛选出适宜本区域的经济与生态效益兼优的经营模式。模式设计包括垂直结构设计、水平结构设计、时间结构设计、食物链结构设计、区域性农林复合经营模式设计、技术系列设计6个方面。

(1)垂直结构设计

农林复合经营模式的垂直结构设计是指人工种植的植物(农作物、树种、牧草、绿肥等)、微生物(菇类、木耳等)、饲养动物(家禽牲畜、鱼类、昆虫等)的垂直组合设计。在设计中应充分了解组成系统中不同物种间相互协调和制约关系，要考虑主层次种群的选定和副层次种群的搭配，即遵循物种搭配组合原则：

①间作农作物的选择　要选择适应性强、矮秆、较耐阴、不与树苗争水肥、根系水平分布、有根瘤、耐瘠薄、早熟高产的作物，农作物的季节安排要能充分利用太阳光能，与上层树木生态位不重叠。

②间作树种的选择　要选择冠窄、通直、枝叶稀疏、冬季落叶、春季放叶晚、主根明显、根系分布深、生长快的树种。

③组成物种互利共生　选择慢生与速生、深根与浅根、喜光与耐阴，有根瘤与无根瘤的物种搭配。选择高光合、低消耗的优良作物，与耐阴、需光量小、低呼吸消耗、并有较高经济价值的品种进行组合。利用物种之间的互利共生关系，充分发挥系统的整体效益。不要间种与林木有共同病虫害的作物，以减少病虫灾害发生。

④组成物种化感相克　有些植物可能对其他植物产生化感毒害作用，造成农林复合经营系统结构不稳定。因此，要尽量避免化感相克的树种进行搭配。

⑤轮作与连栽的问题　在同一块林地或耕地上实行轮作(倒茬、换茬、更换作物或树种)。不要长期连续栽种同一种作物或树种，以免地力耗竭或积累某种化学物质，造成树木或作物生长不良，且可能发生大规模病虫害。

(2)水平结构设计

农林复合经营中的水平结构设计是指系统中各主要组成的水平排列方式和比例，它决定了农林复合经营模式的产品结构和经营方针。在进行农林复合经营水平结构设计时，应注意以下原则：

①系统中的林木密度和排列方式要与模式的经营方针和产品结构相适应，安排好林木和作物的比例关系，充分发挥两者相互促进的作用。

②掌握林木生长规律，特别是树冠的生长规律，预测农林复合经营模式水平结构的变化。

③根据树冠及其投影的变化规律，掌握林下光辐射的时空分布规律，结合不同植物对光的适应性，设计农林复合系统的不同水平排列方式。

④如果下层植物是喜光植物，上层林木一般呈南北向成行排列为好，并适当扩大行距，缩小株距；如下层为耐阴植物，则上层林木应以均匀分布为好，使林下光辐射比较均匀。

(3)时间结构设计

农林复合经营系统的时间结构设计是根据规划地区的气候条件、土壤条件和物种资源随时间和空间的变化规律，设计出能够有效地利用自然资源、生物资源、社会资源的合理经营模式组合。其具体设计内容与方法为：

①把两种以上的种群设计在同一空间内，按其生物机能节律有机组合。

②最大限度地利用物种共生互利关系,使树种生态因子的季节性变化与作物生长发育相协调。

③最大限度地利用农作物与林木之间的生长期、成熟期与收割期的不同,形成在一个生长期内同一块土地上经营多种作物,农业上实现一年种植多茬,林业上实现一次种植常年收益。

(4)食物链结构设计

在生态学中,食物链既是一条能量转换链,又是一条物质传递链;在经济学中,食物链是一条创造物质财富和经济价值的增值链。在农林复合经营系统的设计中运用食物链原理,通过食物链结构设计可强化系统内各个环节的同化率,提高营养转化率与多层次再生循环利用,提高产品产值。

针对传统农林复合经营系统树种单一、结构简单、食物链短、无法发挥增产效益的现实,在农林复合经营中可引入新的食物链环节,如草食性动物链(如奶牛、羊、鹅等)、食虫性动物链(如啄木鸟、灰喜鹊等)、腐食性动物链(如蚯蚓等)、微生物链(如蘑菇、木耳等),实现系统净生产量的多层利用。在简单食物链中引入新的环节是增加系统有效产出和提高效益的重要手段。

(5)区域农林复合经营模式设计

区域农林复合经营模式设计一定要对立地类型进行深入的调查研究,做到适地适模。其设计与规划可以大到一个县,也可小到一个林场,一个乡村或一面坡等。在进行社会和自然条件等方面调查基础上,首先对该地区的立地类型进行分类,根据不同的立地类型,设计并规划出相应的立地类型的农林复合经营模式,在一个地区建立系列不同农林复合经营模式。在同一面坡地上立地条件变化复杂,也可设计一系列与立地相适应的农林复合经营模式,例如:林地坡上部是用材人工林,可间种药材;坡中部是以经济林为主的农林复合经营模式;坡下部是以经济林树种和用材林树种为主的防护林与农作物结合的模式;坡底是水稻田地区的农田林网模式。

(6)技术系列的设计

农林复合经营方案设计要强调结构与技术的统一,把技术作为优化物种结构、时空结构的重要手段,并随着结构的变化及时作出相应的技术调整。理想的农林复合经营模式如果没有相应的技术系列配合,其功能与效益是不可能实现的。

农林复合经营系统中的技术系列设计包括:生物技术与工程技术结合、生物防治与化学防治结合、林业技术与农业技术结合、常规技术与现代技术结合等。通过一系列相应的技术措施的干预,合理协调种植、养殖和加工3个程序之间的关系,充分发挥农林复合系统的整体功能和社会经济效益。

五、课程设计报告及要求

(1)完成相关调查资料的整理与统计分析。

(2)编制一套农林复合经营的优化结构模式(表4-34)。

(3)撰写农林复合经营设计说明书。

(4)撰写实习总结报告。

表 4-34　农林间作的优化结构模式设计(以桐农间作为例)

林木(树种)种类	间作形式	成分组合	林木栽植方式
因地制宜的选用： 兰考泡桐 豫林1号、 桐杂1号、 桐选1号、 楸叶泡桐	(1)以农为主间作型 (2)以桐为主间作型 (3)桐农并重间作型	桐－小麦＋玉米 桐－小麦＋棉花 桐－小麦＋花生 桐－小麦＋大豆 桐－小麦＋谷子	(1)高密度行间作型 株距3~4 m，行距5~10 m，每公顷255~660株 (2)宽行式间作型 株距5~6 m，行距30~50 m，每公顷30~60株 (3)动态式Ⅰ 株距×行距5 m×20 m 转 5 m×40 m 再转 10 m×40 m (4)动态式Ⅱ 株行距5 m×(20~25) m 转 5 m×(40~50) m

---

附：农林复合经营设计说明书撰写提纲

1. 规划设计任务的来源与要求
2. 规划区自然及经济概况
3. 规划设计的原则及依据
4. 不同农林复合经营类型的规划与模式设计
5. 项目实施安排
6. 成本预算与效益估算

课程设计5　森林主伐更新规划设计

一、课程设计目的

通过主伐(final felling)收获木材，并使森林获得更新的机会；森林主伐设计是组织生产，直到生产与完成工作任务的可靠依据，也是上级下达经费、设备、安排劳力等指标以及指导检查作业实施情况的依据；科学的设计能使各类森林的采伐避免盲目性，克服因情况不实、计划不周带来的损失和浪费；比较合理地使用建设资金，组建劳力，添置生产设备，实行经济核算，有利于加强计划管理和提高经营水平。

通过课程设计，要求学生理解森林成熟的概念；理解森林主伐方式、特点及其应用条件；了解与掌握森林主伐更新设计的方法、步骤与技术要点。

二、课程设计材料与用具

1∶10 000 地形图、GPS、罗盘、标杆、测绳、角规、记录板、坐标纸、皮尺、材积表、其他相关表格等。

三、课程设计内容

(1)准备工作。
(2)外业调查。
(3)内业计算与设计。
(4)设计说明书的编写。

四、课程设计方法与步骤

(一)准备工作

1. 人员组织与培训

组织设计领导小组；组织调查设计队，培训调查设计人员；学习有关方针、政策、技术规程、调查与设计标准等。

2. 资料收集

收集有关调查资料与图面材料，如1∶10 000地形图，设计区域森林资源现状资料等。

3. 物资准备

准备外业调查和测量所需的仪器、工具、表格及生活资料。

(二)外业工作

1. 踏查

通过踏查了解下述内容；制订实施作业设计的技术方案和工作计划。

(1)林分概况

成熟森林地点、树种、年龄、面积、林分平均胸径、平均树高、成熟森林蓄积量、林内幼苗幼树种类与数量等。

(2)交通与集材

了解伐区交通状况、公路等级、集材路线、楞堆场、集材方式、集材工具等。

(3)劳动力情况

伐木工人数量、年龄及熟练程度等。

(4)确定主伐方式

通过踏查确定主伐方式，皆伐、渐伐或择伐等。

2. 区划与测量

(1)区划小班的条件

在一个林班或一个作业区内，应根据权属、林种、树种、林龄、起源、郁闭度、立地条件、采伐方式或更新方式、经营措施、生产作业条件等划分小班，同时1个小班不能跨2个林班。

(2)小班的面积确定

为了方便生产作业与经济核算及维持森林环境、保护生物多样性，小班面积不能太大。小班区划最大面积为：机械作业的小班一般不应大于 10 hm^2；人工作业小班面积不应大于 5 hm^2。进行皆伐作业的，尤其是坡度较大、土层薄或有沼泽化的小班，还应适当缩小小班面积；最小小班面积为：天然林不小于 1 hm^2，人工林不小于 0.2 hm^2，其他地类不小于 0.5 hm^2，集体与私有林不小于 0.1 hm^2。

注意皆伐小班之间不能连片，应保留相当于皆伐小班面积的林带、林块；择伐、渐伐、抚育采伐小班可以连片。

(3) 区划小班的方法

通常采用对坡勾绘法。

(4) 区划线实测

伐区和采伐小班界线应采用 GPS 或罗盘仪进行实测，或用 1∶10 000 比例尺地形图勾绘，地形复杂山区的伐区测线闭合差应小于 1/100，采伐小班测线闭合差应小于 1/50，平缓地区伐区应小于 1/200，采伐小班应小于 1/100；人工用材林小班或界线清楚的小班，伐区面积测量可采用不小于 1∶10 000 比例尺的地形图勾绘，精度要求 95% 以上。

(5) 绘图与求积

根据实测结果绘制平面图，计算伐区和采伐小班面积。用求积仪、网格法或 GPS 求算面积。各采伐小班面积之和与伐区面积的误差不超过 ±1/100。

(6) 区划线的伐开、标号与填埋

要求对不通视的区划线加以伐开，以通视为准。各种区划线的两侧树木上(眼高处)必须标号或砍号，用不同颜色的油漆标示各种区划线。

3. 小班调查

(1) 地形条件调查

调查因子包括坡向、坡度、坡位、海拔，填入表 4-35。

(2) 土壤调查

土壤调查包括土壤种类、腐殖质层厚度、土层厚度、质地、湿度、pH 值、坚实度、石砾含量等。一个小班依据小地形变化挖 2~3 个剖面，最后对各调查因子取平均值填入表 4-35 中。

(3) 每木调查

每木调查的主要目的是调查采伐小班的各树种株数、平均胸径及材积、树种组成，为采伐更新打下基础。按照规定，主伐与更新采伐小班需采用全林每木调查，但具体操作时可按照下列方法进行：

①全林实测法 面积 0.3 hm^2 以下者(含 0.3 hm^2)采用全林实测法，按径阶每木检尺(起测胸径 5 cm)，调查确定材质等级并分类登记，测定各径阶树木平均高，查二元立木材积表和附表计算小班采伐蓄积量和出材量。

②标准地调查法 面积 0.3 hm^2 以上者，每木检尺工作量太大时，采用标准地调查法推算。面积小的小班做一块标准地即可，面积大的小班做 2~3 块。一般要求标准地总面积不小于小班面积的 1/100~5/100。每块标准地面积不小于 0.1 hm^2。标准地边界测量精度要求 1/500~1/200。对标准地内的林木进行每木检尺，按径阶、材质等级分类登记，测定各径阶平均高，查二元立木材积表和出材率表计算采伐蓄积和出材量，以推算小班蓄积量及出材量。

表 4-35 作业小班调查表

林场名称：　　　　　　　　　　　　　　　　　　　　　　　　　　　　　　　　　　班号：
林班(伐区)：　　　　　　　　　　　　　　　　　　　　　　　　　　计算单位：hm², m³, 株/hm²

作业区号	小班号	面积(hm²)	森林类型	地形地势				土壤						林况										幼苗幼树		活地被植				下木			
				海拔(m)	坡向	坡度	坡位	种类	A₁层厚(cm)	质地	湿度	酸碱度	石砾含量(%)	林种	起源	林层	优势树种	林龄	郁闭度	$\bar{D}$(cm)/H(m)	林分密度	蓄积量(m³)	针叶树	阔叶树	优势种、亚优势种	总密度	多样性指数	分布状况	优势种、亚优势种	总密度	多样性指数	分布状况

注：本表为森林采伐调查于更新造林调查所共用。

调查员：　　　　　　　　　　　　　　　　　　　　　　　　　　　　　　　　　　记录员：

③角规样地调查法 选择有代表性的地段，用断面积系数为1的角规控制检尺，调查确定材质等级并分类登记，测定各径阶层树木均高，查二元立木形高表和出材率表计算每公顷采伐蓄积和出材量，根据角规样地平均每公顷采伐蓄积和出材量推算小班采伐蓄积及出材量。角规点数量为1 hm²以下设5个，以后每增加0.5 hm²增设1个。

（4）其他林分因子测定

①林分平均高 按照每木检尺的径阶株数分布，按比例在各径阶抽取样株实测树高、胸径，绘制树高曲线，以各径阶平均胸径查出各径阶平均高。

②林分年龄 查阅林分造林档案或用生长锥测定林木年龄。

③林分郁闭度测定 可用测点抬头观察树冠郁闭法或测线法测定郁闭度。采用测线法时，在测线上(测线长度100 m)1~2 m长处确定一个测点，树冠投影落在测点上为树冠点，郁闭度=树冠数点/测数点。

④材种出材量测定 可利用专业调查组编制的现有材种出材率表，计算材种出材量；当没有材种出材率表时，采用样木实际造材法，推算出材量。也可以在野外采用目测造材法推算。即对样地内胸径≥10.0 cm的样木，根据其长势、干形、通直程度、尖削度、分枝情况等，按2 m、4 m等规格目测造材(包括非规格材)，推算单株规格出材率和非规格出材率，从而推算小班规格出材率和非规格出材率。样木按20%~25%抽取，材质变化小的人工林抽样比例小些，记入表4-36。

表4-36 样木出材率目测表

径阶 (cm)	样木号	材种名称	尺寸			材积 (m^3)		出材率
			长度 (m)	小头直径 (cm)				
				带皮	去皮	带皮	去皮	
	1	大径级原木(小头去皮直径≥28cm)						
		中径级原木(小头去皮直径20~24cm径级)						
		小径级原木(小头去皮直径6~20cm)						
		合计						
	2	大径级原木(小头去皮直径≥28cm)						
		中径级原木(小头去皮直径20~24cm径级)						
		小径级原木(小头去皮直径6~20cm)						
		合计						
...	...							

天然更新状况调查：在小班内或标准地内按机械抽样的方法布设样方，样方数量为1~2块，大小为1 m×2 m。调查小班内的幼苗幼树株数及生长情况，以株数/hm²表示，最后做出评价，填写表4-35。

林下植被调查：在小班内或标准地内按机械抽样设置样方，样方数量为1~2块，大小为1 m×2 m。记载各样方内物种的种类、株数、盖度，记录下层优势种和亚优势种情况，填写表4-35。

(三)内业计算与设计

1. 内业计算

根据小班区划实测和每木检尺结果，计算小班面积、林分平均胸径、平均树高、采伐林分蓄积量、材种出材率及出材量，填入表4-37。

表4-37 每木调查分树种内业计算表

树种：　　　　　　　　　　　　　　　　　　　　　　　　样地号：
林场：　　　　林班(伐区)：　　　作业区：　　小班：　　样地面积：　　hm²

径级(cm)	株数	其中				材积(m³)	其中				出材率(%)	采伐木出材量(m³)	薪炭林材积(m³)	备注
		保留	%	采伐	%		保留	%	采伐	%				
6														
8														
10														
12														
…														
合计														

本表适用范围：1. 样地(标准地)每木；2. 样地汇总；3. 全林每木。
日期：　　　　　审核人：　　　　　记录员：

(1) 全林实测法

小班蓄积量 = ∑各径阶检尺株数×径阶单株材积

小班出材量 = ∑采伐木各径阶经济材蓄积量×径阶经济材出材率 + ∑采伐木各径阶半经济材蓄积量×径阶经济材出材率×50%

(2) 标准地或角规调查法

标准地蓄积量 = ∑各径阶的检尺株数×径阶单株材积

角规样地蓄积量 = ∑各径阶断面积×径阶形高

小班蓄积量 = ∑标准地(或角规样地)单位面积蓄积量×小班面积×权重

标准地(或角规样地)出材量 = ∑采伐木各径阶经济材蓄积量×径阶经济材 + ∑采伐木各径阶半经济材蓄积量×径阶经济材出材率×50%

小班出材量 = ∑标准地(或角规样地)单位面积出材量×小班面积×权重

2. 主伐更新设计

(1) 采伐方式的确定

采伐方式有皆伐、渐伐、择伐，应根据所设计林分的具体情况确定采用哪种采伐方式。

(2) 采伐强度的设计

只在渐伐与择伐中存在。择伐与渐伐都应严格确定适宜的采伐强度，才能使保留木生长更好，有利于林下更新与维持森林环境。

(3) 应伐木标准的确定

本着"砍劣留优、砍密留稀、砍大留小"的原则，分树种确定其采伐径级。根据小班的立地质量、林分密度与树种特性，在踏查时，就应确定采伐木的标准，以便在每木检尺时就对应伐木打号，将检尺结果记录在表4-38上。皆伐伐区对周界木和保留木进行标号，渐伐、择伐伐区除对采伐木进行标号，对于需要特殊保护的林木也要进行标记；按树种计算应伐木的株数与材积填写在表4-37中。

表4-38 (　　)号样地或全林每木调查原始野账

林场名称：
林班(伐区)：　　　　作业区：　　　　小班：　　　　样地面积：　　hm²

径级＼株数＼树种	留	伐	留	伐	留	伐	留	伐	留	伐	留	伐	留	伐	留	伐	合计	
6																		
8																		
10																		
12																		
14																		
16																		
…																		
合计																		

调查日期：　　　　审核人：　　　　调查员：　　　　记录员：

(4) 作业季节的安排

一般在非生长季节。

(5) 林地清理方式的确定

应根据不同的采伐方式、更新措施、水土保持和采伐剩余物的利用情况，确定适宜的清林方式。

①归堆　适用于采伐剩余物较少的择伐伐区。

②归带　适用于采伐剩余物较多的皆伐伐区。

③散铺　适用于择伐和渐伐伐区的陡坡或土壤瘠薄易引起水土流失的小班。

④火烧　有条件的皆伐迹地，为了扩大更新空间，有利于防火防病虫害，可采取火烧方式来清林，但要选好火烧季节与天气，安排好扑火措施，严防发生火灾。

(6) 森林更新设计

包括天然更新、人工促进天然更新和天然更新3种更新方式，应根据林分现状及更新条件确定采伐后的更新方式。

① 人工更新 皆伐迹地常采用人工更新。设计内容包括造林方式、更新造林树种、造林密度、植株配置、整地方法、造林季节、幼抚措施等。

② 人工促进天然更新 幼苗、幼树株数不够的，应辅以人工促进天然更新。要设计封育与人工造林更新措施。

③ 天然更新 对择伐、渐伐、更新伐采用天然更新，应做好封育管护措施设计。更新设计内容应填写到表4-39中。

表4-39 更新造林设计表

林班(伐区)号：　　　　　　　　　　年　月　日

作业区	小班号	面积(hm²)	实际造林面积(hm²)	更新前地类	预计伐后保留株数	割带规格	整地		更新造林						种苗		幼林抚育措施	速生丰产措施
							方法规格	更造季节	更新方式	造林方式	树种	混交比例	株行距(m)	公顷株数	苗龄	需苗量(株)		

注：此表适用于主伐、改造、抚育伐的各个作业区与小班。

(7) 集材方式的确定

有机械集材、人畜集材、直升机集材。凡坡度较缓、出材量较多的伐区，应采用拖拉机集原条；高山陡坡、石塘、出材量少、小径木多、不适宜拖拉机集材的小班，可选用索道、滑道、畜力甚至用人力集材；地形复杂、坡度较大的小班，用一种方式集不下来的，在经济合理的前提下，可设计几种集材方式。

3. 工程设计

(1) 集材道设计

① 集材道布局 应根据下列因素而定：宜上坡集材；远离河道、陡峭和不稳定地区；应避开禁伐区和缓冲区；应简易、低价，宜恢复林地；应在山坡上修建滑道。在地形图上设计出集材道，集材道尽可能与运材道有一个小角度。

② 技术标准 集材主道最大坡度为25°，集材支道最大坡度为45°。

(2) 楞场设计

在伐区面积较大、运输距离较长的情况下，可设置楞场。楞场选设应满足以下条件：

距离禁伐区和缓冲区至少40 m；位置应适中，符合集材方式与流向，保证集材距离最短和经济上最合理；地势平坦、干燥，有足够使用面积，土质坚实，排水良好；便于各种装卸机械的安装；便于卸载、归楞、装车或推河作业；机械集材时，楞场尽量设置在坡上。

(3) 工棚、机库、油库的设置

选择交通方便、生产与生活方便的地方，工棚要建在向阳、靠近水源、地势较高、干燥通风的地方。油库要远离工棚。

4. 采伐作业工艺设计

主要设计伐木操作技术流程、打枝造材、集材、归楞技术及运输、安全规程等。详细情况参照《森林采伐作业规程》(LY/T 1646—2005)的规定。采伐时实行"三采三集"的循环作业法，即先采道，再采号，后采"丁"字树。这样有顺序地采伐和集材，能少砸断原条和少损伤幼树，提高采集生产效率。

(四) 采伐规划设计成果

采伐设计成果包括：采伐设计说明书、设计表和设计图。具体内容包括：

1. 前言

主要介绍作业设计目的、作业设计依据以及作业设计组织及完成。

2. 自然概况

作业区气候、土壤、地形、水文等自然概况和林相情况等。

3. 伐区调查及结果

介绍伐区小班区划、伐区测量、小班调查方法及计算结果。

4. 主伐更新设计

阐述主伐更新设计各项技术措施及依据。

5. 伐区工程设计

介绍集材道设计、楞场设计、运材道设计，劳力、畜力设计，机具、设备设计等。

6. 采伐工艺设计

设计伐木操作技术流程，打枝造材、集材、归楞技术，装车及运输、安全规程等。

7. 施工计划

详细说明施工的进度计划安排。

8. 成本及效益分析

对采伐的投入及产出进行详细分析。

9. 要求与建议

时间要求、技术要求、质量要求、安全要求、环保要求。

10. 附表

采伐小班调查表；采伐小班汇总表；小班采伐作业设计(表4-40、表4-41)；更新造林设计；工程量和用工量计算表；机械设备；成本及效益核算表(表4-42)。

表 4-40 森林采伐设计表

林场名称：　　班号：
林班（伐区）：

林种	主伐方式	抚育采伐方法	改造措施	起源	林场等级	郁闭度		林龄		平均直径		平均树高	
						伐前	伐后	伐前	伐后	伐前	伐后	伐前	伐后

树种	伐前					采伐强度 株数蓄积 (%)(%)	采伐							出材量			
	合计		其中:散生木或>24		每公顷		合计		其中:≤6 cm			林分		散生木	道路木 合计 其中:≤6 cm	原木 原条	树种组成
树种组成	株数	蓄积	株数	蓄积	株数	蓄积		株数 蓄积	株数	蓄积		株数 蓄积	株数 蓄积	株数蓄积株数蓄积	出材量 出材量	伐后小班每公顷株数蓄积株数蓄积

日期：　　　　　　　　　　　　　　　　　　审核人：　　　　　　　　　　　　　　　　　　制表人：

注：本表中面积、蓄积、株数的计算单位分别为 hm^2、m^3、株。

表 4-41 森林采伐设计汇总表

林场名称：　　小班号：

林班(伐区)：

林班(伐区)号	小班号	作业区号	采伐方式	采伐面积	伐前									采伐强度			采伐量					出材量		伐后								
					树种组成	平均			郁闭度	小班		每公顷				株数(%)	蓄积(%)	合计		其中：≤6 cm		原木	原条	树种组成	平均			郁闭度	小班		公顷	
						林龄	胸径(cm)	树高(m)		株数	蓄积	株数	蓄积	散生或>24 株数	蓄积			株数	蓄积	株数	蓄积				林龄	胸径	树高		株数	蓄积	株数	蓄积
合计																																	

日期：　　　　　　　　　　　　　　　　　审核人：　　　　　　　　　　　　　　　　　制表人：

注：1. 本表以林场为单位，按伐区方式进行汇总。
2. 标准(伐区)计栏填写小班和小班个数，按采伐方式汇总。
3. 作业区计栏填写小班个数，按采伐方式汇总，再下行按小班号进行统计。
4. 本表为主伐、抚育伐与林分改造设计所共用。
5. 本表中面积、蓄积、株数的计算单位分别为 hm^2、m^3、株。

表 4-42 伐区木材生产直接成本预算汇总表

林班(伐区)号：

林班(伐区)	作业区	项目工序	设计产量(m³)	工日(个)	工资(元)						材料费(元)	燃料费(元)	折旧费(元)	大修理基金(元)	畜力费用(元)	福利基金(元)	总成本(元)	单位成本(元)
					合计	基本工资	津贴	走路费	维护费	辅助工资	其他								

　　年　　月　　日　　　　　　　　　审核人：　　　　　　　　制表人：

11. 附图

（1）森林采伐设计图：比例尺 1∶5000，伐区设计图上除反映伐区位置、四至界线、林分类型、林龄、优势树种、小班号、采伐面积、采伐蓄积、林相、交通、集材等情况外，必要时可作适当的文字说明。其注记形式为：

小班号—优势树种—林龄
采伐面积—采伐蓄积—出材量

（2）采伐工程设计图：包括交通、集材、工舍、车库、楞场等情况。

（3）更新造林设计图：比例尺 1∶5000，应将更新造林设计的树种、面积、封育措施等落实到各小班上。

（4）林班(伐区)位置图：绘制平面图，比例尺与林相图相同。该图不单独成图，只把它绘制到森林采伐设计图或更新造林设计图的左下方或适当位置。

五、课程设计报告

（1）完成相关表格的计算。

（2）撰写主伐作业设计说明书。

附：森林主伐更新作业设计说明书编写提纲

1. 前言

主要介绍作业设计目的、作业设计依据以及作业设计组织及完成。

2. 自然概况

作业区气候、土壤、地形、水文等自然概况和林相情况等。

3. 调查设计要点

（1）林分调查因子及计算：主要包括作业小班区划、面积求算、样地选设与样地调查。

（2）经营措施确定。

（3）伐区工艺设计：集材道设计；山楞场设计；运材道设计；劳力、畜力设计；机具、设备设计等。

4. 成本及效益分析

5. 对生产单位的要求与建议

时间要求、技术要求、质量要求、安全要求、环保要求。

课程设计6　低值林分近自然化改造设计

一、课程设计目的

在天然林中，因林分遭受各种自然灾害、遭受人为的乱砍滥伐及不合理生产经营活动等原因而形成低值次生林。在人工林经营过程中，因造林树种选择不正确，即没有做到适地适树；林分结构不合理，如林分密度太大或太小、林分组成、林木植株年龄结构、植株的水平空间与垂直空间不合理；生产上管理粗放，没有做到适时适法等原因而形成低值人工林。

针对低值人工林与低值次生林形成的原因，应用近自然林业经营思想，采取合适的生产技术措施对低值林分进行近自然化改造，使森林经济效益、生态效益与社会效益（景观效益）协调发展。

通过实习，要求学生了解低值林分的种类及其形成原因；人工林经营的历史、现状及其发展趋势；掌握近自然林业经营思想及其技术作业体系。

二、课程设计料与用具

1. 材料

不同生长发育阶段的低值林分，包括人工林或次生林。

2. 用具

GPS、标杆、测高器、测径尺、生长锥、木桩、角规、游标卡尺、林分多功能测定仪等；方格纸、铅笔、橡皮、记录表格、记载板、红黄蓝油漆（尼龙绳）。

三、课程设计内容

(1) 收集资料，了解区域林业发展方向。
(2) 外业调查，确定林分生长发育阶段，分析低值林分形成的原因。
(3) 低值林分近自然化改造方案设计。
(4) 低值林分改造作业施工。

四、课程设计方法与步骤

(一) 准备阶段

1. 明确任务

(1) 了解林分改造面积大小、地理位置、资金来源与额度、年度安排。
(2) 了解区域范围内乡土造林树种、病虫害、火灾、雪灾等；立地特点（气候、土壤、地形）。

2. 收集资料

(1) 收集林业经营的历史资料，如林业区划图、地形图、土壤类型图、植被分布图、乡土造林树种及其特性(生物学特性、生态学特性及林学特性)；气象、地形、土壤、地质、水文、病虫害及森林火灾历史资料。

(2) 劳力来源与单价、交通状况、小径材销路、价格、木材价格等。

(3) 1∶10 000地形图、植被调查、土壤测定、气象观测等仪器及其调查用表。

(4) 区域顶极森林植物群落相关资料。

3. 区域林业规划

区域林业发展方向、林种比例、布局、规模、进度等。区域规模可以为省、县、乡、林场等。

(二) 外业阶段

1. 补充测绘工作

一般用1∶10 000比例尺地形图，并配以比例尺的航片、卫片作宏观参考。如上述图不能满足外业调查的要求，或图片陈旧，则要求补充测绘。

2. 实地踏查

(1) 确定林分改造区域范围及界线，并在工作底图(地形图)上进行标注。

(2) 选择踏查路线。踏查路线选择要通过造林区内所有不同的立地条件；在地形图上选择一至多条踏查路线，在满足上述条件下踏查路线要最短。

(3) 通过踏查了解造林区域内气候、地貌、土壤、母岩、植被、森林经营概况、病虫害、社会经济状况；掌握设计区内立地因子的变化规律。

(4) 初步确定林分改造立地类型及其恒续林参照体系。

3. 野外调查

(1) 标准地设置

在低值林分区域内，在有代表性地段上按常规设置标准地，面积20 m×20 m。

(2) 标准地调查

①标准地概况　地点、林班、小班、经度、纬度、海拔等。

②立地条件调查　气候、地形地貌、土壤、母岩、植被等进行调查，为群落生境图绘制准备必要的数据与资料。

③林分调查　对标准地林木进行每木检尺，包括胸径、树高、枝下高、单株材积等测树因子，为森林演替阶段划分准备必要的数据与资料。

(3) 低值林分在近自然林改造过程的经营目标

在不同自然地段立地条件林分调查，以及林业法令法规、地方需求、调查数据限定等基础上，对不同自然地段低值林分按多功能经营目标进行近自然化改造。多功能林分经营目标包括木材生产量、水土保持、防风固沙、水源涵养、碳汇、景观游憩、生物多样性保护等长期目标。

(4) 低值林分生长发育阶段划分

①幼龄林阶段　可以分为次生林与人工林幼龄林阶段；对天然林过度采伐后林窗中自

然更新的幼苗幼树低值次生林幼龄林，或在天然老林林下补植所形成的低值次生林幼龄林；低值人工幼龄林出现于在造林初期，因造林树种选择不正确、造林所用的苗木质量差、造林技术不正确、管理粗放等原因而形成。

在处于幼龄林阶段中，林分的郁闭 <0.7，大部分林木胸径 <7 cm，树高 <5 m，林木树冠还没有完全连接，森林小气候不太明显。林分中的优势树种主要是一些先锋树种和灌木。

②林分质量形成阶段　处于此阶段林分的郁闭 >0.7，胸径 >7 cm，林分中林木高度不等，优势木树高 >5 m，优势树种仍是先锋树种。在林冠下，喜光的灌木和草本植物开始死亡，一些耐阴树种在优势木的树冠下开始生长，林分中还有许多小林窗。

③竞争选择阶段　林分郁闭较大，一般 >0.8，树高 >10 m，胸径 >10 cm。胸径为 10～12 cm 的林木占据林冠的主林层，林分中树木高度分化显著。在林分中，处于中下层的耐阴树种开始生长加快，且有较好材质，在林地可以明显地看到目标树。

④恒续林阶段　林分树冠高度郁闭，在主林层中林木的树高多为 20～30 m，胸径 >30 cm。林分已经形成多层次的良好垂直结构，在主林层不仅有先锋树种，而且也有许多耐阴树种，林分中物种的多样性良好。先锋树种的更新非常有限，仅仅出现在发生自然干扰或收获行为过后的林窗空地。在森林下层植被中，典型的森林灌木和蕨类植物占主导地位。

(三) 内业工作

1. 区域林业规划

从可持续经营的角度，修改完善区域林业规划。

2. 林区道路设计

在低值林分进行近自然化改造的区域内，按林业经营的需要并参照《林区公路路线设计规范》(LY/J 113—1992) 进行林区道路设计。

3. 瞭望塔与防火网设计

在进行林分近自然化改造区域内，按林业经营的需要进行林区瞭望塔与防火网设计。

4. 集运材线路与楞场设计

在进行林分近自然化改造区域内，按林业经营的需要并参照《森林采伐作业规程》(LY/T 1646—2005) 进行集运材线路与楞场设计。

5. 低值林分形成原因分析

分别不同自然地段从各个方面进行分析，确定不同自然地段形成低值林分的原因。在此基础上，按林分多功能要求，确定经营目标。

6. 恒续林参照体系及其评价技术参数

以不同立地条件下的顶极森林植物群落作为恒续林阶段的参照体系，分别不同经营目标林分，确定林分近自然化改造技术参数。

7. 低值林分标准地资料整理

对标准地资料整理与计算。在此基础上，以地形图为工作底图绘制群落生境制图；确定低值林生长发育阶段。

8. 低值林分的林木分类

（1）目标树

近自然林经营是对目标树进行个体作业，而非对人工林所有林木进行群体作业。目标树是近自然林经营过程中的经营对象，当目标树的胸径达到目标直径后收获木材，目标树标记为"Z"。目标直径大小决定于树种、立地质量、木材市场价格等，一般可设置为30～40 cm。目标树选择条件如下。

①起源　目标树要求实生苗木起源。在人工补植时的苗木为实生苗木，或天然下种更新的林木。

②树种　在一般情况下，目标树要求是乡土树种。

③年龄　目标树要求是幼年至青壮年林木。

④主干　目标树要求主干至少有6 m无分叉，没有机械损伤。

⑤形质　目标树要求树冠与树干形质优良。树冠端正，不偏冠，没有损伤；树干主干通直饱满，尖削度小，不弯曲。

⑥病虫害　目标树要求没有病虫害。

⑦密度　一般120株/hm^2左右。

（2）干扰树

影响目标树生长的、需要在近期或下一个检查期采伐利用的林木称为干扰树，记为"B"。干扰树属于主林层林木，且胸径>10 cm。干扰树往往紧靠目标树生长，常与目标树等高或更高，两者树冠接触或压制目标树树冠。

（3）特殊目标树

有利于增加混交树种种类的林木，或有利于提高生物多样性，如林分中出现的不同树种个体林木；有利于维持生态平衡等树种个体林木为特殊目标树，如有鸟雀的林木。特殊目标树记为"S"。

（4）一般林木

除上述以外的所有林木，一般林木不用标记。

9. 采伐木数量、人工量、成本等统计

依据不同自然地段低值林分的标准地资料，对伐木数量、人工、费用等进行统计。

10. 编写作业设计说明书

说明书是作业设计的重要文字材料，编写作业设计说明书应简明扼要。包括三部分：前言、正文与结论等3个部分。

11. 作业设计上报林业局或上级主管部门审批

（四）低值林分近自然化改造作业施工

作业设计经上级主管部门批准后，要认真贯彻执行，不得随意变更。如因特殊情况，必须变更原设计时，须报请原审批单位同意，施工工序如下。

（1）林分改造区道路施工

依据林区道路设计进行施工建设。

(2)林分改造区瞭望塔与防火网施工

依据林区瞭望塔与防火网设计进行施工建设。

(3)林分改造区集运材线路与楞场设计

依据林区集运材线路与楞场设计进行施工建设。

(4)林分改造区林木分类

分别各自然地段对低值林分进行林木分类。

(5)对干扰树进行采伐作业

①号树　砍伐前在采伐木胸高处用油漆或石灰做记号(简称号树),以免错砍、漏砍。

②伐木　做到按标号砍伐,正确掌握倒树方向,尽量降低伐根,注意安全。

③打枝　打枝平滑,不留桩,不撕裂。

④造材　依据原条大小与长度情况进行合理造材。

⑤集材　一般以人工或畜力集材为主进行集材。

⑥归楞(归堆)　归楞时大小头分开,堆放整齐,便于检尺和装车。

⑦伐木迹地清理　在薪炭材需求量大的地区,采伐剩余物可移出利用。有条件的情况下,提倡将采伐剩余物进行机械粉碎,并将粉碎后的采伐剩余物撒铺于林内加快腐烂,转化为有机肥料。

五、课程设计报告

(1)完成相关资料的统计分析,并完成相关表格。

(2)编写作业设计说明书。

参考文献

北京市地方标准,2011. 近自然森林经营技术规程:DB11/T 842—2011[S]. 北京市质量技术监督局.
广东省地方标准,2005. 广东省主要阔叶树种苗木质量分级:DB44/T 245—2005[S]. 广东省质量技术监督局.
湖南省地方标准,1995. 林木育苗技术规程:DB43/T 093—1995[S]. 湖南省技术监督局.
陈耀华,秦魁杰,2002. 园林苗圃与花圃[M]. 北京:中国林业出版社.
房伟民,陈发棣,2004. 园林绿化观赏苗木繁育与栽培[M]. 北京:金盾出版社.
狄香香,喻方圆,郑欣民,2008. 林木种子的采集、加工和贮藏技术[M]. 北京:中国林业出版社.
喻方圆,周景莉,狄香香,2008. 林木种苗质量检验技术[M]. 北京:中国林业出版社.
福建省地方标准,2003. 主要针叶造林树种抚育间伐技术规程:DB35/T 76—2003[S]. 福建省质量技术监督局.
中华人民共和国行业标准,2005. 森林采伐作业规程:LY/T 1646—2005[S]. 中华人民共和国国家林业局.
中华人民共和国国家标准,2009. 森林抚育规程:GB/T 15781—2009[S]. 中华人民共和国国家质量监督检验检疫总局,中国国家标准化管理委员会.
黑龙江省地方标准,2001. 主要造林树种苗木质量分级:DB23/T 390—2001[S]. 黑龙江省技术监督局.
湖北省林业局,1979. 湖北造林类型区划及造林典型设计.
河北省林业厅,1987. 河北省造林典型设计[J]. 河北林业(增刊).
王义弘,李俊清,王政权,1990. 森林生态学实验实习方法[M]. 哈尔滨:东北林业大学出版社.
孙时轩,1991. 造林学[M]. 北京:中国林业出版社.
石家琛,1992. 造林学[M]. 哈尔滨:东北林业大学出版社.
张万儒,1997. 中国森林立地[M]. 北京:科学出版社.
华中农业大学森林培育课题组,2001. 林木种苗学实习指导书[D]. 武汉:华中农业大学.
贾建中,2001. 城市绿地规划设计[M]. 北京:中国林业出版社.
沈国舫,2001. 森林培育学[M]. 北京:中国林业出版社.
颜启传,2001. 种子学[M]. 北京:中国农业出版社.
朱天辉,2002. 苗圃植物病虫害防治[M]. 北京:中国林业出版社.
苏金乐,2003. 园林苗圃学[M]. 北京:中国农业出版社.
吴少华,2004. 园林苗圃学[M]. 上海:上海交通大学出版社.
朱天博,2004. 苗圃化学除草与化控技术研究[D]. 哈尔滨:东北林业大学.
浙江省地方标准,2005. 主要造林树种苗木质量等级:DB33/T 177—2005[S]. 浙江省质量技术监督局.
张钢,肖建忠,2005. 林木育苗百问百答[M]. 北京:中国农业出版社.
陆元昌,2006. 近自然森林经营的理论与实践[M]. 北京:科学出版社.
张运山,钱栓提,2007. 林木种苗生产技术[M]. 北京:中国林业出版社.
宋松泉,程红炎,姜孝成,等,2008. 种子生物学[M]. 北京:科学出版社.
沈海龙,2009. 苗木培育学[M]. 北京:中国林业出版社.
沈国舫,翟明普,2011. 森林培育学[M]. 2版. 北京:中国林业出版社.

参考文献

范志强，沈海龙，王庆成，等，2002. 水曲柳幼林适生立地条件研究[J]. 林业科学，38（2）：38-43.

陈卫平，朱清科，薛智德，等，2008. 农林复合系统规划设计的研究进展[J]. 西北林学院学报，23(4)：127-131.

刘洋，胡开波，刘凯，等，2010. 农林复合系统结构设计探讨[J]. 林业经济(10)：79-84.

景艳丽，2012. 农林复合经营规划设计研究概述[J]. 吉林农业(3)：176，157.

李业清，沈德慧，2011. 森林生物量的调查方法[J]. 黑龙江科技信息，34：266.

中华人民共和国国家标准，1999. 林木种子检验规程：GB 2772—1999[S]. 北京：中国标准出版社.

中华人民共和国林业行业标准，2003. 造林作业设计规程：LY/T 1607—2003[S]. 中华人民共和国国家林业局.

中华人民共和国国家标准，1999. 主要造林树种苗木质量分级：GB 6000—1999[S]. 北京：中国标准出版社.

中华人民共和国国家标准，1999. 林木种子质量分级：GB 7908—1999[S]. 北京：中国标准出版社.

RITCHIE G A, 1984. Forest nursery manual: production of bareroot seedlings[M]. Martinus Nijhoff/Dr W. Junk Publishers.

CARMEAN W H, 1996. Forest site-quality estimation using forest ecosystem classification in Northwestern Ontario [J]. Environmental Monitoring and Assessment, 39(1-3): 493-508.

BEWLEYL J D, 1997. Seed germination and dormancy[J]. The Plant Cell, 9: 1055-1066.

GLÖDE D and SIKSTRÖM U, 2001. Two felling methods in final cutting of shelterwood, singlegrip harvester productivity and damage to the regeneration[J]. Silva Fennica, 35(1): 71-83.

KOORNNEEF M, LEÓNIE BENTSINK L, HILHORST H, 2002. Seed dormancy and germination[J]. Current Opinion in Plant Biology, 5(1): 33-36.

SHORT I, 2011. Tending and thinning of broadleaves: a simple guide to selecting quality trees[J]. Forestry and Energy Review, 1(2): 34-36.

附录

附录1 种批和样品重量表

	树 种	种批的最大重量(kg)	样品最低重量(g) 送检样品	样品最低重量(g) 净度分析
1	冷杉 *Abies fabri* (Mast.) Craib	1000	100	50
2	雪松 *Cedrus deodara* (Roxb.) G. Don	1000	600	300
3	日本扁柏 *Chamaecyparis obtusa* (Sieb. et Zucc.) Endl.	250	12	6
4	柳杉 *Cryptomeria fortunei* Hooibrenk ex Otto et Dietr.	1000	20	10
5	杉木 *Cunninghamia lanceolata* (Lamb.) Hook.	1000	50	30
6	柏木 *Cupressus funebris* Endl.	1000	35	15
7	银杏 *Ginkgo biloba* L.	10 000	>500 粒	>500 粒
8	兴安落叶松 *Larix gmelinii* (Rupr.) Rupr.	1000	25	10
9	水杉 *Metasequoia glyptroboides* Hu et Cheng	250	15	5
10	云杉 *Picea asperata* Mast.	1000	25	7
11	华山松 *Pinus armandii* Franch.	3500	1000	700
12	白皮松 *P. bungeana* Zucc.	3500	850	500
13	湿地松 *P. elliottii* Engelm.	1000	160	80
14	红松 *P. koraiensis* Sieb. et Zucc.	5000	2000	1000
15	马尾松 *P. massoniana* Lamb.	1000	85	35
16	长叶松 *P. palustris* Mill.	1000	500	250
17	樟子松 *P. sylvestris* var. *mongolica* Litv.	1000	40	20
18	油松 *P. tabulae formis* Carr.	1000	100	50
19	黑松 *P. thunbergii* Parl.	1000	85	35
20	侧柏 *Platycladus orientalis* (L.) Franco	1000	120	60
21	圆柏 *Sabina chinensis* (Linn.) Ant.	1000	180	90
22	池杉 *Taxodium ascendens* Brongn.	1000	500	250
23	落羽杉 *T. distichum* (L.) Rich.	1000	500	250
24	相思树 *Acacia richii* A. Gray	1000	200	80
25	鸡爪槭 *Acer palmatum* Thunb.	10 000	100	50
26	元宝枫 *A. truncatum* Bunge	3500	850	400
27	臭椿 *Ailanthus altissima* (Mill.) Swinger	1000	160	80
28	合欢 *Albizzia julibrissin* Durazz.	1000	200	100
29	桤木 *Aluns cremastogyne* Burkill	250	25	40
30	紫穗槐 *Amorpha fruticosa* L.	1000	85	50
31	羊蹄甲 *Bauhinia purpurea* L.	3500	1000	700
32	白桦 *Betula platyphylla* Suk.	250	10	1
33	油茶 *Camellia oleifera* Abel.	5000	>500 粒	>500 粒

(续)

	树　　种	种批的最大重量(kg)	样品最低重量(g) 送检样品	样品最低重量(g) 净度分析
34	喜树 Camptotheca acuminata Decne.	1000	200	100
35	薄壳山核桃 Carya illinoensis（Wangenh.）K. Koch.	1000	>300 粒	>300 粒
36	铁刀木 Cassia siamea Lam.	1000	200	80
37	锥栗 Castanea henryi（Skan）Rehd. et Wils.	1000	>500 粒	>500 粒
38	板栗 Castanea mollissima Blume	1000	>300 粒	>300 粒
39	格氏栲 Castanopsis kawakamii Hay.	1000	>500 粒	>500 粒
40	木麻黄 Casuarinn equiestifolia L.	250	15	2
41	梓属 Catalpa spp.	1000	120	60
42	樟树 Cinnamonum campora（L.）Presl.	3500	600	300
43	肉桂 Cinnamomum cassia Presl	3500	1000	600
44	银木 Cinnamomum septentrionale Hand.-Mazz.	3500	600	300
45	降香黄檀 Dalbergia odorifera T. chen	1000	1000	500
46	凤凰木 Delonix regia（Bojea.）Raf.	3500	1200	900
47	君迁子 Diospyros lotus L.	1000	400	250
48	沙枣 Elaeagnus angustifolia L.	1000	800	400
49	翅果油树 Elaeagnus mollis Diels	5000	1200	900
50	泡火绳 Eriolacnena malvacea（Levl.）	1000	70	35
51	格木 Erythrophleum fordii Oliv.	5000	>500 粒	>500 粒
52	赤桉 Eucalyptus camaldulensis Dehnh	250	15	—
53	柠檬桉 E. citriodora Hook.	1000	40	15
54	杜仲 Eucommia ulmoides Oliv.	1000	400	250
55	梧桐 Firmiana simplex（L.）W. F. Wight	3500	850	500
56	白蜡树 Fraxinus chinensis Roxb.	1000	200	100
57	水曲柳 F. mandshurica Rupr.	1000	400	200
58	皂荚 Gleditsia sinensis Lam.	3500	1200	800
59	云南石梓 Gmelina arborea Roxb.	3500	1200	900
60	银桦 Grevillea robusta A. Cunn.	1000	85	35
61	梭梭 Haloxylon ammodendron（Mey.）Bunge	1000	35	15
62	沙棘 Hippophae rhamnoides L.	1000	85	35
63	核桃 Juglans regia L.	10 000	>300 粒	>300 粒
64	栾树 Koelreuteria paniculata Laxm.	1000	800	400
65	紫薇 Lagerstroemia indica L.	250	15	5
66	胡枝子 Lespedeza bicolor Turcz.	1000	60	25
67	枫香 Liquidambar formosana Hance	1000	35	15

(续)

	树　　种	种批的最大重量(kg)	样品最低重量(g)	
			送检样品	净度分析
68	鹅掌楸 Liriodendron chinense（Hemsl.）Sarg.	1000	180	90
69	金银花(忍冬) Lonicera japonica Thunb.	1000	35	15
70	枸杞 Lycium chinense Mill.	250	15	15
71	楝树 Melia azedarach L.	5000	>500 粒	>500 粒
72	川楝 M. toosendan Sieb. et Zucc.	5000	>500 粒	>500 粒
73	醉香含笑(火力楠) Muchelia macclurei Dandy	3500	600	300
74	桑属 Morus spp.	250	20	5
75	壳菜果(米老排) Mytilaria laosensis Lec.	3500	850	500
76	毛泡桐 Paulownia tomentosa（Thunb.）Steud.	250	6	1
77	黄檗(黄波罗) Phellodendron amurense Rupr.	1000	85	50
78	毛竹 Phyllostachys pubescens Mazel ex H. de Lehaie	1000	85	50
79	黄连木 Pistacia chinensis Bunge	1000	350	200
80	悬铃木属 Platanus spp.	250	25	6
81	杨属 Populus spp.	250	5	2
82	枫杨 Pterocarya stenoptera C. DC.	1000	400	200
83	栎属 Quercus spp.	10 000	>500 粒	>500 粒
84	火炬树 Rhus typhina L.	1000	50	30
85	刺槐 Robinia pseucdoacacia L.	1000	100	50
86	旱柳 Salix metsudana Koidz.	250	5	2
87	乌桕 Sapium sebiferum（L.）Roxb.	3500	850	400
88	檫木 Sassafras tsumu（Hemsl.）Hemsl.	1000	400	200
89	木荷 Schima superba Gardn.	1000	35	15
90	槐树 Sophora japonica L.	3500	100	50
91	丁香属 Syringa spp.	1000	30	15
92	柚木 Tectona grandis L. f.	5000	2000	1000
93	椴属 Tilia spp.	1000	500	250
94	香椿 Toona sinensis（A. Juss.）Roem.	1000	80	40
95	漆树 Toxicodendron verniciflum（Stokes）F. A. Barkley	1000	250	150
96	棕榈 Trachycarpus fortunei（Hook. f.）H. Wendl.	3500	1000	800
97	榔榆 Ulmus parvifolia Jacq.	1000	20	8
98	白榆 U. pumila L.	1000	30	15
99	文冠果 Xanthoceras sorbifolia Bunge	5000	>500 粒	>500 粒
100	大叶榉 Zeikova schneiderian Hand.-Mazz.	1000	200	75

注：引自：GB 2772—1999《林木种子检验规程》。

附录 2 发芽测定技术条件表

序号	树　种	发芽床	温度（℃）	初次计数（d）	末次计数（d）	备　注
1	岷江冷杉 Abies faxoniana Rehd. et Wils.	纸	25	14	28	始温 45 ℃水浸种 24 h
2	柳杉 Cryptomeria fortunei Hooibrenk	纸	25	18	28	—
3	杉木 Cunninghamia lanceolata（Lamb.）Hook.	纸	25	10	21	—
4	柏木 Cupressus funebris Endl.	纸	20	20	35	—
5	银杏 Ginkgo biloba L.	沙	20~30	14	28	1~5℃层积 60d
6	兴安落叶松 Larix gmelinii（Rupr.）Rupr.	纸	20~25	14	28	始温 45 ℃水浸种 24
7	水杉 Metasequoia glyptroboides Hu et Cheng	纸	25	10	21	—
8	云杉 Picea asperata Mast.	纸	20~25	10	24	始温 45 ℃水浸种 24 h
9	华山松 Pinus armandi French	沙	20~30	14	42	始温 45 ℃水浸种 72 h；1~5 ℃层积 30 d
10	白皮松 P. bungeana Zucc. et Endl.	沙	20~25	14	35	1~5℃层积 45 d
11	湿地松 P. elliottii Engelm.	纸	25,20~30	14	28	—
12	马尾松 P. massoniana Lamb.	纸	25	10	21	—
13	樟子松 P. sylvestris var. mongolica Litv.	纸	25	10	18	—
14	油松 P. tabulaeformis Carr.	纸	25	10	21	始温 45 ℃水浸种 24 h
15	黑松 P. thunbergii Parl.	纸	25	14	28	—
16	侧柏 Platycladus orientalis（L.）Franco	纸	25,20~25	14	28	始温 45 ℃水浸种 24 h
17	池杉 Taxodium ascendens Brongn.	沙	20~30	14	28	20℃层积 60 d 后转入 3~5 ℃下 45 d
18	落羽杉 T. distichum（L.）Rich	纸	20,20~30	7	28	3~5 ℃层积 30 d；染色法测定生活力
19	相思树 Acacia richii A. Gray	纸	25	7	21	始温 100 ℃水浸种 2 min，自然冷却 24 h；浓硫酸浸种 15~20 min 后充分冲洗；染色法测定生活力
20	元宝枫 Acer truncatum Bunge	纸	25	7	14	去翅，室温水浸 2 d 后剥去果皮及种皮
21	臭椿 Ailanthus altissima（Mill.）Swingle	纸	30	10	16	去翅，始温 45 ℃水浸种 24 h
22	合欢 Albizzia julibrissin Durazz.	纸	20~30	7	14	始温 80 ℃水浸种 24 h，余硬粒再处理 1~2 次
23	桤木 Alnus cremastogyne Burkill	纸	25	7	21	—
24	紫穗槐 Amorpha fruticosa L.	纸	20~25	7	14	去外种皮，始温 60 ℃水浸种 24 h

(续)

序号	树 种	发芽床	温度(℃)	初次计数(d)	末次计数(d)	备 注
25	羊蹄甲 Bauhinia purpurea L.	纸	25	7	14	浓硫酸浸种10 min后充分冲洗
26	白桦 Betula platyphylla Suk.	纸	20~30	14	21	—
27	油茶 Camellia oleifera Abel.	纸	25	8	12	5~10℃层积45 d
28	喜树 Camptotheca acuminata Decne.	纸	20~30	17	28	冷水浸3 d,剥去果皮
29	薄壳山核桃 Carya illinoensis (Wangenh.) K. Koch.	沙	20~30	20	49	1~5℃层积60 d
30	铁刀木 Cassia siamea Lam.	纸	25	10	20	浓硫酸浸种3 min后充分冲洗
31	锥栗 Castanea henryi (Skan) Rehd. et Wils.	沙	25	7	21	—
32	板栗 C. mollissima Blume	沙	20~25	12	35	0.5%高锰酸钾消毒20 min,45℃水浸种48 h
33	格氏栲 C. kawakamii Hay.	纸	25	7	21	—
34	木麻黄 Casuarinn equisetifolia L.	纸	30	7	14	—
35	梓属 Catalpa spp.	纸	20~30	4	7	室温水浸24 h
36	樟树 Cinnamonum camphora (L.) Presl	纸	30	7	14	15~20℃层积30 d;室温水浸10 d,去果皮;19%过氧化氢浸种2 h
37	肉桂 C. cassia Presl	沙	30	7	21	—
38	降香黄檀 Dalbergia odorifera T. Chen	纸	30	24	18	—
39	凤凰木 Delonix regia (Bojea.) Raf.	沙	30	7	14	始温100℃水浸种24 h;浓硫酸浸30 min后冲洗
40	君迁子 Diospyros lotus L.	沙	20~30	6	13	始温45℃水浸种24 h
41	沙枣 Elaeagnus angustifolia L.	沙	25	14	21	29%过氧化氢浸种15~20 min;始温60℃水浸种48 h
42	翅果油树 E. mollis Diels	纸	25	10	28	—
43	泡火绳 Eriolacnena malvacea (Levl.)	纸	25	5	21	始温70℃水浸种24 h
44	格木 Erythrophleum fordii Oliv.	沙	30	7	15	始温100℃水浸种24 h
45	赤桉 Eucalyptus camaldulensis Dehnh	纸	30	7	14	清除种皮上的胶状物后浓硫酸浸种30 min,充分冲洗;称量发芽法,0.5 g
46	柠檬桉 E. citriodora Hook.	纸	25	7	14	浸种30 min,充分冲洗;称量发芽法,1.0 g

（续）

序号	树 种	发芽床	温度（℃）	初次计数（d）	末次计数（d）	备 注
47	杜仲 Eucommia ulmoides Oliv.	纸	25	14	21	划去胚根一侧，浸24 h；5 ℃催芽40d
48	梧桐 Firmiana simplex（L.）W. F. Wight	沙	20~30	11	24	水浸24 h后切破种皮
49	白蜡 Fraxinus chinensis Roxb.	纸	25	5	15	始温45 ℃水浸种21 d，每天换水1次
50	皂荚 Gleditsia sinensis Lam.	纸	20~25	12	21	浓硫酸浸1 h，充分冲洗，温水浸48 h；始温45 ℃水浸种24 h，余硬粒再处理1~2次
51	云南石梓 Gmelina arborea Roxb.	纸	25~35	15	44	室温水浸种24 h
52	银桦 Grevillea robusta A. Cunn.	纸	25	14	28	始温45 ℃水浸种24 h
53	梭梭 Haloxylon ammodendron（Mey.）Bunge	纸	25	3	10	—
54	沙棘 Hippophae rhamnoides L.	纸	25	10	19	始温45 ℃水浸种24 h
55	核桃 Juglans regia L.	沙	25	12	18	室温水浸种4 d，夹裂核壳，埋入沙中
56	紫薇 Lagerstroemia indica L.	纸	20~30	4	11	—
57	胡枝子 Lespedeza bicolor Turcz.	纸	20~25	3	5	去掉果皮后擦破种皮，水浸24 h
58	枫香 Liquidambar formosana Hance	纸	25	10	21	—
59	鹅掌楸 Liriodendron chinense（Hemsl.）Sarg.	纸	25	14	28	1~12 ℃层积90 d
60	金银花（忍冬）Lonicera japonica Thurb.	纸	20~30	4	11	始温45 ℃水浸种72 h后再置1~5 ℃层积14 d
61	枸杞 Lycium chinense Mill.	纸	20	7	21	—
62	楝树 Melia azedarach L.	纸	25	10	21	剥开果核取出种子
63	川楝 M. toosendan Sieb. et Zucc.	纸	25	10	21	剥开果核取出种子
64	醉香含笑（火力楠）Muchelia macclurei Dandy	沙	25~30	7	21	2~17 ℃层积80 d
65	桑树 Morus alba L.	纸	30	7	21	—
66	壳菜果（米老排）Mytilaria laosensis Lec	沙	20~30	15	30	始温50 ℃水浸种24 h
67	毛泡桐 Paulownia tomentosa（Thunb.）Steud.	纸	25~30	7	22	—
68	黄檗（黄波罗）Phellodendron amurense Rupr.	纸	20~30	7	22	—
69	毛竹 Phyllostachys pubescens Mazel ex. H. de Lehaie	纸	25	14	28	—
70	黄连木 Pistacia chinensis Bunge	沙	20~30	14	28	1~5 ℃层积60 d
71	悬铃木属 Platanus spp.	纸	20~25	5	10	—

(续)

序号	树 种	发芽床	温度（℃）	初次计数（d）	末次计数（d）	备 注
72	杨属 *Populus* spp.	纸	20~25	7	14	—
73	枫杨 *Pterocarya stenoptera* C. DC.	沙	30	10	21	1~5℃层积90 d
74	栎属 *Quercus* spp.	沙	25	14	28	—
75	火炬树 *Rhus typhina* L.	纸	25~30	7	14	浓硫酸浸泡5 min,冲洗干净,再用室温水浸48 h
76	刺槐 *Robinia pseudoacacia* L.	纸	20~30	7	14	始温85~90℃水浸种24 h,硬粒再处理1~2次
77	旱柳 *Salix matsudana* Koidz.	纸	20~30	7	12	—
78	乌桕 *Sapium sebiferum* (L.) Roxb.	沙	25	6	21	4% NaOH水溶液浸泡去蜡层后1~5℃层积50 d
79	檫木 *Sassafras tsumu* (Hemsl.) Hemsl.	纸	25	14	28	—
80	木荷 *Schima superba* Gardn. et Champ.	纸	20~30	17	35	—
81	槐树 *Sophora japonica* L.	纸	20~25	9	14	始温85~90℃水浸种24 h,余硬粒再处理1~2次
82	柚木 *Tectona grandis* L. f.	纸	25~35	25	40	烈日下暴晒7 d,后将种子浸泹于石灰水内7 d,然后水浸2 d;露天(25~30℃)层积8 d
83	香椿 *Toona sinensis* (A. Juss.) Roem.	纸	25	7	21	—
84	漆树 *Toxicodendron verniciflum* (Stokes) F. A. Barkley	沙	20~25	14	28	1~5℃层积15~30 d;浓硫酸浸种30~40 min,洗净后1~5℃层积30 d
85	棕榈 *Trachycarpus fortunei* (Hook. f.) H. Wendl.	纸	25	14	21	5~10℃层积15~30 d;染色法测定生活力;解剖法测定优良度
86	白榆 *Ulmus pumila* L.	纸	20~25	5	7	—
87	大叶榉 *Zelkova schneideriana* Hand.-Mazz.	纸	20	14	21	1~5℃层积40 d

注：选自 GB 2772—1999《林木种子检验规程》。

附录3 四唑和靛蓝测定生活力的技术条件

序号	树种	预处理方式时间(h)	染色前的准备	试剂种类 四唑	试剂种类 靛蓝	30~35℃染色 浓度(%)	30~35℃染色 时间(h)	鉴定的准备	四唑不染色的最大面积；靛蓝染色的最大面积	备注
1	冷杉属 *Abies* spp.	温水浸18	切开两端，打开胚腔	√		0.5~1.0	18~24	纵切胚乳使胚露出	胚乳末端有少量表面坏死	
			在胚旁纵切	√		0.5~1.0	8~24	除去种皮	胚乳末端有少量表面坏死	
2	杉木 *Cunninghamia lanceolata* (Lamb.) Hook.	温水浸24	剥去种皮	√		0.5~1.0	4~5		无，包括胚乳	
3	银杏 *Ginkgo biloba* L.	温水浸24	取胚方	√		0.5~1.0	15~20		1/4胚方子叶末端	
4	刺柏属 *Juniperus* spp.	温水浸24	从末端去1/4	√		0.5~1.0	4	纵切，使胚和胚乳露出	无，包括子叶	
			在胚旁纵切	√		0.5~1.0	24	露出胚和胚乳	无，包括子叶	
5	松属 *Pinus* spp.	温水浸18	两端横切，打开胚腔	√		0.5~1.0	18~24	纵切胚乳，露出胚除去种皮	无，包括胚乳	种胚短于胚腔1/3者，为无生活力
			在胚旁纵切	√		0.5~1.0	12~18	暴露出胚，除去种皮	无，包括胚乳	
6	华山松 *P. armandii* Franch.	温水浸24~48	除去种皮	√		0.5~1.0	15~20	纵切种子，使胚与胚乳露出	无，包括胚乳	
			无，包括胚乳	√		0.5~1.0	15~20	剥出种仁	无，包括胚乳	
7	白皮松 *P. bungeana* Zucc. et Endl.	温水浸24~48	除去种皮	√		0.5~1.0	20~24	剥出种仁	无，包括胚乳	种胚短于胚腔1/3者，为无生活力
			除去种皮		√	0.1	20~24	剥出种仁	无，包括胚乳	
8	湿地松 *P. elliottii* Engelm.	温水浸24	除去种皮	√		0.5~1.0	2~3	剥出种仁	无，包括胚乳	种胚短于胚腔1/3者，为无生活力

(续)

序号	树　种	预处理方式 时间(h)	染色前的准备	试剂种类 四唑	试剂种类 靛蓝	30~35℃染色 浓度(%)	30~35℃染色 时间(h)	鉴定的准备	四唑不染色的最大面积;靛蓝染色的最大面积	备注
9	思茅松 *P. kesiya* Royle ex Gord. var. *langbianensis*(A. Chev.) Gaussen	温水浸24	除去种皮	√		0.5~1.0	2~3	剥出种仁	无,包括胚乳	种胚短于胚腔1/3者,为无生活力
10	红松 *P. koraiensis* Sieb. et Zucc.	温水浸48	除去种皮	√		0.5~1.0	20~24	剥出种仁	无,包括胚乳	种胚短于胚腔1/3者,为无生活力
11	油松 *P. tabulaeformis* Carr.	温水浸24	除去种皮	√		0.5~1.0	3~4	剥出种仁	无,包括胚乳	种胚短于胚腔1/3者,为无生活力
12	火炬松 *P. taeda* L.	温水浸24	除去种皮	√		0.5~1.0	2~3	剥出种仁	无,包括胚乳	种胚短于胚腔1/3者,为无生活力
13	黄山松 *P. taiwanensis* Hayata	温水浸24	除去种皮	√		0.5~1.0	2~3	剥出种仁	无,包括胚乳	种胚短于胚腔1/3者,为无生活力
14	云南松 *P. yunanensis* Faranch.	温水浸24	除去种皮	√		0.5~1.0	2~3	剥出种仁	无,包括胚乳	种胚短于胚腔1/3者,为无生活力
14			除去种皮		√	0.1	2~3	剥出种仁	无,包括胚乳	
15	侧柏 *Platycladus orientalis*(L.) Franco	温水浸24	除去种皮	√		0.5~1.0	3~4	剥出种仁	无,包括胚乳	种胚短于胚腔1/3者,为无生活力
16	圆柏 *Sabina chinensis*(L.) Ant.	温水浸48	从末端切去1/4	√		0.5~1.0	15~20	纵切使胚和胚乳露出	无,包括子叶	
16			在胚旁纵切	√		0.5~1.0	15~20	露出胚和胚乳	无,包括子叶	

(续)

序号	树种	预处理方式时间(h)	染色前的准备	试剂种类 四唑	试剂种类 靛蓝	30~35℃染色 浓度(%)	30~35℃染色 时间(h)	鉴定的准备	四唑不染色的最大面积;靛蓝染色的最大面积	备注
17	落羽杉 *Taxodium distichum*(L.) Rich.	温水浸18	从两端横切去1/4,打开胚腔	√		0.5~1.0	24~48	纵切胚乳使胚露出	无,包括胚乳	
			胚旁纵切	√		0.5~1.0	24~48	除去种皮使胚露出	无,包括胚乳	
18	鸡爪槭 *A. palmatum* Thunb.	温水浸18,或3~5℃预冷冻10~14	除两果的连接部位外,沿另三边切开果皮	√		0.5~1.0	24	从果皮和种皮中取胚	胚根尖端,子叶末端小面积坏死	胚根尖端、子叶末端小面积坏死
19	鹅耳枥属 *Carpinus* spp.	温水浸18	从末端去1/3	√		0.5~1.0	10~24	除去种皮,使胚露出	无	吸水前切割,可改进染色
20	板栗 *Castanea mollissima* Blume	温水浸48	取胚方	√		0.5~1.0	3~4		1/4胚方子叶末端	
			取胚方		√	0.1	7~8		1/4胚方子叶末端	
21	榛属 *Corylus* spp.	打开坚果,温水浸18	切去子叶末端1~2mm,沿子叶间劈开,不应切开成片	√		1.0	12~15	分开子叶,特别应沿不会染色部分切开	胚根末端,子叶末端表面坏死不大于子叶腹面直径的1/3	
22	山楂属 *Crataegus* L.	温水浸18	从末端切1/3	√		0.5~1.0	10~24	取出胚	胚根尖端,1/3子叶顶端部分,如在表面则为1/2	
23	胡颓子属 *Elaeagnus* spp.	温水浸18	沿胚边纵切	√		0.5~1.0	18~24	沿胚乳纵切露出种胚	胚根尖端,1/3子叶顶端部分,如在表面则为1/2	

(续)

序号	树种	预处理方式 时间(h)	染色前的准备	试剂种类 四唑	试剂种类 靛蓝	30~35℃染色 浓度(%)	30~35℃染色 时间(h)	鉴定的准备	四唑不染色的最大面积;靛蓝染色的最大面积	备注
			切去两端,打开种腔	√		0.5~1.0	18~24	去种皮,露出种胚	胚根尖端,1/3子叶顶端部分,如在表面则为1/2	
24	卫矛属 *Euonymus* spp.	温水浸18	从顶端横切1/3,或胚乳纵切成两片,打开种腔	√		0.5~1.0	24~48	纵切胚乳,露出种胚	无,包括胚乳	
25	白蜡树 *Fraxinus chinensis* Roxb.	除去果皮及翅,温水浸48	避开胚中轴纵切种子,取出胚	√		0.5~1.0	30	纵切种子	1/4顶端部分	
26	水曲柳 *F. mandshurica* Rupr.	除去果皮及翅,温水浸48	避开胚中轴纵切种子,取出胚	√		0.5~1.0	20~30	纵切种子	1/4顶端部分	
			避开胚中轴纵切种子,取出胚		√	0.2	0~30	纵切种子	1/4顶端部分	
27	核桃 *Juglans regia* L.	冷水浸48	取胚方	√		0.5~1.0	3~4		1/4胚方子叶末端	
			取胚方		√	0.2	3~4		1/4胚方子叶末端	
28	女贞属 *Ligustrum* spp.	温水浸18	从末端1/4横切	√		0.5~1.0	20~24	纵切通过胚和胚乳	无,包括胚乳	
			沿两边各纵切去一片	√		0.5~1.0	18~24	除去种皮	无,包括胚乳	
29	鹅掌楸属 *Liriodendron* spp.	温水浸18	从果翅末端对面横切一片果皮和胚乳;或纵切胚乳	√		0.5~1.0	24~48	纵切,使胚和胚乳露出	无,包括胚乳	
30	苹果属 *Malus* spp.	温水浸18	从末端切去1/3	√		0.5~1.0	20~24	取出种胚	胚根尖端,1/3子叶顶端部分,如在表面则为1/2	

(续)

序号	树种	预处理方式时间(h)	染色前的准备	试剂种类		30~35 ℃染色		鉴定的准备	四唑不染色的最大面积；靛蓝染色的最大面积	备注
				四唑	靛蓝	浓度(%)	时间(h)			
31	黄檗(黄波罗) *Phellodendron amurense* Rupr.	温水浸24	除去种皮		√	0.2	2~3	纵切种子使胚和胚乳露出或剥出种仁	无,包括胚乳	
32	李属 *Prunus* spp.	开核取种,温水浸18	除去种皮	√		0.5~1.0	4~12	将子叶展开	胚根尖端,1/3子叶顶端部分	
33	梨属 *Pyrus* spp.	温水浸18	从末端切去1/3	√		0.5~1.0	16~24	使胚露出	胚根尖端,1/3子叶顶端部分	
34	刺槐 *Robinia pseucdoacacia* L.	用80℃始温水浸24	除去种皮	√		0.5~1.0	2~3		1/4子叶末端	
			除去种皮		√	0.2	2~3		1/4子叶末端	
35	蔷薇属 *Rosa* spp.	温水浸18	从末端切去1/3	√		0.5~1.0	16~24	使胚露出	胚根尖端,1/3子叶顶端部分	
36	花椒属 *Sorbus* spp.	温水浸18	从末端切去1/3	√		0.5~1.0	18~24	使胚露出	胚根尖端,1/3子叶顶端部分	
37	椴属 *Tilia* spp.	除去果皮18	切去黑斑及一薄片胚乳	√		0.5~1.0	24~28	沿胚乳纵切,剥出外壳,轻轻挤压种子,使胚露出	无,在胚乳的表面上有微小坏死则除外	
38	文冠果 *Xanthoceras sorbifolia* Bunge	浓硫酸浸种3,再用温水浸48	除去种皮	√		0.5~1.0	8~10		1/4子叶末端	
			除去种皮		√	0.1	8~10		1/4子叶末端	

注：引自 GB 2772—1999《林木种子检验规程》。

附录4 优良种子鉴别表

序号	树种	优良种子
1	岷江冷杉 *Abies faxoniana* Rehd. et Wils.	种皮表面黑褐色有光泽,富含松脂香味;胚乳呈乳白色,饱满,胚根淡清白色,子叶淡清绿色,新鲜
2	杉松(沙松) *A. holophylla* Maxim.	种粒饱满,胚乳、胚皆白色
3	三尖杉 *Cephalotaxus fortunei* Hook. f.	胚乳饱满,白色或淡黄色
4	柳杉 *Cryptomeria fortunei* Hooibrenk	种子饱满,胚呈暗白色
5	杉木 *Cunninghamia lanceolata* (Lamb.) Hook.	种皮赤褐色,有光泽;种仁饱满,胚完好,胚根稍带粉红色,胚尖淡红色,胚乳呈白色、淡白色
6	干香柏 *Cupressus duclouxiana* Hickel	胚乳外被黄褐色,内呈乳白色,先端黄褐色,胚白色,饱满,新鲜
7	柏木 *C. funebris* Endl.	种仁黄白色,先端黄褐色,中部淡褐色,基部棕色
8	银杏 *Ginkgo biloba* L.	胚乳饱满,表面浅黄色,切开后胚乳黄绿色,胚浅黄绿色
9	杜松 *Juniperus rigida* Sieb. et Zucc.	种皮棕白色;种仁饱满,胚、胚乳呈白色
10	落叶松(兴安落叶松) *Larix gmelinii* (Rupr.) Rupr.	种子腹面褐色,背面浅褐色,有光泽;胚、胚乳皆乳白色,饱满,有弹性
11	华北落叶松 *L. principis-rupprechtii* Mayr	种皮腹面褐色,背面黄白色,有光泽;种仁饱满,胚乳尖端部分呈乳色,钝部白色,胚为乳白色,有松脂香味,种仁切面平滑;浸种后种仁膨胀,质硬脆,胚乳呈乳白色,胚靠根尖部呈浅黄或淡黄绿色,其称子叶部呈鲜白色,用84%的酒精浸种可快速测出饱满度
12	白杄 *Picea meyeri* Rehd. et Wils.	种皮黑褐色或灰褐色,种粒饱满;胚、胚乳皆白色,有松脂香味;浸种后种仁膨胀,色鲜,质硬脆
13	青杄 *P. wilsonii* Mast.	种皮黑褐色或灰褐色,种粒饱满;胚、胚乳皆白色,有松脂香味;浸种后种仁膨胀,色鲜,质硬脆
14	华山松 *Pinus armandii* Franch.	种仁饱满,有松脂香味,胚乳呈乳白色,胚白色,其两端呈微淡黄色或微淡黄绿色;浸种后种仁膨胀,胚呈乳白色,有鲜嫩感
15	白皮松 *P. bungeana* Zucc. et Endl.	种仁饱满,有松脂香味,胚乳呈乳白色,胚白色,其两端呈微淡黄色或微淡黄绿色,漫种后种仁膨胀,胚乳白色,有鲜嫩感,胚根部微黄色或黄绿色,质硬脆
16	赤松 *P. densiflora* Sieb. et Zucc.	种皮赤褐色;胚、胚乳皆白色,有松脂香味,有弹性
17	红松 *P. koraiensis* Sieb. et Zucc.	种粒饱满,浅红棕色;胚、胚乳皆乳白色,饱满,有弹性,富松脂香味
18	马尾松 *P. massoniana* Lamb.	种皮黑褐、灰褐、灰棕或黄白色;温水浸种20~24 h,胚乳呈白色,胚黄或红色
19	樟子松 *P. sylvestris* var. *mongolica* Litv.	种粒饱满,胚、胚乳皆白色,有弹性,有松脂香味
20	油松 *P. tabulaeformis* Carr.	种皮黑褐色或灰褐色有光泽;种仁饱满,胚乳呈乳白色,胚白色,其靠根部具微浅黄色,有松脂香味。浸种后种仁膨胀,质硬脆,胚乳、胚鲜白色,胚靠根尖部呈鲜淡黄色或鲜淡黄绿色
21	黄山松 *P. taiwanensis* Hayata	种粒饱满,种皮黑褐色或灰褐色;胚、胚乳皆白色,有松脂香味
22	黑松 *P. thunbergii* Parl.	种粒饱满,种皮黑褐色或灰褐色;胚、胚乳皆白色,有松脂香味
23	云南松 *P. yunanensis* Franch.	胚乳呈乳白色,胚白色,饱满,新鲜

(续)

序号	树　　种	优良种子
24	侧柏 Platycladus orientalis（L.）Franco	种粒饱满,种皮棕褐色,有光泽;胚白色,胚乳呈乳白色或黄白色;浸种后种仁膨胀,色鲜,质硬脆
25	罗汉松 Podocarpus macrophyllus（Thunb）D. Don	胚乳呈白色,胚黄绿色或淡黄绿色
26	竹柏 P. nagi（Thunb.）Zoll. et Mor.	胚乳呈白色,胚黄绿色或淡黄绿色
27	圆柏 Sabina chinensis（L.）Ant.	胚、胚乳皆白色,饱满,较软
28	南方红豆杉 Taxus mairei（Lemee et Levl.）S. Y. Hu ex Lin	种粒饱满,种皮棕色,有光泽;胚、胚乳皆白色
29	儿茶 Acacia catechu Willd.	种子暗绿色,扁平,饱满,稍有光泽;子叶淡黄色,光滑,较硬,有弹性,远离胚根有少量白色凹陷部分,种仁带青
30	青榨槭 Acer davidi Franch.	翅果橙棕色,饱满;子叶黄色或浅黄绿色,胚根较白
31	茶条槭 A. ginnala Maxim.	翅果橙棕色,饱满;子叶黄色或淡黄绿色,胚根较白
32	五角枫 A. mono Maxim.	翅果褐色,饱满;种仁嫩绿,饱满,有弹性
33	地锦槭 A. pictum thunb.	翅果嫩绿,饱满;种仁嫩绿,饱满,有弹性
34	元宝枫 A. truncatum Bunge	翅果橙棕色,饱满;子叶黄色或浅黄绿色,胚根白色
35	海红豆 Adenanthera pavonina L.	种子鲜红色有光泽;内种皮透明,无色,凝胶状,有弹性,胚淡黄色
36	七叶树 Aesculus chinensis Bunge	胚浅黄色,湿润膨大,有油脂
37	臭椿 Ailanthus altissima（Mill.）Swingle	翅果褐色,饱满;种皮黄白色;种仁浅黄色
38	楹树 Albizia chinensis（Osb.）Merr.	种子青褐色;子叶淡黄色,较厚
39	合欢 A. julibrissin Durazz.	种子褐色,饱满,有光泽;子叶黄色不透明
40	油桐 Aleurites fordii Hemsl.	内种皮纸质,粉白色;种仁饱满,有弹性,胚乳光滑,黄白色,子叶白色
41	赤杨 Aluns japonica（Thunb.）Steud.	种粒饱满,子叶白色,种仁乳白色,饱满
42	辽东桤木（水冬瓜） A. sibirica Fisch.	种仁乳白色,饱满
43	紫穗槐 Amorpha fruticosa L.	荚赤褐色;种皮棕色或浅灰绿色;种仁鲜黄绿色,子叶和胚根均为淡黄色
44	羊蹄甲 Bauhinia purpurea L.	内种皮透明;子叶黄色,较肥大,有皱纹
45	白花羊蹄甲 B. acuminata L.	种子黄色,饱满,有光泽;子叶黄白色
46	黄芦木 Berberis amurensis Rupr.	胚稍具黄绿色,胚乳呈乳白色,饱满而硬,切面光滑
47	重阳木 Bischofia javanica Bl.	种子棕色或棕褐色,饱满,胚、胚乳均白色
48	油茶 Camellia oleifera Abel.	内种皮紧贴子叶;子叶肥厚,乳黄色,饱满,有弹性
49	喜树 Camptotheca acuminata Decne	胚淡绿色,胚乳呈白色
50	柠条锦鸡儿 Caragana korshinskii Kom.	种皮黄褐或栗褐色,光滑;子叶米黄色,种粒较饱满均匀
51	小叶锦鸡儿 C. microphylla Lam.	种粒饱满,种皮棕褐色或灰褐色;子叶淡黄色
52	山核桃 Carya cathayensis Sarg.	子叶饱满,乳白色,有油香味
53	薄壳山核桃 Carya illinoensis（Wangenh.）K. Koch	子叶饱满,乳白色,有油香味

(续)

序号	树　　种	优良种子
54	铁刀木 *Cassia siamea* Lam.	种子红黑色,有光泽;子叶黄绿色,胚根白色,有弹性
55	板栗 *Castanea mollissima* Blume	种壳栗褐色至浓褐色,饱满,坚硬,表面光洁;子叶浅黄色,较硬,有弹性及清香味,内外均无异状,胚芽健全,无黑点;子叶上虽有暗棕色条纹,但面积不超过1/4
56	梓树 *Catalpa ovata* G. Don	种子灰色或灰棕色,饱满;子叶白色
57	南蛇藤 *Celastrus orbiculatus* Thunb.	胚浅白绿色,硬,胚乳粉白色
58	麻楝 *Chukrasia tabularis* A. Juss.	胚、胚乳皆白色,无病虫
59	樟树 *Cinnamomum camphora*（L.）Presl	胚、胚乳皆白色,具樟油香味,油分多
60	灯台树 *Cornus controversa* Hemsl.	胚淡黄色,饱满
61	毛梾 *C. walteri*（Wanger.）	胚、胚乳皆白色
62	山楂 *Crataegus pinnatifida* Bunge	子叶乳白色,饱满,胚根白色
63	青冈 *Cyclobalanopsis glauca*（Thunb.）Oerst.	种子暗褐色,具淡黄色绒毛,坚硬,子叶较硬,有弹性,浅灰黄色,种仁接触空气即呈深暗色
64	黄檀 *Dalbergia hupeana* Hance	种子黄褐色,饱满,有光泽;子叶淡黄色
65	降香黄檀 *D. odorifera* T. Chen	种子红褐色,薄,饱满,有光泽;子叶鲜红色
66	凤凰木 *Delonix regia*（Bojea.）Raf.	胚淡黄色,胚乳灰白,坚硬,饱满
67	君迁子 *Diospyros lotus* L.	种粒坚硬较厚;胚乳灰白色,坚硬,胚白色
68	猫尾树 *Dolichandrone cauda-felina*（Hance）Benh. et Hook. f.	子叶、胚根、胚芽皆白色,健壮,或子叶离开胚根部的边缘带有黑色斑点,子叶较硬有弹性
69	沙枣 *Elaeagnus angustifolia* L.	种粒饱满,肉质;子叶白色,有光泽,剖面淡黄色或近于白色
70	青皮象耳豆 *Enterolobium contortisiliquum* Morong	种子黑红色,饱满,有光泽;子叶淡黄色
71	杜仲 *Eucommia ulmoides* Oliv.	种子淡栗色,饱满,有光泽;胚乳完整,有弹性,胚白色
72	卫矛 *Euonymus alatus*（Thunb.）Sieb.	胚完整,新鲜,浅黄色或黄绿色;胚乳呈白色
73	水青冈 *Fagus longipetiolata* Seem.	子叶、胚根均白色,饱满,有光泽
74	梧桐 *Firmiana simplex*（L.）W. F. Wight	种粒饱满,略有香味;胚乳呈白色,新鲜,无味或有香味,胚黄色
75	连翘 *Forsythia suspensa*（Thunb.）Vahl	种皮棕黄,微红;种仁白色,饱满
76	美国白蜡 *Fraxinus americana* L.	胚白色或淡白色,有弹性,胚乳呈乳白色或淡蓝色,较硬
77	水曲柳 *F. mandshurica* Rupr.	胚白色或淡白色,有弹性,胚乳呈乳白色或淡蓝色,较硬
78	花曲柳 *F. rhynchophylla* Hance	胚白色或淡白色,有弹性,胚乳呈乳白色或淡蓝色,较硬
79	皂荚 *Gleditsia sinensis* Lam.	种子黄褐色;胚根、子叶浅黄色,饱满,子叶多开展
80	蒙古岩黄菁(羊柴) *Hedysarum mongolicum* Turcz.	种粒饱满,种皮淡黄色;子叶较硬,黄色
81	花棒(细枝岩黄曹) *H. scoparium* Fisch. et Mey.	种皮黄色,皮上有少量绒毛,种粒饱满;子叶较硬,黄色

(续)

序号	树　　种	优良种子
82	沙棘 *Hippophae rhamnoides* L.	胚根浅黄色,子叶乳白色,饱满,有弹性
83	冬青 *Ilex purpurea* Hassk.	种子深褐色,饱满;胚乳呈乳白色,饱满
84	核桃楸 *Juglans mandshurica* Maxim.	内种皮淡黄色,有光泽;子叶淡黄白色,饱满,有弹性,具香味
85	核桃 *J. regia* L.	内种皮淡黄色,有光泽,子叶饱满,淡黄白色,有油香味
86	栾树 *Koelreuteria paniculata* Laxm.	子叶淡黄色,偶带绿色,饱满,有弹性
87	胡枝子 *Lespedeza bicolor* Turcz.	荚褐色,饱满;种仁黄白色,饱满
88	女贞 *Ligustrum lucidum* Ait.	种粒饱满,胚、胚乳皆白色
89	枸杞 *Lycium chinense* Mill.	种较饱满,胚、胚乳皆白色
90	龙眼参 *Lysidice rhodostegia* Hance	浸种2d后,种皮变软,切开后子叶灰白,无斑点
91	玉兰 *Magnolia denudata* Desr.	种仁饱满,与壳同大,有油质,种仁尖端呈黄色,胚乳呈黄色,胚白色,油分多
92	厚朴 *M. officinalis* Rehd. et Wils.	种仁饱满,与壳同大,有油质,种仁尖端呈黄色,胚乳呈黄色,胚白色,油分多
93	天女花 *M. sieboldii* K. Koch	种子棕色或棕黄色,饱满;胚乳表面黄色,切开呈清白色,油分多
94	山荆子 *Malus baccata*(L.) Borkh.	种皮有光泽,子叶、胚、白色,饱满;浸种后种仁白色,有新鲜感,质硬脆
95	西府海棠 *M. micromalus* Makino	种皮有光泽;子叶、胚、白色,饱满;浸种后种仁白色,有新鲜感,质硬脆
96	楝树 *Melia azedarach* L.	种粒较饱满;胚根淡黄色,子叶白色,有光泽
97	川楝 *M. toosendan* Sieb. et Zucc.	种粒饱满;胚根淡黄色,子叶白色,有光泽
98	壳菜果(米老排) *Mytilaria laosensis* Lec.	种仁白色,有带苦的油香味
99	蓝果树 *Nyssa sinensis* Oliv.	胚、胚乳均白色,完整
100	木蝴蝶(千张纸) *Oroxylum indicum*(L.) Vent.	子叶黄色或淡黄色
101	银珠 *Peltophorum tonkinense*(Pierre) Gagnep.	种子扁平光滑;内种皮无色,透明,有弹性;子叶、胚根淡黄色
102	黄檗(黄波罗) *Phellodendron amurense* Rupr.	种子黑褐色,饱满,有光泽;胚、胚乳均白色,有弹性,或胚淡黄色
103	桢楠 *Phoebe zhennan* S. Lee et F. N. wei	种仁饱满,胚、胚乳皆白色
104	紫楠 *Ph. sheareri*(Hemsl.) Gamble	种子黑褐色或灰黄色,有灰、黑条纹,有光泽;子叶淡黄色,较硬,有弹性
105	石楠 *Photinia serrulata* Lindl.	胚白色
106	黄连木 *Pistacia chinensis* Bunge.	子叶淡黄色或淡黄绿色,胚根白色
107	小叶杨 *Populus simonii* Carr.	种粒饱满,子叶白色
108	山杏 *Prunus armeniaca* L. var. *ansu* Maxim.	子叶乳白色,饱满,坚硬,胚根比子叶色白
109	山桃 *P. davidiana*(Carr.) Franch.	子叶乳白色,饱满,较硬,有弹性
110	紫檀 *Pterocarpus indicus* Willd.	种子灰黄色,有光泽;子叶米黄色,饱满

(续)

序号	树　种	优良种子
111	枫杨 *Pterocarya stenoptera* C. DC.	种子深褐色；种仁乳白色,饱满
112	翻白叶树 *Pterospermum heterophyllum* Hance	胚根、子叶白色
113	杜梨 *Pyrus betulaefolia* Bunge	子叶乳白色,饱满,坚硬,有弹性,胚根白色
114	麻栎 *Quercus acutissima* Carr.	种粒饱满,棕黄色,有光泽；子叶硬,有弹性,浅黄白色或带红色,胚芽、胚根正常,无虫害
115	两广梭罗树 *Reevesia thyrsoidea* Lindl.	种粒饱满、胚乳肥厚,胚白色或黄白色,子叶叶脉明显
116	刺槐 *Robinia pseudoacacia* L.	种粒饱满、种皮黑褐色或棕褐色,有光泽；子叶、胚根均为淡黄,发育正常
117	乌桕 *Sapium sebiferum*（L.）Roxb.	胚乳、胚根、子叶均为白色,新鲜,有弹性
118	檫木 *Sassafras tzumu*（Hemsl.）Hemsl.	手捏硬、饱满；子叶饱满新鲜,剖面中部颜色较深,带油光,最外圈色淡,呈淡白色或绿色
119	木荷 *Schima superba* Gardn. et Champ.	胚、胚乳皆白色
120	硬核 *Scleropyrum wallichianum*（Wight et Arn.）Arn.	胚、胚乳皆白色
121	仿栗 *Sloanea hemsleyana*（Ito）Rehd. et Wils.	种壳褐色,有光泽；子叶淡黄色,饱满
122	槐树 *Sophora japonica* L.	种粒饱满,子叶浅绿色,胚根黄色
123	紫丁香 *Syringa oblata* Lindl.	种粒饱满,子叶浅绿色,胚根黄色
124	厚皮香 *Ternstroemia gymnanthera*（Wight et Arn）Sprague	胚白色
125	紫椴 *Tilia amurensis* Rupr.	种粒饱满,种皮深褐色；种仁淡黄白色,有弹性
126	糠椴 *T. mandschurica* Rupr. et Maxim.	种粒饱满,干种解剖时,胚黄色,胚乳黄白色；浸种后解剖,胚淡黄色,胚乳白色,子叶舒展
127	香椿 *Toona sinensis*（A. Juss.）Roem.	种粒饱满,种仁淡黄白色
128	棕榈 *Trachycarpus fortunei*（Hook. f.）H. Wendl.	果皮蓝黑色,种皮黑褐色,饱满；胚乳白色,透明,胚黄白色
129	石笔木 *Tutcheria spectabilis* Dunn	胚根黄白色,新鲜,饱满
130	文冠果 *Xanthoceras sorbifolia* Bunge	种粒饱满,有光泽；胚白色

注：选自 GB 2772—1999《林木种子检验规程》。

附 表

附表 1-1　种子检验申请表

第　号

现有送检样品一份,简要情况如下,请给予检验。

一、树种名称：＿＿＿＿＿＿＿＿＿＿＿＿＿＿＿＿＿＿＿＿＿＿＿＿＿＿＿＿＿＿＿

二、采种地点：＿＿＿＿＿＿＿＿＿＿＿＿＿＿＿＿＿＿＿＿＿＿＿＿＿＿＿＿＿＿＿

三、采种时间：＿＿＿＿＿＿＿＿＿＿＿＿＿＿＿＿＿＿＿＿＿＿＿＿＿＿＿＿＿＿＿

四、送检样品重(g)：＿＿＿＿＿＿＿＿＿＿＿＿＿＿＿＿＿＿＿＿＿＿＿＿＿＿＿＿

五、种批编号：＿＿＿＿＿＿＿＿＿＿＿＿＿＿＿＿＿＿＿＿＿＿＿＿＿＿＿＿＿＿＿

六、本批种子重量(kg)：＿＿＿＿＿＿＿＿＿＿　容器件数：＿＿＿＿＿＿＿＿＿

七、要求检验项目：＿＿＿＿＿＿＿＿＿＿＿＿＿＿＿＿＿＿＿＿＿＿＿＿＿＿＿＿

八、质量检验证书寄送地点：＿＿＿＿＿＿＿＿＿＿＿＿＿＿＿＿＿＿＿＿＿＿＿＿

(附林木采种登记表)

抽样人：＿＿＿＿＿＿

送检单位(盖章)

联系人：＿＿＿＿＿＿

日　期：＿＿＿＿＿＿

附表 1-2　送检样品登记表

第　号

1. 树种名称：		1. 净度：	%
2. 收到日期：	年　月　日	2. 千粒重：	g
3. 送检样品重量：	g	3. 粒重：	g
4. 本批种子重量：	kg	4. 发芽率：	%
5. 种子采收登记编号：		5. 发芽势：	%
6. 送检证编号：		6. 生活力：	%
7. 要求检验项目：		7. 含水量：	%
8. 种子质量检验证寄往 　　地点： 　　单位： 登记人： 　　　　　　年　月　日		8. 病虫害感染情况 测定人： 　　　　　　年　月　日	

附表1-3　净度分析记录表

编号：_____

树种：_____　　样品号：_____　　样品情况：_____
测试地点：_____
环境条件：室内温度：_____℃　　室内湿度：_____%
测试仪器：名称_____　　编号：_____

方法	试样重(g)	纯净种子重(g)	其他植物种子重(g)	夹杂物重(g)	总重(g)	净度(%)	备注
实际差距			容许差距				

附表1-4　千粒重测定记录表（百粒法）

树种：_____　　　　　　　　　　　　送检样品登记号：_____

重复号	1	2	3	4	5	6	7	8	9	10	11	12	13	14	15	16
x(g)																
x^2																
$\sum x^2$								第_____组超过了容许限度，本次测定根据								
$\sum x$								第_____组计算								
$(\sum x)^2$																
S																
$\bar{x}$																
变异系数																
千粒重($10 \times \bar{x}$)																

本次测定：有效□　　　　测定人：_____　校核人：_____　测定日期：____年____月____日
　　　　　　无效□

附表1-5 千粒重测定记录表(千粒法、全量法)

树种：　　　　　　　送检样品登记号：

测定样品粒数	粒				
重复	1	2	3	4	5
重量(g)					
平均重(g)					
容许误差(g)					
实际误差(g)					
千粒重(g)					
备注					

附表1-6 含水量测定记录表

编号：

树种：＿＿＿＿＿＿　　样品号：＿＿＿＿＿＿　　样品情况：＿＿＿＿＿＿＿＿
测试地点：＿＿＿＿＿＿＿＿＿＿＿＿＿＿＿＿＿＿＿＿＿＿＿＿
环境条件：温度：＿＿＿＿＿＿℃　湿度：＿＿＿＿＿＿＿＿＿%
测定方法：＿＿＿＿＿＿＿＿＿＿＿＿＿＿＿＿＿＿

容器号			
容器重(g)			
容器及测定样品原重(g)			
烘干恒重(g)			
测定样品原重(g)			
水分重(g)			
含水量(%)			
平均	%		
实际差距	%	容许差距	%

本次测定：有效□　　　　　　　　测定人：＿＿＿＿＿＿
　　　　　无效□　　　　　　　　校核人：＿＿＿＿＿＿
　　　　　　　　　　　　　　　　测定日期：＿＿年＿＿月＿＿日

附表1-7 发芽实验记录表

树种:_____ 产地:_____ 采种时间:____年____月____日
测定前种子处理:_____
发芽测定条件:_____

重复号	日期 置床天数 记录摘要	1	2	3	4	5	6	7	8	9	10	11	12	13
1	发芽粒数													
	腐烂粒数													
	异状发芽粒数													
	未发芽粒数													
2	发芽粒数													
	腐烂粒数													
	异状发芽粒数													
	未发芽粒数													
3	发芽粒数													
	腐烂粒数													
	异状发芽粒数													
	未发芽粒数													
4	发芽粒数													
	腐烂粒数													
	异状发芽粒数													
	未发芽粒数													
备注														

附表1-8 发芽测定结果统计表

树种：_____ 样品号：_____ 样品情况：_____ 测试地点：_____
环境条件:室内温度：_____ ℃ 湿度：_____ %
预处理：_____ 置床日期：_____ 测定条件：_____

重复号	测定结果										统计结果					备注
	发芽势 第天发芽粒	发芽率 第天发芽粒	未发芽粒分类								重复号	发芽率	发芽势	平均发芽速	绝对发芽率	
			新鲜粒	腐烂粒	硬粒	空粒	异状发芽粒	涩粒	虫害粒	小计						
1											1					
2											2					
3											3					
4											4					
合计											平均					

组间最大差距：_____ 容许差距：_____ 本次测定:有效□ 无效□
测定人：_____ 校核人：_____ 测定结束日期：___年___月___日

附表1-9 种子生活力测定记录表

编号：_____

树种：_____ 样品号：_____ 样品情况：_____
染色剂：_____ 浓度：_____
测试地点：_____
环境条件:温度：_____ ℃ 湿度：_____ %

重复	测定种子粒数	种子解剖结果					进行染色粒数	染色结果				平均生活力（%）	备注
		腐烂粒	涩粒	病虫害粒	空粒	其他		无生活力		有生活力			
								粒数	百分比（%）	粒数	百分比（%）		
1													
2													
3													
4													
平均													
测定方法													

实际差距：_____ 容许差距：_____
本次测定:有效□ 测定人：_____
　　　　　无效□ 校核人：_____
测定日期：___年___月___日

附表 1-10　种子样品质量检验证书

编号：_____

据送检人陈述：_____

树种中文名：_____　　树种学名：_____　　产地：_____

种批编号	种批重(kg)	容器件数	抽样日期	送检样品号

送检人：_____　　单位地址：_____　　邮政编码：_____

正式报告

种批编号	样品封缄	样品重(kg)	样品收到日期	检验结束日期

检验结果

被检树种中文名：_____　　树种学名：_____

净度测定 %			发芽测定 %						千粒重(g)	含水量(%)	生活力(%)	优良度(%)	病虫害感染度(%)
纯净种子(净度)	夹杂物	其他种子	天数	正常幼苗(发芽率)	不正常幼苗	新鲜粒	硬粒涩粒	死亡粒					
1	2	3	4	5	6	7	8	9	10	11	12	13	14

分级依据		质量等级	
备注			

检验机构全称：_____　　主检人：_____
地　　　址：_____　　校核人：_____
邮　　　编：_____　　技术负责人：_____
电　　　话：_____　　签发日期：____年____月____日

（背面）

签发机构声明

1. 检验的程序和方法符合国家标准 GB 2772—1999《林木种子检验规程》，所有检验均在本机构进行（省级以上行政机构）已授权本机构签发种子样品质量检验证书。
2. 证书无检验单位盖章及技术负责人签字无效，涂改无效。
3. 本证书检验结果只对送检样品负责。

附表 1-11　种子优良度测定记录表

编号：_____

树种：_____　　样号：_____　　样品情况：_____
染色剂：_____　　　　　　浓度：_____
测试地点：_____
环境条件：温度：_____℃　　湿度：_____%

重复	测定种子粒数	观察结果					优良度（%）	备注
		优良粒	腐烂粒	空粒	涩粒	病虫粒		
1								
2								
3								
4								
实际差距				容许差距				
平均								

本次测定：有效□　　　　　测定人：_____　校核人：_____
　　　　　无效□　　　　　测定日期：___年___月___日

附表 1-12　种子健康状况测定记录表

编号：_____

树种：_____　　样号：_____　　样品情况：_____
染色剂：_____　　　　　　浓度：_____
测试地点：_____
环境条件：温度：_____℃　　湿度：_____%

测定种子粒数	观察结果			病害感染度（%）	虫害感染度（%）	病虫害感染度（%）
	健康粒	虫粒	病粒			
测定方法						

测定人：_____　校核人：_____
测定日期：___年___月___日

附表 1-13　种子成熟度测定记录表

树种：＿＿＿＿＿＿＿＿　　　样品号：＿＿＿＿＿＿＿＿

测定种子粒数	观察结果			
	成熟粒数	未成熟粒数	其他	成熟率%

测定人：＿＿＿＿＿＿＿＿　　　　　　　　　　测定日期：＿＿＿＿年＿＿月＿＿日

附表 1-14　种子安全含水量

序号	树　种	含水量不高于(%)	序号	树　种	含水量不高于(%)
1	杜梨 *Pyrus betulaefolia* Bunge	10	13	柚木 *Tectona grandis* L. f	10
2	麻栎 *Quercus acutissima* Carr.	30~25*	14	文冠果 *Xanthoceras sorbifolia* Bunge	11
3	蒙古栎 *Q. mongolica* Fisch.	35*	15	花椒 *Zanthoxylum bungeanum* Maxim.	12
4	栓皮栎 *Q. variabilis* Bl.	30~25*	16	紫椴 *Tilia amurensis* Rupr.	140
5	盐肤木 *Rhus chinensis* Mill.	15	17	香椿 *Toona sinensis*(A. Juss.)Roem.	10
6	火炬树 *Rh. typhina* L.	12~10*	18	木蜡树 *Toxicodendron sylvestre*(Sieb. et Zucc.) Kuntze	15
7	刺槐 *Robinia pseudoacacia* L.	10	19	漆树 *T. verniciflum*(Stokes)F. A. Barkleg	12~10*
8	旱柳 *Salix matsudana* Koidz.	6	20	棕榈 *Trachycarpus fortunei*(Hook. f.)H. Wendl.	10
9	乌桕 *Sapiun sebiferum*(L.)Roxb.	10	21	白榆 *Ulmus pumila* L.	8
10	檫木 *Sassafras tsumu*(Hemsl.)Hemsl.	32~25*	22	青梅 *Vatica astrotricha* Hance	40~35*
11	木荷 *Schima superbsa* Gardn. et Champ	12	23	油桐 *Vernicia fordii*(Hemsl.)Airy-Shaw	14~12*
12	槐树 *Sophora japonica* L.	10			

附表 2-1 主要树种种子采收处理一览表

树 种	采种年龄（年）	开花期（月）	果实（种子）成熟期（月）	种实成熟期限（年）	果实种类	果实成熟时的特征	处理种子方法	50 kg 果出种量（%）	纯度（%）	发芽率（%）	每 0.5 kg 粒数（万粒）	贮藏方法
马尾松	20～25	4	11～12	2	球果	黄褐色	球果堆积脱脂后暴晒	2～3	90～95	80～90	4～5	干藏
台湾松	30～60	4	11～12	2	球果	黄褐色	球果堆积脱脂后暴晒	2～3	90～95	84～88	3～4	干藏
湿地松	>20	2～3	9	2	球果	由青变褐色	脱脂后暴晒	3～4	90～95	45～70	1.4～1.7	低温贮藏
火炬松	10～15	3～4	10	2	球果	果鳞尖端变黄稍裂	脱脂后暴晒脱粒	3～4	95	80	1.5～2.2	干藏
杉 木	15～30	4	10～11	2	球果	棕褐色鳞片微裂	暴晒去鳞片针叶	2～4	90～95	30～50	5.8～6.4	干藏
柳 杉	30～60	3～4	10～11	1	球果	由青色变草灰色	暴晒去鳞片针叶	4～7	90～95	50～60	10	干藏
福建柏	30	3～4	10	2	球果		晒裂	4	90～95	60～65	10～16.5	干藏
柏 木	20～60	3～4	8～9	2	球果	刺蒲呈黄色	稍阴干	6～7	90～95	60～70	15～17	干藏
麻 栎	20～60	4	10	1	坚果	蓝黑色	浆果擦搓漂洗阴干	60～80	95～100	90	0.01	拌湿沙贮藏
檫 木	15～40	3	7～8	1	核果	呈黑色	浆果搓搓漂洗阴干	25～28	90～95	80～90	0.7～0.83	拌湿沙贮藏
樟 树	30～80	4～5	11～12	1	核果	由青变蓝黑	脱胶漂洗	20～25	90～95	80～90	0.4～0.55	拌湿沙贮藏
楠 木	30～80	4	11～12	1	核果	由绿变黄		40～50	92～99	80～95	0.2～0.3	湿沙贮藏
鹅掌楸	15～30	4～5	9～10	1	聚合果	黑色	阴干		90～95	60	1～1.2	干藏
大叶桉	10～30	4～5	9月中下旬	2	蒴果	深褐色	先阴后晒干,果裂取种	4～6	90～95	70～80	25～30	干藏
木 荷	30～50	4～5	11	1	坚果	黄褐色	暴晒	4～8	90～95	35～45	8～10	干藏
苦 楮	20～50	5	10	1	坚果	黄褐色	阴干脱粒	80	90	70～85	0.04～0.05	沙藏
甜 楮	20～50	5	10	1	坚果	黄褐色	晒干	70～80	90	80	0.045	沙藏
青 冈	25～50	5	10～11	2	坚果	种皮黄褐色	稍阴干		95～100	72～85	0.04～0.06	拌湿沙贮藏
栓皮栎	25～35	4～5	10～11	1	坚果	种皮黄褐色	稍阴干		95～100	80～90	0.015	拌湿沙贮藏
小叶栎	25～40	5	10～11	1	坚果	种皮黄褐色	稍阴干		95～100	90	0.02～0.03	拌湿沙贮藏

(续)

树种	采种年龄（年）	开花期（月）	果实(种子)成熟期（月）	种实成熟期限（年）	果实种类	果实成熟时的特征	处理种子方法	50 kg果出种量（%）	纯度（%）	发芽率（%）	每0.5 kg粒数（万粒）	贮藏方法
苦楝	15~40	5	11~12	1	核果	黄色	堆沤搓揉洗净阴干	20~40	90~95	80~90	0.03	拌湿沙贮藏
泡桐	10~30	3~4	10~11	1	蒴果	铜黄色	晒干果裂取种阴干	3~6	85~95	30~50	82~86	袋藏
枫香	30~60	3	10	1	聚合果	青黑色	晒干筛出种子		60~78	50	9~17	干藏
臭椿	20~40	5	9~10	1	翅果	黄色	晒后去果梗		85~93	50~65	1.5~1.7	袋藏
酸枣	15~50	4	9~10	1	核果	黄色	堆沤去果肉洗净阴干		95	60~70	0.03~0.04	沙藏
枫杨	15~30	4~5	8~9	1	翅果	黄褐色	晒干果翅取种再阴干		90~95	40~50	0.48~0.56	拌干沙贮藏
刺槐	15~25	5~6	9~10	1	荚果	黄褐色	晒后净种	20~30	90~95	70~80	2.3~2.8	干藏
重阳木	20~30	5	11~12	1	浆果状	灰褐色	去果皮阴干		90~95	70~90	5.8~7.8	袋藏
无患子	20~25	6	10~11	1	核果	赤褐色	去果皮晒干	60	95	65	0.03~0.04	沙藏
栎树	20~25	5~6	9~10	1	蒴果	淡黄色	堆沤去果肉洗净阴干	18	95	70~80	0.46	干藏
女贞	15~25	5	10~11	1	核果	黄褐色	晒干阴干	25	90	56	1.05~1.1	沙藏
喜树	15~20	4	10~11	1	瘦果	蓝黑色	晒干棒打	0.5	95	60~70	0.62~1	干藏
悬铃木	20~25	4	11	1	聚合果	黄色	晒干棒打	30~40	55~70	20~30	11~13	干藏
梧桐	15~30	4	8~9	2	蓇葖果	黄色有皱纹	阴干果裂去壳	20~30	95~100	85~90	0.34~0.5	拌干沙贮藏
油茶	20~60	10~11	10~11	1	蒴果	红褐色	阴干果裂去壳	30~40	82~100	90~99	0.03~0.04	拌干沙贮藏
油桐	6~10	4~5	10~11	1	核果	苹果红色	阴干果裂去壳	40	95	90	0.01	拌干沙贮藏
千年桐	20~30	6	11	1	核果	苹果红色	浸水去壳	60~70	95	90	0.01	拌沙贮藏
乌桕	20~40	6	11	1	蒴果	裂开露白	阴干		95	75~85	0.3~0.35	草包埋地贮藏
棕桐	15~25	4	11	1	核果	黄褐色	阴干果褐色裂开		98~100	35	0.09~0.1	拌沙贮藏
板栗	20~50	5	9~10	1	坚果	刺蒲黄褐色裂开	阴干果裂开取种	20~30	85	85~95	58~73	袋藏
厚朴	15~25	3~4	10~11	1	蓇葖果	果实黄褐色、种子红色	暴晒自裂取种			60	0.16~0.18	

（续）

树　种	采种年龄（年）	开花期（月）	果实（种子）成熟期（月）	种实成熟期限（年）	果实种类	果实成熟时的特征	处理种子方法	50 kg果出种量（%）	纯度（%）	发芽率（%）	每0.5 kg粒数（万粒）	贮藏方法
黑荆树	4~5	3	6	1	荚果	黑褐色	脱芽处理			70~90	6.5	袋藏
漆　树	20	5~6	10	1		黄褐色	去蜡			50~70	0.9~1.1	干藏
茶	10~20	10	10~11	2	蒴果	黄褐色	阴干裂开取种	40		60	0.05	沙藏
桑	10~20	3	5月中旬	1	聚合果	紫黑色	搓揉去果肉洗净阴干	15		60~80	30~38	沙藏
枣	20~60	4~5	9~10	1	核果	暗赤色	打烂淘洗		90	60	0.05~0.07	湿沙层积
柿　树	13~100	5~6	9~10	1	浆果状	红色	去果肉取种			60	0.06	湿沙层积
栗　树	15~30	6~7	9~10	1	蒴果	种子黄褐色	去苞片取籽	90	90	90		干藏
枇　杷	15~30	10~11	5~6	2	核果	乳黄色	去肉取种					沙藏
梨	8~20	3~4	8月中下旬	1	假果	黄绿色	去果肉取种					沙藏
桃	5~10	3~4	7~8	1	核果	淡绿带红晕	去果肉取种	9			0.02	沙藏
李	8~15	3~4	7	1	核果	茄紫色	去果肉取种					沙藏
梅	10~30	12月至翌年1月	6	1	核果	青绿	去果肉取种					沙藏
柑橘类	8~15	4~5	4~5	1	柑果	橙黄色	去果肉取种					沙藏

附表 2-2　主要树种育苗情况一览表

树　种	播种期	播种方法	每 667 m² 播种量（斤*）	覆土深度（cm）	发芽时间（d）	覆草及遮阴情况	667 m² 产苗量（万株）	1 年生苗 高度（cm）
马尾松	1 月至 3 月上旬	条播、撒播	12~14	1	15~20	覆草	10~16	20~30
台湾松	1 月至 3 月上旬	条播、撒播	12~13	1	15~20	覆草	15~20	15~20
湿地松	3 月	条播、撒播	8~10	0.6~1		覆草	3~4	25~35
火炬松	3 月上旬	点播、密播移芽	4~6	0.5~1		覆草	3~4	25~35
杉　木	2 月中旬至 3 月中旬	条播	12~16	0.5~1	21	覆草	6~10	25~30
柳　杉	2 月中旬至 3 月中旬	条播、撒播	10~15	0.5~1	21	覆草	10~15	25~30
水　杉	2 月中旬至 3 月中旬	条播	5	0.5	21	覆草	10~15	40
福建柏	2 月	条播	2~3			9 月底要遮阴	4~5	25~35
麻　栎	2、3 月上旬至 12 月	点播、条播	200~300	3~4	28		1.5~2.5	40~50
槲　树	秋季，2 月中旬至 3 月上旬	条播	10~14	1~1.5		覆草	2~3	60~100
樟　树	早春	条播	24~30	1~1.5			2.5	>70
桉　树	秋、春	撒播	2~4	0.2	7~10	覆草	1~1.5	50~150
鹅掌楸	1~3 月	条播	3~5	1~2			2~3	60~80
楠　木	1~3 月	条播	30~40	0.2~0.3			3	30~40
木　荷	2 月中旬至 3 月上旬	条播	5~6	2~3	15	覆草	2~3	15~40
青　冈	2、3 月上旬至 11、12 月	条播	200~250	3~4			2~3	15~20
栓皮栎	秋、春	条播	200~300				1.5~2.5	40~50
苦　槠	2~3 月	条播	200				2	35~45
甜　槠	3~4 月	点播	100~120				2	20~30
酸　枣	3 月下旬至 4 月中旬	条播	60~80				0.6~0.8	70

* 1 斤 = 0.5 kg。

(续)

树种	播种期	播种方法	每667 m² 播种量(斤)	覆土深度(cm)	发芽时间(d)	覆草及遮阴情况	1年生苗 667 m² 产苗量(万株)	1年生苗 高度(cm)
苦楝	冬季或早春	条播	40~50	2~3			1~2	100~150
泡桐	惊蛰前后	撒播	1~2	0.3~0.5	35		0.45~0.5	100~150
枫香	2月	条播、撒播	2~3	0.5	21		3~4	40~60
香椿	2月中旬至3月上旬	条播	10~15	0.5~1	28		1~2	80~100
枫杨	春播	条播	24	1~2	15		1.5~2	30~40
刺槐	2~3月	条播	6	0.5~1	15	覆草	1~1.5	100~120
槐树	春季	条播	20~25	1.5~2		覆草	3~4	100~120
重阳木	春季	条播	3~4			覆草	1.5~2	
无患子	2月至3月上旬	条播	120~150	3			3~3.5	80~100
女贞	2月至3月上旬	条播	20~30	2~3	84	覆草	5~8	25~30
喜树	2月底至3月中旬	条播	8~12	1~2	28		1~1.5	60~80
悬铃木	2月底至3月中旬	撒播	1~2	0.3~0.5		覆草	2~3	100~150
梧桐	2月底至3月中旬	条播	50~60	1~1.5			2~3	100~150
油茶	11~12月	条播	120~160	2~3			2.5~3	20~25
油桐	1~3月上旬	条播、点播	150	5	28		0.8~1	80~120
乌桕	2~3月上旬	条播	20	1~2	49		1.5~2	60~80
黑荆树	秋播、春播	撒播	1~2	1	3~5	覆草	1	50~60
漆树	2~3月	条播	30				1~1.2	50以上
棕桐	"立春"至"惊蛰"	条播	120~140	2~3	40~60	覆草	3~4	2年生3~4对子叶
板栗	秋、春	点播	200~250	4~5	35		1~1.5	50~70
杜仲	2月中旬至3月上旬	条播	8~10	0.5~1			1~2	60~80
柿树	2月	条播	40	1			1~1.5	30~50
枇杷	夏季	条播	60	3~4			4~5	15~25

附表 2-3　主要造林树种容器苗出圃规格

树　种	苗龄	合格苗(≥cm) 苗高	合格苗(≥cm) 地径	合格苗百分率(≥%)	适用地区
杉木 Cunninghamia lanceolata	1~0	18	0.3	85	闽、赣、皖、浙、湘、鄂、川、黔
马尾松 Pinus massoniana	0.5~0	10	—	90	闽、赣、皖、浙、苏、湘、鄂、川、黔
马尾松 Pinus massoniana	1~0	16	0.3	95	闽、赣、皖、浙、苏、湘、鄂、川、黔
油松 Pinus tabulaeformis	0.5~0	5	—	90	辽、京、津、冀、晋、蒙、鲁、陕、甘
油松 Pinus tabulaeformis	1~0	7	0.2	85	辽、京、津、冀、晋、蒙、鲁、陕、甘
油松 Pinus tabulaeformis	1.5~0	12	0.3	85	辽、京、津、冀、晋、蒙、鲁、陕、甘
油松 Pinus tabulaeformis	1~0.5	12	0.3	80	辽
樟子松 Pinus sylvestris var. mongolica	1.5~0	12	0.3	85	辽、京、冀、蒙
樟子松 Pinus sylvestris var. mongolica	2~0	10	0.2	80	陕、甘
樟子松 Pinus sylvestris var. mongolica	1~0.5	12	0.3	80	辽
湿地松 Pinus elliottii	0.5~0	15	—	90	粤、桂、琼、闽
湿地松 Pinus elliottii	1~0	20	0.4	90	闽、赣、皖、浙、苏、湘、鄂、川、黔
火炬松 Pinus taeda	0.5~0	15	—	90	粤、桂、琼、闽
火炬松 Pinus taeda	1~0	20	0.4	90	闽、赣、皖、浙、苏、湘、鄂、川、黔
加勒比松 Pinus caribaea	0.5~0	16	—	90	粤、桂、琼
黑松 Pinus thunbergii	0.5~0	5	—	90	辽、鲁
黑松 Pinus thunbergii	1~0	7	0.2	85	辽、鲁
黑松 Pinus thunbergii	1.5~0	15	0.3	85	辽、鲁
黑松 Pinus thunbergii	1~0.5	12	0.3	80	辽、鲁
落叶松 Larix gmelinii	1~0	10	0.2	90	辽、京、冀、晋、蒙
落叶松 Larix gmelinii	2~0	25	0.3	80	陕、甘
侧柏 Platycladus orientalis	0.5~0	10	—	90	辽、京、晋、冀、津、蒙、鲁、陕、甘
侧柏 Platycladus orientalis	1~0	15	0.3	90	辽、京、晋、冀、津、蒙、鲁、陕、甘
侧柏 Platycladus orientalis	1.5~0	25	0.4	90	京、津、冀、晋、蒙、鲁、陕、甘
侧柏 Platycladus orientalis	1~0.5	25	0.4	85	辽、鲁
柏木 Cupressus funebris	1~0	18	0.2	90	川、滇、黔
桉树 Eucalyptus spp.	0.5~0	10	—	90	粤、桂、琼、闽、川、滇干热河谷
桉树 Eucalyptus spp.	1~0	50	0.6	90	粤、桂、琼、闽、川、滇干热河谷
相思树 Acacia confusa	0.5~0	15	—	90	粤、桂、琼、闽、川、滇干热河谷
相思树 Acacia confusa	1~0	30	0.4	90	粤、桂、琼、闽、川、滇干热河谷
木麻黄 Casuarinn eauisetifolia	0.5~0	60	—	90	粤、桂、琼、闽南
黑荆树 Acacia mearnsii	0.5~0	20	—	90	粤、桂、闽

注：引自《容器育苗技术》LY/T 10000—1991。

附表 2-4　苗圃防治病虫害常用药剂

名　称	防治对象	用　法
硫酸铜	立枯病、白绢病	100 倍液浇灌苗木根部
波尔多液	立枯病、叶枯病、赤枯病、叶斑病、叶锈病、白粉病、炭疽病	100~150 倍液,出苗后 15~20 d 喷雾 1 次,连续 2~3 次
硫酸亚铁	立枯病、炭疽病	100~200 倍液,出苗后每周喷雾 1 次,连续 2~3 次
石灰硫黄合剂	叶枯病、白粉病、叶锈病、煤污病	0.2°~0.3°Be,出苗后每周喷雾 1 次,连续 2~3 次
代森锌	叶枯病、赤枯病、叶斑病、白粉病	60%~70% 可湿性粉剂 500~1000 倍液,雨季前每 10~15 d 喷洒 1 次,连续 3~4 次
多菌灵(50% 可湿性粉剂)	叶枯病、赤枯病、叶斑病、白粉病、炭疽病	300~400 倍液,10~15 d 喷洒 1 次,连续 2~3 次
托布津(50% 可湿性粉剂)	白粉病、炭疽病、立枯病、菌核性根腐病	800~1000 倍液,10~15 d 喷洒 1 次,连续 2~3 次
敌克松(70% 可湿性粉剂)	立枯病、菌核性根腐病、炭疽病、梢腐病	500~800 倍液,10~15 d 喷洒 1 次,连续 2~3 次
退菌特(50% 可湿性粉剂)	赤枯病、叶斑病、白粉病、炭疽病、立枯病	800~1000 倍液,10~15 d 喷洒 1 次,连续 2~3 次
敌锈钠原粉	叶锈病	200 倍液,锈子器形成破裂前,每 15 d 喷雾 1 次,连续 2~3 次
敌百虫(50% 可湿性粉剂)	地下害虫、食叶害虫	按 1∶100 的比例与麦麸或米糠制成毒饵,于傍晚诱杀,500 倍液喷雾
Bt 生物杀虫剂	食叶害虫、蚜虫	500~800 倍液喷雾在苗行间 100~150 倍液喷雾
马拉硫磷(50% 乳油)	食叶害虫、蚜虫	500~1500 倍液喷雾 1000~2000 倍液喷雾
磷胺	蚜虫、介壳虫	1000 倍液喷雾、根际浇灌;5~20 倍液涂干
辛硫磷	地下害虫、蚜虫、食叶害虫	制成毒土施入土壤中,表面覆土;800~1000 倍液在傍晚喷雾
松脂合剂	蚜虫、介壳虫	20~25 倍液喷雾
杀螟松(50% 乳油)	食叶害虫	1000~2000 倍液喷雾